闲说王府旧风流

菜馍双全 著

中央广播电视大学出版社 · 北京

图书在版编目（CIP）数据

闲说王府旧风流／菜馍双全著．—北京：中央广播电视大学出版社，2014.6

ISBN 978－7－304－06312－2

Ⅰ.①闲…　Ⅱ.①菜…　Ⅲ.①中国历史—清代—通俗读物　Ⅳ.①K249.9

中国版本图书馆CIP数据核字（2014）第118201号

闲说王府旧风流

XIANSHUO WANGFU JIU FENGLIU

菜馍双全　著

出版·发行： 中央广播电视大学出版社

电话： 营销中心 010－66490011　　总编室 010－68182524

网址： http://www.crtvup.com.cn

地址： 北京市海淀区西四环中路45号　　**邮编：** 100039

经销： 新华书店北京发行所

策划编辑： 向　平　郑　毅　　**责任编辑：** 向　平

责任校对： 张　娜　　**责任印制：** 赵联生

印刷： 北京雷杰印刷有限公司

版本： 2014年9月第1版　　2014年9月第1次印刷

开本： 160mm×230mm　　**印张：** 18.75　**字数：** 242千字

书号： ISBN 978－7－304－06312－2

定价： 48.00元

（如有缺页或倒装，本社负责退换）

contents

目录

近半年时间，读清史，最爱高阳《清朝的皇帝》，每每爱不释手，并因之眼界大开。高氏旁征博引，信手拈来，其推理猜测更如福尔摩斯破案，运用诸般手段，将难题逐一破解，果真过瘾！读高阳，是一场突发的艳遇，惊喜源源不绝。据说，高阳其人，不善理财，债台高筑，却又嗜酒如命，他曾言："人生几何，对酒当歌，喝酒不能尽兴，生有何欢？"与三五好友把盏阔论，是其最大之享受。

名士风度，止于高阳矣！

清史之趣，在于充斥其间的种种迷案，真实的史料被销毁，后人只能凭了或真或假的信息去理解其间的逻辑。清史有巨大的臆想空间，亦成为编剧们的最爱，他们游走其间，尽情发挥，端的编出太多剧集。打开电视机，十台中八台在播清宫戏，看后宫钩心斗角，也真真快意。前有《金枝玉孽》，后有《甄嬛传》，女人间的精巧算计和生存哲学叫人叹为观止。

适与向平君闲聊，提及王府和王爷，彼此都感慨，历史恍若烟云，就像一场大梦，那些叱咤风云的人物，被后人记住的能有几个？聊得深切，便想要合作一本书，说王府，讲王爷，聊他们的身前身后事，少谈丰功伟绩，多侃八卦秘辛，尽可能还原王爷的本来面目。越聊越高兴，彻底动了心，便跑去查各种资料，想要了解他们的日常生活，知悉他们的家庭状况，打探他们的各种秘密。这一查不要紧，又发现，所有生动活泼的历史都隐藏于细节之间，有了这些细节，我们才得以触摸、感受那些遥远的过往，立体又真切。驰骋疆场纵然惊心动魄，却不如乾隆嫁女的嫁妆清单让我印象深刻。

虽因叙事需要，常穿插宏大的历史背景，却是从个体的角度出发，力求讲述更具有个性化特色。在内容选择上也力求具有独家性，别人说过的尽量少说，别人写过的尽量不写，多挖掘历史的下脚料，人家越是弃之不用，在我越是宝贝。正是这些下脚料，让我笔下的人物有血有肉，丰满立体。当然，史料有真有假，也需时时取舍，全看治史者功力，我自承是门外汉，这点把握得或有不够。

本书之写作，风格力求轻松，态度却要严肃，书中所使用的一切资料，大多来自正史，少数参考野史，但求言之有据，言之有物。我非史学研究者，对正史和野史均无偏见，但有需要，只管拿来。胡适讲，“有几分证据，说几分话”，我改为“有多少史料，讲几分故事”，不敢自己胡乱发挥。只希望书中所言，能接近人物的本来面目。

写作过程中，参考了诸多前辈学人的著作，除高阳外，孟森先生的《清初三大疑案考实》，龙翔、泉明先生的《最后的皇族》，朱维铮先生的《重读近代史》都给我诸多启发；亦曾在首都图书馆偶遇清史专家冯其利先生，半小时的闲聊也有意义。

我顶多算个业余作者，书中难免各种疏漏和错讹，若各位读者愿意指正，当感激不尽，在以后的版本中予以更改。

最后，不能免俗，表达一下感谢之情。

感谢外婆，老人家今年九十四岁，愿她更加长寿。

感谢父母、妹妹、妹夫和可爱的外甥女月月。

感谢我的朋友合子、邦子、鸣子、小歌子、蔚蔚、笨马、大脸猫，在济南青年东路十六号，我们度过最快意的三年，致敬那些就着馒头喝红酒的青春岁月。

感谢孔菁慧，她是我学习写作的启蒙者之一，是“亲爱的孔老师”。

感谢小木头，她是我在济南遇到的最妙的友人之一。

感谢朋友老李，他爽直豁达，为人仗义。我俩半月一聚，喝酒吃肉扯淡。

感谢陈利荣两口子，利荣曾是我的同居密友，常在一起爬山、K歌、逛天津。

感谢王谦和张少飞，一对有才华的设计师。我和他们的友情，建立在吃喝玩乐和互相吹捧的基础之上。

感谢“读书会”的王曦老师和诸位童鞋（同学）。

特别致谢本书责任编辑向平，她有创意，有想法，易沟通，能容忍我的拖稿，是求之不得的好编辑。

大清第一府　风流三百年

王府档案

王府主人：和硕礼亲王代善及其后人

王府特色：资格最老，传承最久，面积最大，重门叠户，院落深邃

王府现址：西城区西皇城根南街西侧，大酱坊胡同东口路北

王府变迁

● 礼亲王府原系明崇祯帝外戚周奎宅第。崇祯对周氏偏爱，故在皇城西侧辟地一百二十余亩为其大兴土木，极尽豪华之能事。

● 清顺治二年（1645），礼亲王代善进京，顺治帝遂将周奎府第赐予代善，此为礼亲王府之始。

● 之后礼亲王府一分为二，分别为巽亲王和康亲王府。

● 嘉庆十二年(1807),礼亲王府毁于一场大火,全部被焚,嘉庆皇帝赐银一万两重修，现存之礼亲王府即嘉庆重修后的格局。

● 1927 年，礼亲王府前半部分被代善后裔租给私立华北学院（后改为华北大学），后半部分供其家人居住。

● 1943 年，南满洲铁道株式会社拟出十二万元购买礼亲王府，因华北学院不愿搬迁，遂搁置。

- 1949 年后，礼亲王府改为中央内务部、国家民政部办公地，后由国务院机关事务管理局使用。
- 1984 年，原礼亲王府被划为北京市文物保护单位。

王府秘史

代善："不小心"与"太小心"

努尔哈赤共有十六子，代善排行老二，与长兄褚英皆为元妃佟佳氏所生。代善自小聪明果敢，深得父汗喜欢，至十四五岁时，便被册封为贝勒。此后数年间，年轻的代善协助父汗统一女真各部，并建立起后金政权，为更进一步入主中原夯实了基础。

代善因擅长领兵作战，足智多谋，为努尔哈赤所倚重，先被赐号"古英巴图鲁"（意为古代英雄中少有之勇士），之后又被封为"和硕贝勒"，乃四大贝勒之首；至代善八弟皇太极称帝，又尊其为"和硕礼亲王"；到乾隆帝时更是下诏，令代善配享太庙，子孙世袭，为"八大铁帽子王"之首。

代善之于大清王朝，可谓功高盖世，无人可比。

自褚英因飞扬跋扈惹恼努尔哈赤被赐死后，看起来，汗位必属代善无疑：他武功超群，胆识俱佳，又系帮其父汗建立后金的得力助手；更重要的是，代善独自掌握两旗兵力，这可是实实在在的本钱；此外，代善为人宽厚，深得属下及旗下民众拥戴，由其继承汗位可谓众望所归。若汗位不归这样的人，天理难容。

但历史总是不经意地开着玩笑，最终登上汗位的并非代善，而是他的八弟皇太极，怎么会这样？细究起来，原来是因为代善“不小心”！仅仅几件小事，致使汗位旁落，让人不由得为之惋惜。

这第一件，乃是代善被人揭发与努尔哈赤大福晋乌拉那拉·阿巴亥关系暧昧，至于两人关系是否真的暧昧，或许只有当事人清楚了，在封建社会，男女关系向来可大做文章。揭发者是努尔哈赤的小福晋德因泽，她提供的证据有两条：第一，大福晋两次备佳肴送给代善；第二，大福晋一日内两三次出入代善家，还曾深夜出宫两三次。努尔哈赤派人调查，得到证实，为此十分震怒，心下已暗暗取消了代善的继承权。

在满族中，向有“父死子妻庶母”的风俗，努尔哈赤亦曾对众人说“吾身殁后，代善须善养幼子和大福晋”，当是时，其长子褚英已被幽死在禁所，代善即为大阿哥，抑或因有这样的话在先，才使得阿巴亥有如此之举。不管怎样，就是这样一件小事，本可以小心避之，然而就因为代善“不小心”，在其父汗心中埋下了不满的种子。深宫当中，权力纷争，凡事小心为妙。

揭发代善的幕后主使，极可能就是皇太极，论军功和权势，他与代善无法可比，在继承汗位的竞争中处于劣势，正是这次揭发，成功地离间了努尔哈赤和代善的关系，排除了最为关键的一个政治对手。顺便提一句，阿巴亥的最终下场相当悲惨，以殉葬的方式被结束了年轻的生命。

第二件事，是代善修建府第时患得患失。努尔哈赤决定把都城由界藩山城迁至萨尔浒城（都在今辽宁省新宾县境内），他先到新城址勘察，指定了各贝勒兴建府第的地方。代善认为，划给他的长子岳托的居地优于自己，就以居地狭小为由，要求调换，努尔哈赤满足了代善的请求，但代善仍不满意。几经反复，引起了努尔哈赤的不满，认为代善遇事斤斤计较，私心过重，全不考虑父汗难处，没有孝心。

第三件事，虐待前妻之子。代善次子硕托企图叛逃投靠明朝。事情败露，

代善非但不为硕讬开脱，反而三番五次向父汗跪求，要亲手杀掉硕讬，努尔哈赤并未同意。经过调查，努尔哈赤得知事实真相是，硕讬乃代善前妻之子，而代善听信继妻喀勒珠的挑唆，虐待硕讬，硕讬无法忍受，而产生叛逃之念头。疼孙子的爷爷努尔哈赤，对硕讬大动怜悯之心，便把他留在自己身边生活。他对代善此举非常气愤，加以严厉斥责。

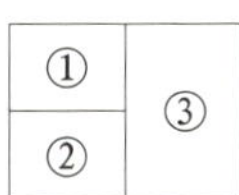

① 1922年的礼亲王府大门

② 1922年的礼亲王府大门内景

③ 礼亲王府花园

哪知代善被继妻迷惑太深，不能自拔，一心要杀死硕讬，竟又按照继妻的谋划，诬陷硕讬与庶母（代善的二妾）通奸。代善中了喀勒珠的毒，一心只信她的话，坚持要处死硕讬。通奸之事，向来查证困难，只靠喀勒珠揭发，岂能将案定死？

努尔哈赤亲自审讯喀勒珠，喀勒珠只好承认，并没有亲眼见到硕讬与代

代善本有机会获得汗位，却因几件小事失去接班人资格

善的二妾通奸，自己只是推测；继而又调查了与硕讬之妻、代善的二妾同行的二十人，皆与喀勒珠所告之词相反，从而断定了硕讬是被诬陷的，喀勒珠是依照代善福晋的指使而作的伪证。

得知真相后，努尔哈赤大怒，严厉斥责代善："像你这样听信他人谗言，欲杀自己亲生儿子的人，怎有资格做汗？"经此一事，代善的权力几乎被全部收回。

①	②

① 努尔哈赤纵横捭阖，统一女真，为入主中原打下坚实基础
② 皇太极“才德冠世”，从诸贝勒中脱颖而出

身处政治的旋涡当中，最怕关键时刻掉链子，代善因粗心大意而付出沉重代价。

为向父汗示好，重修父子关系，代善亲手杀掉继妻喀勒珠，遣人向父汗表达悔意。努尔哈赤原谅了代善，并令其与诸弟发誓，以后再不可生此事端。代善誓称，因“误听妻言，丧失汗父交付之大权”，故手刃恶妻，今后如再为非、怀抱怨恨，甘愿受天地谴责，不得善终。代善虽以真诚态度获得了原谅，

但他在父汗心目中的形象难以有改观了。

努尔哈赤两次立嗣，均以失败告终，自此不再指定汗位继承人。努尔哈赤死后，四大贝勒中，最有希望继承汗的人选，当属大贝勒代善和四贝勒皇太极，而代善更占优，获取汗位的可能性较皇太极为大。

关键时刻，代善放弃汗位之争夺，亦是多方衡量后的结果。

首先，因此前被控私通，代善曾被父汗努尔哈赤明言罢去接班人资格，而皇太极则无此担忧。从名声上来讲，皇太极占了优势。

其次，皇太极心思缜密，极能谋事，擅长政治斗争，经常利用各种矛盾为自己创造机会。反观代善，性格中有懦弱的一面，缺乏主见，甚至连自己的家事也处理不好。代善自己心知肚明，以自己之谋略与皇太极相争，实在难以取胜。

最后，皇太极善于笼络人心，此为代善所不能。皇太极尽力与其他大贝勒搞好关系，也尽一切可能笼络四小贝勒。就连代善的几个儿子，也多拥戴皇太极。

皇太极继承汗位，最初是由代善之子岳托、萨哈璘推举的。二子未推举其父，而是极力游说代善投皇太极一票："四贝勒才德冠世，深契先帝圣心，众皆悦服，当速继大位。"代善自知自己处于劣势，亦已失去了争位之心，便做了顺水人情，极力拥立皇太极。皇太极受推举，内心喜悦可想而知，为表谦让，还假意推辞："父汗没有立我为君的遗命，怎能舍兄长而由我继位？"代善等人一再敦请，皇太极才登上汗位。

代善既有自知之明，亦有一双识皇太极的慧眼，关键时刻，他推举皇太极承继大业，令权力免于真空，亦令兄弟间避免了可能的流血冲突。年富力强的青年皇太极，果断任事，消除积弊，改革制度，使得后金实力迅速增强，为一统天下奠定了基础。

待皇太极坐上汗位，与另三位贝勒代善、阿敏、莽古尔泰共同执政，三位贝勒可与皇太极平起平坐。初时，这一权力格局得到皇太极的尊重和认可，但时间稍长，皇太极便有处处掣肘之感，他积极寻找机会，想要彻底摆脱三大贝勒之束缚。

皇太极先是幽禁了阿敏，接着剥夺了莽古尔泰的贝勒爵位，之后又着手改定朝贺礼仪，意欲进一步压缩贝勒们的权力。

在此情形之下，代善孤掌难鸣，因而在与皇太极的较量中，处处退让，事事小心，即便如此，皇太极仍然加紧进攻之步伐，以便尽快独自掌权。他不断寻找机会向代善发难，天聪九年（1635）九月，皇太极下达长谕，列举其十余罪状，指责“正红旗固山贝勒等轻肆之处甚多”，宣称自己要“杜门而居”，令八旗贝勒、大臣“别举一强有力者为君”。

诸贝勒、八固山额真、六部承政遂根据皇太极之谕旨，集议代善及其子岳讬、萨哈璘、瓦克达之过，议革代善大贝勒、和硕贝勒名号，夺十牛录属人，罚银万两；夺萨哈璘二牛录属人，罚银二千两；罚岳讬银一千两；夺瓦克达在外所属满、蒙、汉牛录属人，没其庄田仆役，交与其兄萨哈璘约束。皇太极命免革代善大贝勒、和硕贝勒名号，发还代善、萨哈璘应没的十二牛录，余依议。

并非代善真的犯了什么大错误，皇太极此举，不过是要抬高汗权、压抑旗主，目的是取消大贝勒与汗并尊的特权，最终废除努尔哈赤确立的八和硕贝勒共治国政的制度。

皇太极处处找茬儿，使得代善更为小心，自此之后，不再与皇太极平起平坐，甘为臣僚，天聪九年（1635）十二月，他更偕诸贝勒再三劝进，拥戴皇太极称帝。当皇太极要诸贝勒表忠心时，因代善年长，令其免誓，代善却坚请参与盟誓。

皇太极称帝之后，代善因功高盖世，被封为“和硕兄礼亲王”，其子岳托被封为“和硕成亲王”，一时风光无限。风光是风光，问题是皇太极并没有放过他这位兄长的意思，就在称帝五个月后，皇太极就谕令济尔哈朗等集议代善之子岳托之过，议定其五条罪状，第一条便涉及代善，可见其隔山打牛之意。

就这样，皇太极隔三差五就会找代善的麻烦，不停议过，令代善心惊肉跳。有一次，皇太极竟当众宣布代善罪状，然后立刻免罪，这样的做法，不过是为彰显自己的权威，让代善不敢造次罢了。

在皇太极的不断逼迫下，代善再也无心过问朝政。在凶险的政治面前，他选择了明哲保身，功成身退，这才遂了皇太极的意。

天命十一年（1626）当皇太极突然病死，无诏定继承人的情形之下，作为皇族大家长的代善，在豪格与多尔衮的权力争夺战中，尽可能地保持中立态度，而不偏袒任何一方。议政会议上，代善看到双方各不相让，僵持不下，便以年老不预朝政为由起身离席，意在提醒双方：如此争执，实在有损先人颜面，共同奋斗的皇室家族，就不能坐下来好好商量出个结果？最后，多尔衮打破僵局，提出解决方案，令双方达成妥协：由皇太极第九子六岁的福临即位，多尔衮和济尔哈朗辅政。

贤与不肖：后世子孙沉浮

礼亲王家族在清初地位显赫，堪称“第一王族”，有实据为证：代善共八子，有爵位者七人；位高权重的清初“八大铁帽子王”中，礼亲王家族占据三席，分别为礼亲王代善、代善长子多罗克勤郡王岳托、代善之孙顺承郡王勒克德浑；除此以外，另有二人被封郡王，一人被封贝子，一人被封辅国公。

据此可见，礼亲王家族在当时之地位，绝非其他王族可比。

代善之后，礼亲王家族人丁兴旺，英才辈出，既有武士，也有学者，文治武功，盖世无双。但，有兴盛必有衰落，代善之子孙，不肖者亦颇有几位，因这几位的拖累，礼亲王家族一落千丈，再无兴盛之可能。

咱就挑代善后人中几个重要的人物说道说道。

先说杰书。杰书是代善第八子祜塞的第三子，乃康熙朝名将，曾任奉命大将军，率兵征讨“三藩之乱”，收服耿精忠，战败郑经（又名郑锦，郑成功长子）历六年之久，平定东南诸地，从此一战成名。当他班师回朝时，康熙率众大臣亲往卢沟桥迎接；而后杰书屯兵归化城，防备蒙古噶尔丹。在清初巩固政权过程中，杰书屡建奇功，也成为康熙朝红人，权势甚大，风头一时不输祖父代善。

杰书其人，不但英勇善战，智谋超群，而且知人善任，乐于发掘人才，提拔贤能。比如，广东香山知县姚启圣，以家财募兵，投杰书军中效力。杰书将其举荐于朝廷，擢为福建布政使，晋总督，加太子少保，拜兵部尚书。又如，杰书驻浙江时，布衣学士戴梓从军。此人谙熟兵法，研制出连珠火炮，为攻取江山县立下大功。杰书举荐，授以道员。后康熙亲自召见戴氏，喜其文采，命在南书房供职，赏学士衔。后戴氏研制出冲天炮，为平定噶尔丹再立奇功。

正因杰书在稳固清初政权中的巨大贡献，康熙帝对其礼遇有加，乃至康熙三十六年（1697），杰书生病时，皇帝亲书“为善最乐”匾额赐之，不久杰书即去世。

杰书的曾孙永恩，生性淳朴，为人厚道，爱读书，善骑射，通晓音律，长于书画。更难能可贵的是，永恩乃正人君子，从不为声色犬马所动，连饮食亦尚清淡，是骨骼清奇的王室贵族。乾隆末年，和珅当道，腐化专权，致吏治大坏，永恩对此深恶痛绝，与之绝交。

昭梿是代善第六世孙、永恩之子，虽袭了礼亲王的爵位，只可惜没有礼亲王的命，袭爵后刚享受了两年的王爷生活，其府邸便惨遭一场大火。这大火烧得厉害，竟致所有房屋、珍宝乃至印绶一并化为灰烬，好在嘉庆皇帝垂怜，特赐银一万两令其重建。

大火只是天灾，七八年后，昭梿再遇人祸，这次打击比大火可要严重百倍。人祸也并非凭空而降，与昭梿个性大有关系。昭梿性格暴戾，妄自尊大，行事往往有违王爷体面，从而为自己的前途埋下隐患。

朝中有位一品大员名叫景安，官至尚书。景安与昭梿并不同旗，亦非其属下，昭梿却当面斥景安为王府奴才。更为过分的是，昭梿在府内私设公堂，滥用刑罚。礼王府有个庄头姓程，不但从未欠租，还预交了一笔租钱。昭梿贪心重，仍不满意，想增加程庄头的租钱。按清制，“永不加赋”，不但政府不能加，王爷贵族也不能加。昭梿此举，违反了国家规定，程庄头据理不从。昭梿因而恼羞成怒，派护卫到他家抢割庄稼，拆毁房屋，又下令将庄头家六人圈禁。昭梿还不罢休，把一个瓷瓶扔到地上，亲自用碎片把程庄头脊背划伤了一百多处，以致其流血昏厥。

嘉庆二十年（1815），有人投匿名帖，控告昭梿有三项罪状：一曰胁迫大臣；二曰凌辱官员；三曰殴伤庄头。皇帝由此革去昭梿的爵位，罚银二百两，将原属昭梿的九百六十个田庄转赏他人，之后判三年禁锢。获释后，昭梿未再被重用。他对革爵之事一直耿耿于怀，为先祖的爵位从自己手里丢掉而深感羞耻，因此心情抑郁，以致毒疮发作而死，年仅五十四岁。

昭梿所以有此霉运，说到底有两个原因：一是自己违法，咎由自取；二是嘉庆皇帝不喜欢他，借题发挥。三条所谓罪状，看起来并不算大事，嘉庆却给他扣了几个大帽子，也算“欲加之罪”，说你无罪便无罪，说你有罪逃不脱。开罪了皇帝，还能有什么前途？

昭梿的爵位虽系世袭而来，但也是个不可小看的人物，他承继了其父永恩的才华，精通诗词歌赋，文学修养极深，只可惜他创作的二百余篇诗文，竟一首不得流传，后人无缘识见，这也算他运气极差的又一有力佐证。

好在他有一本书流传下来，名曰《啸亭杂录》，凡三十余万字，书中所载内容繁杂，涉及清道光初年以前的政治、军事、经济、文化、典章制度等，多为珍贵史料，成为后世研究清史者广泛引征的参考文献，极具史料价值。雍正、乾隆两朝大兴文字狱之后，文人学士一时人人自危，鲜有敢言者，昭梿敢于秉笔直书，委实难得。

昭梿的《啸亭杂录》是研究清史的重要文献

昭梿在舞文弄墨之外，还喜好戏剧，算得上超级戏迷，不但如此，他还与伶人交往过密并因此被举报。伶人地位低下，人们多避之不及，唯昭梿毫无顾忌，不仅与伶人交往，还很器重其中一些人的品行："这些人迎欢卖笑，虽然是常态，但其中也有深知大义者。"身处显贵之位，却能有如此平等之精神，当属这位王爷的又一过人之处。

到了第十二代礼亲王世铎，礼亲王家族"回光返照"，官运重新亨通起来。世铎当了六十一年亲王，历任内大臣、宗人府大臣、军机大臣、军机处领班等要职，绝对是炙手可热的朝廷红人。

直到1912年清帝退位，世铎才卸任回府。存续了近三百年的礼亲王家族的繁华旧梦，至此才宣告结束。

树倒猢狲散，礼亲王代善后裔纷纷自寻生路：有的入了梨园，唱成名角；有的迷恋于饲养小动物；有的从事起研究工作。

入梨园的这位，名叫金仲仁，本名爱新觉罗·春元，是昭梿的五世孙，生于光绪十三年（1887），世袭奉恩将军，他十三岁开始学戏，拜了名师，得了真传，又加上勤奋用功，成为梨园中的佼佼者，一时名角，无人不知。

春元痴戏，但碍于身份，无法自由从事这一行业，索性一不做二不休，改名金仲仁，抛弃了姓氏、爵位，公开下海唱戏，这在时人看来，绝对称得上惊世骇俗之举。宗人府无奈，也只得一纸文书将他从宗谱里去除。自此之后，金仲仁有了自由身，全身心投入梨园行。

金仲仁选择了自己喜爱的戏曲事业，成就也着实非凡，其与荀慧生联袂演出的《玉堂春》为戏迷所津津乐道，其人亦被梨园界尊称为“京剧九老”之一，还培养了一大批知名弟子。有意思的是，金仲仁生前被从宗谱中除名，死后却被葬进礼亲王府的墓地。

饲养小动物这位，名叫诚厚，是最后一代礼亲王，人称“疯王爷”。有此绰号，皆因他痴迷小动物到发疯之地步：他的下榻处养着蛇、猫头鹰、刺猬等，他每天对着这些小动物发呆，说他与它们互相听得懂的话。邻里亲友认定这诚厚脑子有毛病，便送他“疯王爷”的称呼。

“疯王爷”当了四年王爷后便去世了，他养的小动物全被人放生。据说有些动物却不走，而且不饮不食，追随“疯王爷”而去。

昔时花开处　香谢叶不存

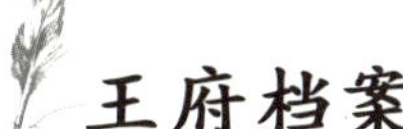

王府档案

王府主人：睿亲王多尔衮及其后代

王府特色：规模宏大，壮丽华美

王府现址：睿亲王府共有两处，老府在东华门大街迤南普渡寺一带，新府在外交部街

王府变迁

● 原为明南宫，是明朝太子的居住地，占地约一万平方米。

● 清军入关后，成为多尔衮的摄政王府，多尔衮常聚文武百官在府中议事，一时热闹无比，成为实际上的权力中心。

● 多尔衮死后被削爵，摄政王府府邸遂废。乾隆年间，恢复多尔衮名号后，废弃的多尔衮王府改建成玛哈噶喇庙，隶属于管理民族事务的理藩院。1776年，乾隆帝下令将玛哈噶喇庙翻修扩建，改名为“普渡寺”，昔日的摄政王府大殿被改建为“慈济殿”。1778年，乾隆恢复多尔衮睿亲王称号，建新睿王府。所以，睿亲王府共有两处：一在东华门大街迤南普渡寺一带，是多尔衮的摄政王府；一在外交部街，是乾隆年间恢复睿亲王世爵后的新府。

● 民国年间，普渡寺沦为大杂院。

● “文化大革命”中，普渡寺遭到破坏，文物丢失，建筑被毁，山门被改建为粮店，大殿则成了南池子小学的教室和仓库。古建筑尽毁。

● 1984 年，普渡寺被列为重点文物保护单位。

● 2001 年，普渡寺得以重修。

王府秘史

多尔衮：曾经恭奉太后婚？

即便不提多尔衮和孝庄皇太后到底有无嫁娶之事，单说多尔衮本人，便是一个巨大的传奇。其人生跌宕起伏，宛若剧情，直叫人喟叹不已。

多尔衮的生母阿巴亥，十二岁时因政治联姻，被许与四十三岁的努尔哈赤婚配。阿巴亥初嫁时，尚是个懵懂的小女孩，未得到努尔哈赤关注，直到十五岁时，才开始大获宠爱。接下来的数年，她一口气为努尔哈赤生了四个娃——三子一女，三子分别是阿济格、多尔衮和多铎。阿巴亥育此三子，端的是有了本钱，又高居大福晋之位，按说应该心满意足。但每当她看到苍老的丈夫和年幼的孩子，就忧心忡忡：万一丈夫去世，孤儿寡母失去依靠，到时候这日子可怎么过？阿巴亥找机会把担心之事说给丈夫听，努尔哈赤给她吃了颗定心丸：“吾身殁后，大阿哥须善养诸幼子和大福晋。”大贝勒，即代善也。

后来，阿巴亥为人揭发，称她存在经济问题，又偷偷给代善送饭，有私通之嫌，故由此失宠。努尔哈赤死后第二天，皇太极等人以父命为由，逼其殉葬，年纪轻轻的阿巴亥，就此成为权力斗争的炮灰，时年仅三十七岁。这时候，多尔衮刚刚十五岁。高阳在《清朝的皇帝》中对此的解释是：阿巴亥既有风姿，又当虎狼之年，必不能安于室；若有外遇，贻先帝之羞，犹是小事，问

睿亲王府老府，现为普渡寺

题最严重的是，她所生三子，太祖生前“分给全旗”，但三子尚幼，若阿巴亥的情夫有野心，大可通过三子控制三旗人马，以此必留后患。这当是高阳先生的大胆猜想。

天命十一年（1626）八月，努尔哈赤在返回盛京途中病危，速召阿巴亥前往。阿巴亥乘船沿浑河而下，在船上与奄奄一息的努尔哈赤相见。距盛京尚有四十里，努尔哈赤支撑不住，溘然长逝，遗体当夜急送盛京。努尔哈赤临终前，最舍不得的就是阿巴亥。但谁也想不到，努尔哈赤刚刚离开人世，阿巴亥也一命归西。

太祖急崩，皇太极等诸贝勒与阿巴亥谈判，整整谈了一夜。阿巴亥被逼无奈，终于在第二天自尽，生前有遗言，要皇太极诸人尽力抚养二幼子多尔衮和多铎。

关于阿巴亥之死，有两种说法。

一种是努尔哈赤临终时，曾遗命由幼子多尔衮继承汗位，代善摄政。但努尔哈赤死后，代善支持皇太极登基。为确保多尔衮母亲不加阻挠，必须逼迫其自尽。

另一种是努尔哈赤死得过于仓促，并未明确指定继承人，但他此前曾明确宣布，日后由八和硕贝勒共同执政，并从中推举一名新汗。彼时，阿济格、多尔衮和多铎三兄弟各领一旗。其他和硕贝勒担心，在其母阿巴亥的支持下，若兄弟三人联手，势力必将过大。由此，四位年长的和硕贝勒代善、阿敏、莽古尔泰、皇太极，决定逼迫阿巴亥自尽。如果这种推测言之成理，阿巴亥应是被四大贝勒所迫自尽的，并非遵照努尔哈赤的遗嘱。

乾隆年间编纂的《清太祖实录》的最后定本中，对阿巴亥之死作出新解：否定努尔哈赤生前有遗嘱，认定阿巴亥之死是“以身殉焉”。

如此看来，阿巴亥之死，始终是清王室难以启口的政治龌龊。

十五岁的少年，已然领略了政治斗争的残酷，在此境况之下，聪明过人的小伙儿多尔衮明白，想要取得最终之胜利，须韬光养晦，先在夹缝中求得生

因死得仓促，努尔哈赤未指定继承人，一度令形势复杂

存，只有如此，方可图谋霸业。自此之后，他紧跟皇太极，全力讨取他的欢心。在战场上，多尔衮英勇杀敌，屡立奇功，用实际行动证明自己的耿耿忠心。

阿巴亥去世的第二年，十六岁的多尔衮随兄皇太极攻打蒙古察哈尔部。他首次披甲上阵，就将自己与生俱来的军事天分表现得淋漓尽致。为表彰多尔衮功绩，皇太极赐他“墨尔根戴青”（蒙古语，意为聪明的战将）的美号。

皇太极在位期间，多尔衮几乎参加过所有重大战役。经过炮火之洗礼，战争之考验，多尔衮出落成杰出的军事家。他带领大清队伍南征北战，屡立战功。

后来，清军进攻明朝，多尔衮一马当先，率兵入关，赶走李自成的起义军，迎福临迁都北京，二百六十余年的大清统治从此开始。可以说，多尔衮于大清朝，自有开国之功，摄政王之封号，正是对其功劳的认可和奖赏。

多尔衮是清初政权和各项政策最重要的确定者，加封至“皇父摄政王”

多尔衮摄政七年，大有作为。其

文治武功，大清宗室中鲜有人能与之匹敌。亦正是多尔衮摄政的七年，为大清奠定了坚实的基础。

清军进入北京，余患尚未消除。南下的明朝官僚扶植福王朱由崧在南京称帝。朱由崧为了保全自己的小朝廷，派使臣前往北京与大清议和，以割地、纳银为条件，请求清军不要南下，愿与大清分割而治。多尔衮态度坚决，拒绝议和，随即率军南下，攻城略地，武力统一天下，避免了分裂情形。

多尔衮深知，游牧民族一旦入关，便不再是游牧民族，农业方为一切之根本，天下初定，减轻百姓负担为应有之义。清廷宣布，自顺治元年（1644）起，一切赋税，凡正额以外，所有加派全部免除。此一措施，大大减轻了百姓负担，并成为清朝统治者长期实行的“轻徭薄赋”政策的开端。此一政府，是大清朝长治久安的基础所在。

多尔衮掌权后，深知仅依靠满洲贵族不可能统治汉人，只能依靠汉人来治理汉人。在国家的军政大事上，他倚重范文程、洪承畴、冯铨等汉族大员，在他们的谋划下，清朝基本沿用明朝的制度，从而避免了因政权更迭所造成的大动荡。

为更好地统治汉人，多尔衮还大力化解满汉矛盾，宣传满汉一体，鼓励满汉通婚。

为解决来自统治集团内部的隐患，多尔衮着手化解皇族间的仇怨。早在努尔哈赤、皇太极统治时代，因内部争权夺势，一些宗室贵族被囚禁、处死，子孙弟侄多受株连，积怨越来越深，皇族内部凝聚力越发涣散，对大清的统治是极大的威胁。天下初定，政权未稳，更需要皇族的同心协力。多尔衮以此出发，平反父、兄铸成的冤狱，化解矛盾，勇气实在可嘉，魄力不可谓不大。

关于多尔衮，可论说的内容实在太多，这里暂且只探讨他的感情世界。这第一桩，要说说孝庄皇太后是否下嫁多尔衮——清初三大疑案之一，当然值得

①	④
②	
③	

①②③④ 孝庄文皇后

孝庄一生培养、辅佐顺治、康熙两代君主，堪称杰出女政治家

大书特书。

话说明末有抗清将领张煌言，号苍水，著有《张苍水集》，此集被清朝列为禁书，仅有传抄稿本，直到1901年，始有章太炎排印两卷本，其中一首诗是说太后下嫁的：

上寿觞为合卺尊，慈宁宫里烂盈门；

春宫昨进新仪注，大礼躬逢太后婚。

这首诗不无讥讽之意，说两个上了年纪的人成婚，一派喜气洋洋，不知羞耻。而新婚的非是别人，正是孝庄皇太后。嫂子嫁给小叔，真真叫人脸红。

张苍水诗为“太后下嫁”之滥觞，此后天下哄传孝庄皇太后嫁给了摄政王，言之凿凿，几成史笔。用民国著名清史学家孟森先生的说法，便是“无南北，无老幼，无男妇，凡爱述古老传说者，无不能言之”。孟森先生经过广泛考证，认定“太后下嫁”不过是谣言一则，绝非真实事件。

归纳起来，孟先生的主要论据有以下几点：

其一，太后再婚，乃国家大事，必有记载，而翻遍清宫档案以及官方史料，却不见影踪。

其二，“皇父”之谓，与古人之“尚父”“仲父”意同，不代表就是皇帝的父亲，“由报功而来，非由渎伦而来”。

其三，孝庄太后去世后，未与皇太极合葬，这现象亦并不稀奇，有前例可循，且孝庄遗嘱说“以太宗奉安久，不可为我轻动。况心恋汝父子，当于孝陵近地安厝”。

其四，《朝鲜李朝实录》载，清使臣曾向朝鲜解释“皇父”称谓之来历，其中并未提及太后下嫁一事。

孟森先生关于“太后下嫁”的考证，推理谨严，逻辑周密，为历来史家所采信，但也不是没留下疑点，比如，胡适曾对“皇父”称谓提出异议，孟先生未给出特别有说服力的说法，只坚持说必无下嫁之事。既然多尔衮可以公然称“皇父”，若真有太后下嫁事，必不忌讳；因为没有，表现才更为坦然。

自有胆大心细者如历史作家高阳，提供了另一番见解。在《清朝的皇帝》一书中，他认为，太后虽未下嫁摄政王，但极可能存在孝庄与多尔衮相恋之事实。论年纪，多尔衮比孝庄大一岁。努尔哈赤过世后，多尔衮、多铎兄弟由皇太极抚养，彼时多尔衮十五岁，孝庄十四岁，二人正值青春年少，朝夕相处，情愫滋生乃极可能发生之事。高阳还推断，多尔衮与孝庄之间的恋情，至死未断。蒋良骐《东华录》中议摄政王之罪，其中有“亲到皇宫内院”，高阳据此推断，与多尔衮淫乱后宫，孝庄的可能性远远大于其他任何人。

高阳给出的第二个理由是，孝庄死后，始终未得到下葬，长达三十八年之久。中国传统之丧礼，强调入土为安，康熙这么长时间不葬祖母，无论如何是说不过去的，其间必有“迫不得已的隐衷”，这隐衷到底是什么？

高阳对这个问题的分析和论断，带有极强的心理学色彩。在他看来，大权在握的摄政王，当然可以一举拿下帝位，之所以没有如此，乃因关键时刻，孝庄挺身而出。她以多尔衮年幼时爱侣的身份，成功阻止了多尔衮的夺权行动。由此可见孝庄皇太后在多尔衮心目中之地位。

高阳检视了多尔衮临死前的行事，认为其情感状态“近乎悖乱”。他分析，“是内心有一极大的冲突不能解决，相激相荡而产生的反常行为”。这冲突，即孝庄太后。当称帝的野心遭遇温柔的包围，纵勇猛无敌的一世英雄多尔衮，照样手足无措。英雄多数爱美人。

高阳得出的结论是，孝庄下嫁多尔衮，绝无其事，而失身事则必难免。孝庄之所以不与皇太极合葬，即以白璧微瑕之身，愧与太宗同穴。

高阳的这一说法带有极强的推理色彩，亦未有强大有力的证据支撑，逻辑上虽能自洽，但到底符不符合史实，怕只有天知道了。

说完孝庄皇太后，我们来检视一下多尔衮婚姻生活中的女人们。多尔衮一生，共娶十人：六妻四妾，三个朝鲜人，一个满族人，六个蒙古人。

大清有一传统——政治联姻。努尔哈赤起家，说到底与这种婚姻模式不无关系，他在力量弱小时，通过联姻的方式，壮大自身力量，然后逐步解决那些小部落。此模式复制，无往而不利。因尝到太多政治联姻的甜头，这一传统也得以延续。

与清室结缘最深的，乃博尔济吉特氏，皇太极之孝端、孝庄两皇后均出自此部落。有趣的是，双方婚配甚多，但有些辈分着实混乱，以至闹出不少乌龙。比如，皇太极娶了孝端，而多尔衮则娶了孝端的姨妈，多尔衮凭空长了一辈，成了嫂夫人的姨丈。

天命九年（1624），多尔衮与博尔济吉特氏成婚，当时，多尔衮尚是十三岁的少年。这一对少年夫妻相濡以沫，在一起生活二十五年，感情极深。

据说多尔衮其人极为好色，私生活放荡不羁，为满足肉欲，不惜耗费大量人力、物力为自己搜寻美女。他花了许多精力，派人广选美女，有时连有夫之妇亦不放过。豪格死后，他收了豪格之妻即自己的侄媳妇为王妃，之所以这么做，或许有向皇太极复仇的意味，但也免不了有贪恋对方美貌的因素。

他还向朝鲜发求婚敕书，饥渴之情形洋溢于字里行间，“王之若妹若女，或王之近族，或大臣之女，有淑美懿行者，选与遣去大臣等看来回奏”。多尔衮强调“淑美”，意思是漂亮是最重要的，丑的直接淘汰就行了。怕人家不认真甄选，还进行威吓：“尔朝鲜国业已合一，如复结姻亲，益可永固不二矣。”意思是不送女人来，我也不敢保证你朝鲜的安全。

这边厢刚选完美女，那边厢多尔衮就急不可待了，催朝鲜美女尽快上路，怕人家路上走得慢，又以行猎的名义出了山海关前去迎接，当晚，就和朝鲜女子同了房。他本为图一时痛快，无感情可言，很快就厌倦了，抱怨人家姑娘不漂亮，再派使者去朝鲜搜刮美女。朝鲜方面颇有怨怒，但也不敢说出来，只好将这一口气憋在心里。

多尔衮妻妾不少，但并无子嗣，只好抱了弟弟多铎的儿子多尔博为继嗣。多尔衮死后，顺治平其墓，追夺所有封号，最绝的一招，乃是先将多尔博罚为奴，后令其归宗，仍为多铎之子。此一招特别老辣，不但令多尔衮绝后，而且其所掌正白旗也无法由多尔博继承，理所当然地归了皇帝。

多尔衮另有一女，名叫东莪，为朝鲜公主所生，后与多尔博一起被罚为奴。

顺治七年（1650）农历十一月，多尔衮出猎古北口外，行猎时坠马跌伤，十二月，死于喀喇城，一代枭雄离世时正当壮年，刚刚三十九岁。其葬礼办得隆重，封号极尽荣耀，生命虽然短暂，荣誉至高无上。

多尔衮看似死得突然，事实上已有预兆，没有引起足够重视而已。他自幼体质较弱，健康状况向来不佳，再加上松山之役“颇劳心焦思，亲自披坚执锐”，自此便患上“体弱精疲”的毛病。入关之后，事务繁多，疲于应对，再加上到北京后水土不服，私生活过于糜烂，种种因素集结，才有突然身亡之后果。

多尔衮死之后几个月，风云突变，其尸体未寒，便遭遇到一场前所未有之大清算。

顺治八年（1651）二月，曾做过多尔衮贴身侍卫的苏克萨哈、詹岱两人首先揭发，称摄政王生前私备八补黄袍、大东珠、素珠、黑狐褂等禁物置于棺内，又计划率两白旗谋篡大位。

紧接着，郑亲王济尔哈朗率诸王、贝勒、大臣上疏，列举多尔衮一系列重罪，主要有：

其一，皇太极去世时，诸王大臣同心扶立皇上（福临），并无拥戴多尔衮之议，唯其弟多铎劝进；

其二，独擅威权，不令郑亲王干预朝政，而以其弟多铎为辅政叔王；

其三，背弃誓言，妄自尊大，自称皇父摄政王；

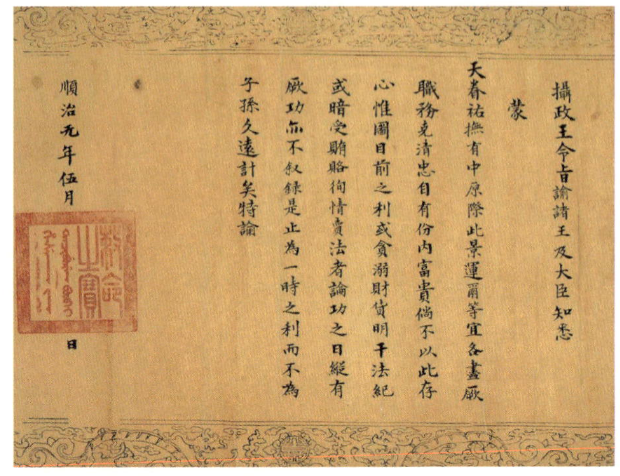

攝政王令旨諭諸王及大臣知悉
蒙
天眷祐撫有中原際此景運爾等宜各盡厥
職務克清忠自有份內富貴倘不以此存
心惟圖目前之利或貪溺財貨明干法紀
或暗受賄賂徇情貴法者論功之日縱有
厥功亦不叙錄是止為一時之利而不為
子孫久遠計矣特諭
順治元年伍月 日

① 摄政王旨

② 顺治帝天资聪颖，只可惜英年早逝，治国才华未得发挥

其四，亲到皇宫内院，以太宗文皇帝之位原系夺立，以挟制皇上；

其五，逼死肃亲王豪格，纳娶其妃；

其六，批阅奏章，都以皇父摄政王名义；

其七，违背情理，以生母入于太庙。

由是，顺治帝下诏追削多尔衮封爵，籍没家产入官。多尔衮其身已死，亦难逃处罚，顺治命平毁其墓葬。又有说法称，顺治还令掘墓鞭尸，似为不实。满族传统，实行火葬，清太祖努尔哈赤、太宗皇太极和世祖福临都是火化后再埋葬的。直到康熙年间，随着满族统治者汉化程度的加深，火葬的旧俗才逐渐停止，而代之以土葬。试问，多尔衮已经火化，何来鞭尸之说？

直到乾隆晚年，才为多尔衮平反，恢复了睿亲王封号及其一切荣誉，命多尔衮继子多尔博的四世孙淳颖承袭睿亲王爵位。

败家子：吃喝嫖赌卖王府

第四任睿亲王叫塞勒，爱喝几杯，人称“醉公”。每逢朝廷议事，塞勒常偷偷饮酒，好酒到这个程度，也算是古今史上酒界之奇葩了。

第六任睿亲王叫如松，他在世时受封为信郡王，直到死后八年才被追封为亲王，这也算封爵中较为稀有的情形了。其妻佟佳氏，是清代著名诗人。

如松与佟佳氏，各具诗才，是夫妻亦是文友。平日里夫唱妇随，互相唱和，其乐融融，家中文风大盛。在夫妻二人的影响下，儿孙皆具诗才。

只可惜好景不长，如松三十四岁去世。佟佳氏悲痛之余，独自担当起抚养儿女的重任。

如松与佟佳氏感情深厚，丈夫过世后，她写下《哭夫诗》百首，抒发失去夫婿的巨大伤悲，读来着实令人唏嘘：

弱体伶仃倩我扶，晨昏相伴不时呼。

伤情强忍看妻子，泪不轻弹是丈夫。

佟佳氏有三部诗集《问诗楼合选》《穗帷泪草·乌私存草》和《虚窗雅课》留世。

第十二任睿亲王亦是最后一任，名叫魁斌，光绪二年（1876）袭爵。不过，这位魁斌是个糊涂蛋，昏庸无能，自然也没啥好说。颇有话题的是他的两个儿子，中铨和中铭——绝对称得上超级败家子。

民国四年（1915），魁斌死后，他两个儿子没了经济来源，生活一下子陷入困境。过惯了锦衣玉食生活的王孙公子，怎耐得了清苦？

——不就是钱嘛，咱有不动产，卖呗！

两个败家子一商量，就把东北和河北的庄园给卖了，换了一大笔钱，用来兴建一处豪宅。兄弟俩还真是懂生活，他们在豪宅内安装电话，设西餐厨房，赶洋人的时髦，极尽享受之能事。

听说“时下”流行德式马车，一下就买了八辆。

听说又流行小汽车，那必须得买。贵？不怕，先来两辆最贵的。

市面上还有啥洋货？一起弄来尝个鲜。

两兄弟还有共同爱好，就是嫖和赌。

嫖要嫖资，赌要赌注，之前卖庄园的钱没了，不要紧，不是还有西郊的豪宅和花园吗？卖！

又有钱了，带着两个青楼女子，跑到天津去耍，前一天逛街购物，第二天下赌场玩钱，玩得不亦乐乎。

很快，钱又没了，怎么办？不是还有睿亲王府吗？

两兄弟一商量，作价十万大洋，典给了一个富商。结果，几年后还不上钱，交不出利息，富商一纸诉状告到法院，睿亲王府便被查封了，过不久，兄弟俩便被限令按期腾房。

到民国十八年（1929），新睿亲王府由北平市政府社会局借给私立大同中学做校舍。四年后，大同中学则以三万五千元购得王府产权。

总之，这兄弟俩的败家水平，那可真不一般。

违规建府第　惠园属第一

王府档案

王府主人：郑亲王济尔哈朗及其后代

王府特色：气势宏伟，巍峨雄壮，属于违规建筑

王府现址：北京西城区大木仓胡同 35 号

王府变迁

● 原为明朝荣国公姚广孝的旧宅，姚氏系元末明初高僧，政治家，诗人，朱棣的谋士，靖难之役的主要策划者。

● 清军入关后，成为济尔哈朗的郑亲王府，因建设违规逾制，济尔哈朗遭弹劾，被罢黜辅政资格，罚白银两千两。

● 第八代郑亲王德沛对王府主体建筑进行修葺，大肆扩建王府花园“惠园”，使之成为最豪华的花园。

● 第十三代郑亲王端华于辛酉政变（1861）后被赐自尽，籍没家产，王府被没收。

● 同治十年（1871）恢复郑亲王爵位，郑亲王府复归袭爵的第十五代庆亲王庆至。

● 民国后，王府先被抵押给西什库教堂，1925 年又被租赁给中国大学。

● 新中国成立后，王府归国家教育部使用。

王府秘史

济尔哈朗：小心的追随者

“济尔哈朗”是蒙古语，意为“幸福”。满人取蒙古名，其来有自，因满人与蒙古人地域接近，彼此间交流亦相当密切。纵观济尔哈朗一生，不能算受到命运的特别眷顾，但与其同辈的诸王相比，也确实算是很幸福了：一来他活得时间较长，历经三朝，去世时五十七岁，而同辈王都已过世；二来到晚年时，他登上权力之巅，一人之下，万人之上，且备受皇帝信赖。

济尔哈朗是努尔哈赤的侄子，其父舒尔哈齐，乃努尔哈赤三弟。努尔哈赤与舒尔哈齐兄弟协作，以十三副铠甲起兵，靠着点滴累积，实力逐渐壮大。后来，他们消灭的部族越来越多，队伍越拉越大，蓬勃发展，大有一发不可收

郑亲王府乃王府中的“违规建筑”

之势。在此创业过程中，舒尔哈齐建功甚多，成为努尔哈赤的得力干将和左膀右臂。

征战十余年后，随着实力的壮大，兄弟间的分歧和矛盾越来越深，努尔哈赤素有雄心大略，不但要征服女真各部，还想对明开战，创建大一统的王朝；而舒尔哈齐却只想依靠大明朝，觉得拥有一块地方，当头目即可。而且，舒尔哈齐不想受控于兄长，他想凭着个人实力当上女真的最高统治者。为实现目的，舒尔哈齐意欲与明朝联合，借助明朝的帮助与兄长对抗。明朝也乐得其所，试图利用舒尔哈齐来铲除努尔哈赤。

努尔哈赤自然无法容忍弟弟的分裂行为，他责令舒尔哈齐放弃自立为王的想法，舒尔哈齐断然拒绝，兄弟就此翻脸。为实现大业，努尔哈赤断然采取措施，先行诛杀舒尔哈齐的两个儿子——长子阿尔通阿、三子札萨克图，处死其部将武尔坤，之后将舒尔哈齐囚禁于暗室。舒尔哈齐在幽禁中郁郁而亡，享年四十八岁。关于舒尔哈齐之死因，清史向来讳莫如深。但明朝与朝鲜史书对此均有记载，能证实舒尔哈齐是被努尔哈赤所害。

正是痛感于争夺权力造成兄弟间自相残杀的局面，努尔哈赤晚年设计出八和硕贝勒共同治理国政的方略。天命六年（1621）正月十二日，老迈的努尔哈赤训诫诸子："吾子孙中纵有不善者，天可灭之，勿令刑伤，以开杀戮之端。"话说得心酸，也发人深省。但在权力这头魔兽面前，子孙们也未太多记得他的教训。大清因权力争斗而形成的兄弟残杀的规模为历来所鲜有。

舒尔哈齐共有九个儿子，济尔哈朗排第六。舒尔哈齐死后，除被杀的两个儿子以外，其余诸子均被努尔哈赤收养。自此，伯父与侄子们之间便有了一种特殊的关系：他既是他们的杀父仇人，又对他们有养育之恩。

当时年仅十二岁的济尔哈朗，对这位伯父怀有怎么样的感情，我们无从知晓，但可以想见的是，其中大多是怨恨，还有些恐惧。出于对未来命运的担忧，小小少年不得不小心翼翼，于他而言，眼下最为重要的是生存下来，而非重蹈父亲的覆辙。

济尔哈朗的二哥阿敏却时刻未忘杀父之仇，他虽跟随努尔哈赤南征北战多年，但刻骨的仇恨一刻也没有从他心头挪开。阿敏心怀异志，积十余年之功，暗中培植个人势力，就是想要手刃努尔哈赤父子。他还趁领兵出征朝鲜时，欲行分裂之事。这一次，是皇太极率先下手，用父亲对待舒尔哈齐的手段，幽禁了这位堂兄。

细究起来，是如下这几件事，令皇太极下了处置阿敏的决心。

其一，阿敏公然挑战皇太极权威。某日，阿敏居然对皇太极说："我与众贝勒共议你为汗，你即位后，让我出居外藩就行了。"对此要求，皇太极大感震惊。最后，诸亲王贝勒一致反对，阿敏才没有得逞。阿敏还在诸贝勒中扬言："我怕谁？他（指皇太极）能把我怎么样？"

其二，阿敏出征朝鲜欲行分裂之事。天聪元年（1627），阿敏奉命率师征朝鲜，攻到朝鲜王京城下。朝鲜国王求和。阿敏欲借出征朝鲜之机，逞自立门户之野心。当朝鲜国王接受和议条件后，他并不急于退兵，而是对济尔哈朗等人说："你们愿意回去就回去，我是打定主意要进朝鲜都城的。我一向羡慕明朝皇帝与朝鲜国王居住的宫殿，无缘得见，现在既然来了，一定要进去看看。"他甚至打算在朝鲜久住。此行为遭济尔哈朗等贝勒一致反对。阿敏心中火气无处发泄，纵兵掳掠三日。

其三，阿敏心怀异志，爱发牢骚。阿敏常散布怨言，矛头直指皇太极。比如，"我何故生而为人"；又如，"还不如山上的一棵树，或者坡上的一块石头"；再如，"即使被人砍伐为柴，甚至被野兽浇上一泡尿，也比现在的处境强"。心中不满时时挂在嘴上，可见阿敏的政治修为甚差，不懂得隐忍的道理。阿敏还说自己在梦中被努尔哈赤捶打，但是有黄蛇护身——借此暗示自己是真命天子。

皇太极要处置阿敏，机会不请自来。

天聪三年（1629）十月，皇太极亲统大军征明，攻克永平、滦州、迁安、遵化四城。次年三月，皇太极派阿敏率军前往驻守。阿敏到永平不久，明兵反击，后金军队连战失利，损失惨重，阿敏惊慌失措之下，竟弃城而逃，逃跑前下令将城中明朝降官降民全部屠杀，将财产洗掠一空。

皇太极早有惩处阿敏之意，正好利用此事，予以教训。于是，他精心罗织了十六条罪状，经议政王大臣会议决定：阿敏应予处斩。皇太极开始时来硬的，之后来了个软的，下令免阿敏死罪，改为囚禁。十年之后，阿敏死于狱中，终年五十五岁。

小心谨慎的济尔哈朗与冒失急躁的兄长阿敏，恰形成鲜明之对比。济尔哈朗心内或许有恨，但从不曾表现出来。在关键时刻，他更知顾全大局，拒绝分裂，维护皇太极之权威。这也是两兄弟结局不同之重要原因。

哥哥阿敏获罪，其名下的镶蓝旗转归济尔哈朗，由此，济尔哈朗跻身于八大和硕贝勒，成为大清最有权势的人物之一。为表忠心，济尔哈朗还带领诸兄弟和子侄辈一起宣誓，称父兄有罪，行不义之事，乃自遭报应，今后自己若有二心，不得好死。

观济尔哈朗之作风，务实、谨慎，且这一作风贯穿于他人生始终，亦是他在激烈的政治斗争中屡屡得以生存下来的要诀。皇太极执政的十七年间，济尔哈朗仕途顺遂，从未受到任何处罚，这情形在同辈兄弟间并不多见。

待皇太极暴亡，引发大清政权的内部危机，权力争斗因之陷入白热化状态。皇太极诸子中，倘若选择一个继位，豪格无疑是最佳人选——他系皇太极长子，且屡立战功；而对皇位早有觊觎的多尔衮又怎肯善罢甘休——他功勋卓著，无人可及，野心勃勃，聪明睿智，皇兄突然离世，正是其称帝的绝佳时刻……自然，王族朝臣围绕着豪格和多尔衮，形成两派：一派坚决要立豪格，一派拥护多尔衮称帝。

郑亲王济尔哈朗正是豪格的支持者之一。皇太极生前，济尔哈朗与多尔衮皆得重用，势力不相上下。正是济尔哈朗在拥立继承者的过程中所起到的平衡作用，以及礼亲王代善模棱两可的态度，再加上后宫中能干的孝庄皇太后，令多尔衮欲自立而不能，无奈之下，只得提出一个折中的办法：择皇太极另一子继位，多尔衮与济尔哈朗辅政。最后捡到这个大馅饼的，是孝庄皇太后年仅六岁的儿子福临。

多尔衮辅政后，先是寻机诛杀豪格，尔后又渐渐排挤同为辅政王的济尔哈朗，以形成大权独揽之局面。面对多尔衮咄咄逼人的气势，济尔哈朗无招架之力，自动退居其下，韬光养晦，伺机再图大业。不仅如此，一有机会，他还不停给多尔衮“灌迷魂汤”，如顺治四年（1647），济尔哈朗领衔，与其他王公联名上书，称国家安定，四海升平，皆蒙皇叔父摄政王多尔衮福泽，考虑到摄政王素有风疾，跪拜不便，请求其在皇上面前免于跪拜。年长多尔衮十三岁的济尔哈朗将姿态放到如此之低，亦是出于生存之需。

即便如此，也未阻挡住这位政敌对他的迫害，多尔衮以济尔哈朗的王府违制建造，罢黜了他的辅政王爵位。所谓违制，不过是一种借口。论府第之豪华，谁又能比得了多尔衮？

直到多尔衮意外早逝，济尔哈朗的人生才迎来一丝曙光。压抑了七年之后，他果断地展开复仇行动，先消除多尔衮的残余势力如阿济格等人，又与诸大臣联合上疏论多尔衮之罪，清算一切历史遗留问题。

多尔衮的同母兄长阿济格，向有野心，听闻多尔衮死讯后，一心要承袭这摄政王位。他派人给五子劳亲送信，令儿子带兵前来。多尔衮灵车抵京，顺治亲迎，阿济格父子分坐福临两旁的首座。殊不知，济尔哈朗早已暗中伏兵，先行擒获阿济格父子，以阿济格“身带佩刀”“举动叵测”等罪名，将其削爵幽禁。阿济格偷鸡不成，反蚀一把米，内心懊恼可想而知。顺治八年（1651）十月，阿济格被赐自尽。

在打击阿济格的基础上，济尔哈朗再接再厉，整肃多尔衮余党，或削爵，或流放，或幽禁，通通处理干净，不留后患。

一方面打击政敌，一方面笼络人心，倚重可以利用的力量，系济尔哈朗的两种手法。

多尔衮摄政时，重用巽亲王满达海、端重亲王博洛、敬谨亲王尼堪，任命他们为“理政三王”，协助自己处理朝政。多尔衮既死，此三人成为济尔哈朗的重点拉拢对象。济尔哈朗晓以利害，三王见坡下驴，联名举发多尔衮。

通过这次行动，济尔哈朗成功完结了持续数年之久的皇宫斗争，将大权回归皇帝，其个人威望亦升至顶点。

殊为难得的是，作为剩下的唯一辅政王，济尔哈朗不但未贪恋于权力，反而坚定地选择放弃。他主动提出放弃辅政，以尽快让顺治亲政。有此一举，济尔哈朗更得顺治帝的敬重和器重。

十四岁的福临，自此开始亲政。而退休的济尔哈朗，则继续发挥光和热，但凡事关国家前途，必献言献策。顺治对这位忠心耿耿的叔父向来信任，对其所奏极为重视。

顺治十二年（1655）五月，济尔哈朗病重，顺治亲往探视，济尔哈朗奏曰：“臣受三朝厚恩，未及答，原以取云贵，殄桂王，统一四海为念。”皇帝流泪痛哭：“天奈何不令朕叔长年耶！”说完大哭一场。八日，济尔哈朗病逝，享年五十七岁。顺治悲痛难当，诏令休朝七天，赠祭葬银万两，置守陵园十户，并为他立碑纪功。

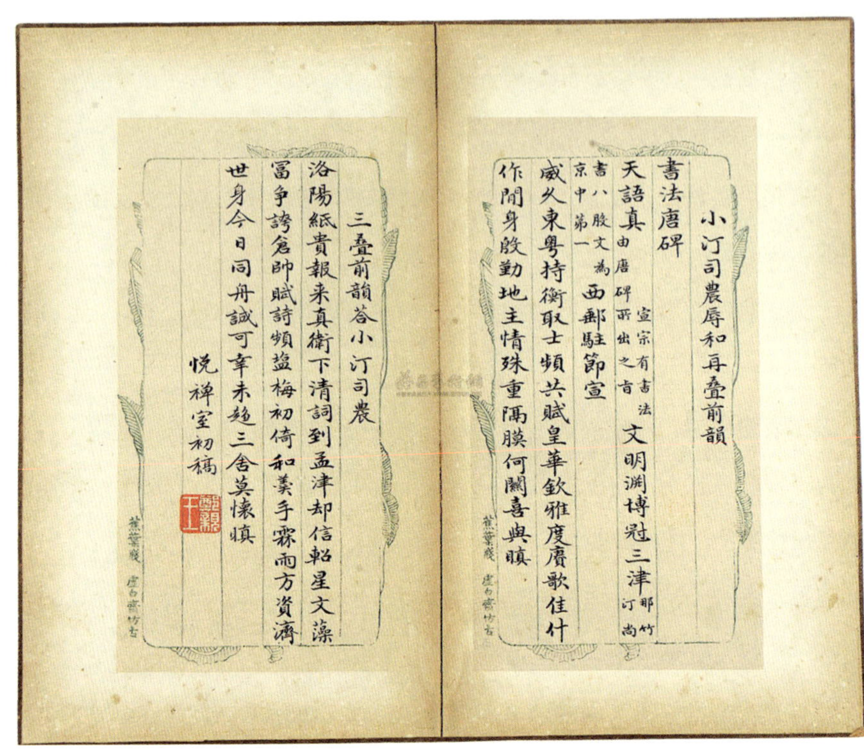
小汀司農辱和再叠前韻
書法唐碑天語真（宣宗有書法由唐碑所出之旨）文明淵博冠三津（那竹汀尚書八股文為京中第一）西郵駐節宣威久東粵持衡取士頻共賦皇華欽雅度賡歌佳什作閒身敢勤地主情殊重隔膜何關喜與嗔

三叠前韻荅小汀司農
洛陽紙貴報来真衡下清詞到孟津卻信軺星文藻富爭誇倉帥賦詩頻鹽梅初倚和羹手霖雨方資濟世身今日同舟誠可幸未趋三舍莫懷嗔
悅禅室初稿

端华：政变的牺牲品

济尔哈朗去世后，袭爵的乃其次子济度，封号亦改，是为简亲王。到了乾隆十三年（1748），简亲王神保的爵位被夺，转到德沛手里。德沛是济尔哈朗的八弟费扬武之曾孙，其为人，骨骼清奇，视名利为身外之物。其所作所为，堪称皇室这个污浊环境里的一股清新空气。比如，他本应承袭贝子爵位，但他把爵位让给弟弟；又比如，他在地方或中央为官，从无贪渎，两袖清风，有口皆碑。

正是出于对德沛的厚爱，乾隆才将简亲王的爵位赏赐于他，而未选择济尔哈朗的近支袭爵。这在大清历史上，为数十分稀少。

德沛进了简王府，查对府中账目，颇是吃了一惊。他发现，王府库银竟有数万之巨，财宝更是不计其数。这下倒叫德沛为了难，若将库银交给朝廷，等于给已被夺爵的神保添罪，但若继续留在王府，总会惹出麻烦。

德沛想出的办法是，这钱不中留，就修园子，花了它。于是，他大修花园，一时精致无两。直到花光了银子，德沛的心才安定下来。

乾隆四十三年（1778），简亲王又改称郑亲王。道光二十六年（1846），由端华承郑亲王爵位。端华行三，他有个六弟，名叫肃顺，那可是后来大名鼎鼎的顾命大臣之一。咸丰继位后，为打击把持朝政二十余年的穆彰阿集团的势力，任用始终与自己保持一致的端华等人，由此才将权力收归己有，因而对端

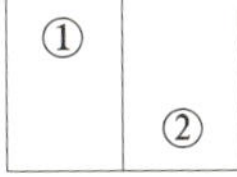

① 端华诗稿

② 左宗棠是肃顺推荐提拔的汉人官员之一

中国大学乃孙中山等为培养革命人才而办

华等人信任日深。端华为加深自身势力在朝廷上的影响，又将六弟肃顺推上前台，使之亦成为深受倚重的股肱之臣。端华与肃顺两兄弟，崛起于道光朝，光大于咸丰朝，为一时柱石。

端华其人，资质较为平庸，生性优柔寡断，而弟弟肃顺恰恰相反。胆大任事，足智多谋，当断即断，实为晚清政坛一难得之才。肃顺身为满人，却对浮华堕落的八旗子弟颇为不屑。他唯贤是尚，大胆提拔任用了不少汉人官员，曾国藩、左宗棠等人，皆由他推荐提拔。

如此这般，端华遇事，自然要多听这位弟弟的意见了。

端华与肃顺两兄弟，官高位显，同为军机大臣，但对于和洋人打交道，甚没主意，是和是谈，一直犹豫不决，只是坚定地站在咸丰一边，抑制主张与洋人和议的恭亲王奕訢。英法率先挑起战争，吓得咸丰帝带着端华、肃顺等大臣和后宫家眷一路跑到承德去了，留下恭亲王奕訢收拾残局，却又不给他实权，令其时时有掣肘之感。

咸丰帝死后，同样足智多谋的奕訢联合年轻狡黠的慈禧，发动“辛酉政变”，将八顾命大臣一举捉拿。几天后，肃顺被诛杀于菜市口，端华则被赐帛自尽。据说，端华体重过大，致帛断坠地，只得再换新帛，方才吊死。

末代郑亲王叫昭煦，袭爵时年仅两岁。民国七年（1918），照煦将郑亲王府祠堂以两千五百大洋出售，两年后，又将王府作价十万大洋典给西什库教堂，因到期无法偿还，郑亲王府遭查封。1925年中国大学介入，付钱给教堂，郑亲王府由中国大学租赁使用，作为附加条件，中国大学聘昭煦为董事，按月发给他一定薪水。

姑丈表兄住　雪芹来串门

王府档案

王府主人：克勤郡王岳讬（礼亲王代善之子）的后代

王府特色：面积较小，结构紧凑，建筑精美

王府现址：西城区新文化街（原石驸马大街）西口路北

王府变迁

● 克勤郡王府的首任主人，乃岳讬长子；第二代克勤郡王罗洛浑，顺治五年（1648）袭封，改称衍禧郡王；顺治八年（1651）改称平郡王。所以，该府最初称衍禧郡王府或平郡王府更合适。

● 第七代克勤郡王福彭，乃曹雪芹表兄，曹氏常来府中走动。

● 民国年间，末代克勤郡王晏森将王府出售给北洋政府总理兼财政总长熊希龄为住宅，后熊氏夫妇捐赠给国家。

● 1984 年，克勤郡王府被列为北京市重点保护文物，后为北京第二实验小学占用。

● 2003 年，克勤郡王府重修，按清王府规制恢复旧貌，重新建造了府门和东西配楼。

王府秘史

岳讬：铮铮铁汉功劳多

岳讬系礼亲王代善的长子，也是努尔哈赤之长孙。他一出生，就被家族寄予厚望。岳讬自幼就随爷爷和父辈征战，为建立大清江山立下了汗马之功，若非英年早逝，英雄尚大有用武之地。因念其功高，顺治帝追封其为克勤郡王，为清初“八大铁帽子王”之一，世袭罔替，子孙跟着享受荣光。

天命十一年（1626）八月，努尔哈赤病逝。后金事业蒸蒸日上之际，可汗暴毙，群龙无首，由谁来继承汗位成为彼时最急迫之问题，如稍有不慎，极可能尽毁祖辈历尽辛苦攒下的基业。

当时，四大贝勒各握兵权，若彼此相争，势必造成兄弟间自相残杀。危难之际，身为努尔哈赤长孙的岳讬挺身而出。岳讬和三弟萨哈璘找到父亲代善商议：“国不可一日无君，宜早定大计。四贝勒才德冠世，深契先帝圣心，众皆悦服，当速继大位。”代善心下或有自己的小算盘，但自知非皇太极对手，照顾大局起见，只得同意儿子的提议，于是父子三人合力推举，其他贝勒亦表示赞成。四大贝勒当中，不论实力，还是能力，皇太极皆略高一筹。他独自执掌两黄旗，兵力比其他贝勒为多，这是显见的优势。另外两大贝勒中，阿敏非努尔哈赤所生，乃努尔哈赤之弟舒尔哈齐次子，自不在继位之列；莽古尔泰纵使有心一拼，但代善已支持皇太极，其当属弱势一方。至于四小贝勒，年纪尚幼，并无实力参与到争夺当中，自然听从代善之议。况小贝勒们此前多受皇太极拉拢，岂有不从之理？

众人推举皇太极继位，皇太极客气了一番后，坐上大汗宝座。

代善倾心皇太极，乃出于儿子之怂恿，岳讬和萨哈璘所起作用甚大。也正因如此，代善一门，其后竟占去“八大铁帽子王”中的三个位置，分别是礼亲王代善、克勤郡王岳讬及顺承郡王勒克德浑（代善第三子萨哈璘之次子）。显见，皇太极投桃报李，以此致谢。

岳讬其人，不但军事能力一流，亦有政治远见。

天聪元年（1627），岳讬随阿敏、济尔哈朗率师征战朝鲜。朝鲜国王李倧被迫求和，岳讬等人准备议和，阿敏提出异议，意欲直接攻进王城。岳讬越过阿敏，与济尔哈朗秘密合议，接触李倧使者，与朝鲜方面达成和议，之后才告知阿敏。岳讬以为，既已与朝鲜和议，就应该立刻班师回国，免得后方空虚，被明朝或蒙古偷袭。阿敏以未参加和谈为名，纵兵大掠。其实，此次阿敏征战朝鲜，另有他图，欲屯居久住，试图分裂，岳讬和济尔哈朗大概发现了这一苗头，果断出手阻止阿敏方才罢休。

皇太极曾就政事征询诸贝勒意见：“国人怨断狱不公，何以弭之？”岳讬给出的答案是。“擢直臣，近忠良，绝谗佞，行黜陟之典，使诸臣知激劝。”其意为：擢升率直之臣，多用忠良之辈，远离包藏祸心的小人奸邪，升降有典，方可以激励群臣。岳讬打天下，称得上是一把好手；若治天下，也应是一把好手。从他的建议便可看出端倪。

岳讬还第一个提出，对待汉人，不能一味杀戮，要采用“怀柔政策”，令其安居乐业，方能真正归顺。

如此难得人才，既可行军打仗，又有过人的政治才能，还是推举自己承继大统的首倡者，皇太极怎能不喜欢？

崇德元年（1636），皇太极称帝，改国号为清。四月，岳讬因劳苦功高，被封为和硕成亲王，可刚封亲王不久，岳讬便被降为贝勒。要讲明白这件事，还得说回岳讬的姑姑莽古济。姑姑的两个女儿，一个嫁给岳讬，一个嫁与豪格，所以莽古济既是他俩的姑姑，又是岳母。这位莽古济格格，性格鲁莽，行事草率，在此前一年，她先是大闹皇太极父子兄弟迎娶林丹汗福晋和格格的婚礼，年底又被揭发与莽古尔泰和德格类（努尔哈齐第十子）联合谋反，皇太极震怒，予以严惩。身为女婿的豪格害怕牵连到自己，不得不杀妻自保。而岳讬则未以为意，他反而对姑姑和莽古尔泰充满同情，不相信他们会真的谋反，还特意跑去问皇太极："你与他们有何怨恨？"竟敢当面逆龙鳞，一向踏实稳重的岳讬这次犯了大忌。

此案发生时，莽古尔泰与德格类已死，皇太极下令，将姐姐莽古济、侄子额毕伦（莽古尔泰之子）处死。岳讬在此境况下，非但不曾杀妻，反对妻子爱护有加。待岳讬离世时，他的这位妻子但求殉死，与岳讬埋到一处，当是感人的爱情佳话。

岳讬另有两个把柄，掌握在皇太极手里：一个是他的弟弟硕讬杀妇灭口，他包庇徇私；一个是离间豪格和济尔哈朗。

皇太极召集众贝勒、亲王议其罪。众议当诛，而皇太极又宽恕了这位大侄子，仅仅做降爵处理。这分明是皇太极用人的计谋。打一巴掌揉三揉。此举不但有杀一儆百之效，而且大大加强了自己威信，令一众亲王、贝勒再不敢造次。

而岳讬受罚，心怀不满，令他与皇太极的关系愈发紧张。

话说崇德二年（1637）八月，演武场大练兵，诸部蒙古贝勒皆在场，皇太极命令左右两翼八旗军比射箭。岳讬竟说不能执弓，皇太极再三劝说，方勉强试射，结果弓坠地有五次之多，令众人目瞪口呆。诸王贝勒纷纷指责岳讬傲慢，其罪当诛。皇太极可能舍不得失去这员大将，再次宽恕了岳讬的失礼，只是降职、罚银了事。按理说，政治上颇为成熟的岳讬不应该做出这等幼稚之事，因为对皇太极的顶撞冒犯，不只会影响到自己，很可能还会毁掉整个家族的荣誉。

或者是皇太极爱才心切，或者是亲情发挥了作用，令岳讬逃过好几次与死神接触的机会。

一年后，皇太极恢复岳讬的贝勒爵位，并让他随自己出征；紧接着，又授岳讬为扬武大将军，统右翼军伐明，与统左翼军的多尔衮并肩作战。岳讬挥师南下，连战连捷，一口气攻克城池六十余座，掠夺人口财物无数，打进山东，拿下济南。在济南驻扎时，岳讬不幸染上天花，死于军中，年仅四十一岁。

直到崇德四年（1639），多尔衮班师回到盛京，汇报战况时，皇太极发现没有岳讬的名字，惊问发生何事。才知岳讬已死。皇太极悲痛万分，辍朝三日。在古代，辍朝是相当隆重的礼遇，皇太极以此表达哀悼之意，并特意嘱咐，一定不要告诉礼亲王代善，免使兄长伤心过度。等岳讬灵柩运回，皇太极亲至盛京城外的沙岭祭奠，还朝后，再次辍朝三日，追封岳讬为克勤郡王，赐骆驼五匹、马二匹、白银万两。

只是，有个问题值得一提，究竟发生了什么事，令岳讬之死久拖不报？更何况他是扬武大将军，又系礼亲王之子。这到底是多尔衮的刻意安排？还是岳讬的个人意愿？又或者是皇太极的密授诡计？

纳尔苏与福彭：有个亲戚叫雪芹

克勤郡王这一世袭的爵位，总共传了十三代，十七人。第二代称衍禧郡王，之后有七位称平郡王，九位称克勤郡王。其中，第六代克勤郡王纳尔苏，第七代克勤郡王福彭因与曹雪芹扯上关系，值得我们细说一番。

纳尔苏系岳讬四世孙，康熙四十年（1701）袭平郡王爵。康熙很喜欢这位年轻的郡王，不但重用其人，还特地过问他的亲事，最终选定江宁织造曹寅的女儿曹佳，于是传旨，令曹氏女择日进京与纳尔苏完婚。这位曹寅，就是曹雪芹的爷爷；嫁与平郡王纳尔苏的曹寅的女儿，便是曹雪芹的姑姑；顺理承

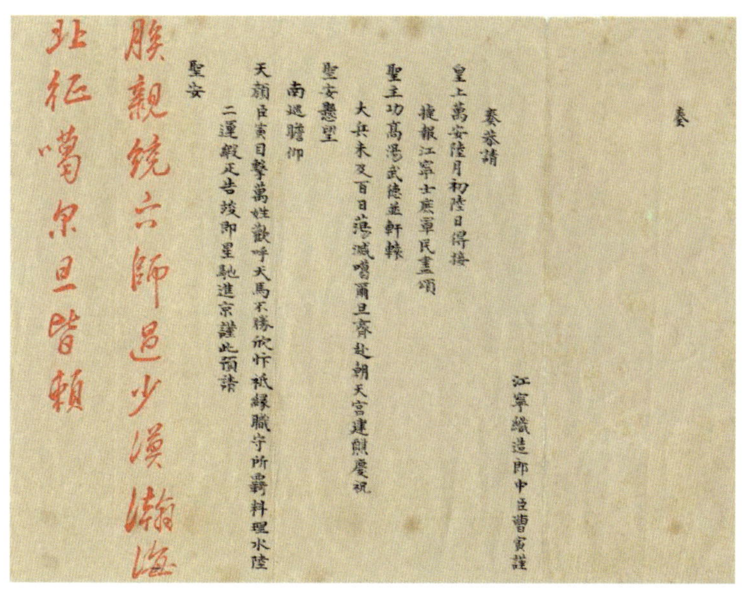
奏

江寧織造郎中臣曹寅謹
奏恭請
皇上萬安陸月初陸日得接
捷報江寧士庶軍民盡頌
聖主功高湯武德並軒轅
大兵未及百日蕩滅噶爾旦齊赴朝天宮建醮慶祝
聖安懸望
南還瞻仰
天顏臣寅目擊萬姓歡呼天馬不勝欣忭祇緣職守所羈料理水陸
二運緞疋告竣即星馳進京謹此預請
聖安

朕親統六師過沙漠瀚海
北征噶爾旦皆賴

曹寅奏报请安帖

章，纳尔苏自然就是曹雪芹的姑丈。自此，曹家攀上了皇亲，那便是“朝里有人”。康熙还赐曹家满姓曹佳氏。曹佳氏与纳尔苏的长子，名叫福彭，也就是曹雪芹的表兄。

回过头来，交代一下曹雪芹的家世，曹家本包衣出身，是为奴婢，地位低微。曹雪芹曾祖曹玺的夫人，是康熙奶妈。其后曹玺平定叛乱有功，被委以江宁织造这一肥缺，从军人摇身一变而为地方官员。曹雪芹的爷爷曹寅，十六岁时入宫为康熙御前侍卫，之后任苏州织造、江宁织造、两淮盐务，曹家三代担任江宁织造长达六十年之久。所谓江宁织造，乃皇帝设于南京的专门织造宫中所需丝织品的机关，官衔不过五品，但实际权力着实不小，地位颇高。一般而言，此职多由皇帝信任的人担任，除了正常的工作职能之外，还负责向皇帝直

曹雪芹若不是家道中落，或许写不出《红楼梦》这部巨著

接提供机密情报，实乃皇帝派驻地方的耳目，因而权势显赫，地方官吏富豪争相结交以为贵。

更让曹家露脸的是，康熙四次南巡，全住在曹寅家，由此可见对其信任程度。至曹寅病危，康熙还特别派人送药给他，只是曹寅无福享用，药到时已然离世。曹寅在世时，其日用排场，来往应酬，本就繁多，又加上康熙四次南巡，耗费巨大，致使财务亏空，多有漏洞。乃有两江总督参奏曹寅，称他与另一官员亏空两淮盐务三百万两白银，请求公开弹劾。康熙与曹家关系密切，岂能批准？只得秘密关照，私下告诫，要及时弥补亏空。只是这亏空巨大，怎么可能一下子弥补？

康熙对曹寅多有包庇，但雍正临朝，曹家就没这么幸运了。雍正上台，倡简去侈，接连发布谕旨，要在全国范围内大搞清查钱粮之运动，一旦发现亏空的官员，绝不轻饶，革职查办。为弥补亏空，曹家东借西挪，多方求人。无奈所亏钱多，一时难以弥补，朝廷命抄家查办，曹家自此衰落，再无从前无限风光。

屋漏偏遭连阴雨，曹家在京师最可倚仗的亲戚平郡王纳尔苏，亦因与康熙十四子胤禵走得太近而获牵连，被雍正以“寻坐贪婪”的理由夺了爵，勒令闭门思过，这一思就近二十年之久。平郡王爵改由纳尔苏长子福彭承袭，并被委以重任，这位福彭，就是曹雪芹的表兄。其实，胤禵乃雍正的潜在政敌，与他走得近，当然为雍正所不容。

纳尔苏虽然被夺爵，但在这非常时期，他仍十分关照曹家，并为曹家遭遇深表同情。雍正抄了曹家，格外开恩，将所抄财产悉数赏赐给继任的江宁织造隋赫德。纳尔苏打抱不平，暗自找人传话，要向隋赫德借银三千八百两。这隋赫德不敢得罪王爷，只得将三千八百两的银票送到北京，他当然明白，这是有借无还的“借”。正是这笔钱，解了刚刚来京的曹家窘迫。

再来说说福彭。

福彭是纳尔苏与曹佳氏的长子，英年早慧，及至年长，多有建树。他历经康熙、雍正、乾隆三朝，大受重用。能集三朝帝王宠爱于一身，福彭实是有清一朝难得一见的人物。雍正四年（1726），十九岁的福彭承袭平郡王爵，之后入宫为皇子伴读，成为后来乾隆帝的同学。

福彭小时候，因聪慧过人而得康熙喜欢。在康熙帝近百位孙辈当中，仅有三位最获其欢心：一个是弘历，一个是弘昼，一个是福彭。这三个娃奉命在宫中与康熙同住，康熙还特意为他们聘了教师。其他的孩子就没这么幸运，只能在逢年过节时才可以见到康熙。

康熙厚爱三个娃，与他们朝夕相处，共享天伦之乐。

康熙去世后，雍正夺了纳尔苏的爵位，转而令十九岁的福彭袭爵，之后，又特别钦点福彭进宫，陪太子读书。所以选福彭伴读，是雍正认为福彭人品、修养和学问俱佳，皆在皇子之上，实是想要他们受福彭影响，不断进步，为未来承袭大统打下基础。雍正闲下来，还特别抽空儿到皇子读书的地方，抽查他们的作业，借以了解孩子们学业的进展。某次，雍正到南书房，正值弘历与福彭对诗，雍正看到两人诗作，满心欢喜，当即赐弘历为“圆明居士”，赐福彭为“如心居士”，这诚可看作雍正对福彭伴读业绩之表彰。福彭与弘历一起读书，朝夕相伴，结下了深厚的情谊，两人生母又同为内务府属女子，多有同命相怜之感，感情更深一层。

之后，雍正对福彭多有重用，不时提拔。先任他为专使大臣，修筑河道，整饬皇陵；雍正十一年（1733）四月，任他军机大臣上行走，为当时最年轻的军机大臣；同年还任他为定国大将军，率军与准噶尔作战；此后，又派他到边陲任职。福彭为官，一切从简，办事讲效率，常获百姓称赞。因此好口碑，乾隆多次予以奖掖。

福彭与时为亲王的弘历关系亲密。福彭征讨准噶尔前，弘历临别赠诗：

武略文韬籍指挥，书斋倍觉有光辉。

六年此日清河畔，君作行人我独归。

福彭戍边，弘历在京，两人常有诗作往来，寄托思念之情。待弘历承袭大统，乃为乾隆帝，立即召福彭还朝，协办总理事务处，为六位总理大臣之一，地位仅次于庄亲王胤禄。

设立总理事务处，逐渐将军机处边缘化，是雍正改革朝政的先手，这样做更重要的目的是力避权力争夺造成的流血。将皇室贵族一律赶出政治中枢机关，使其不得涉足政务，方可避免兄弟失和，达到政令畅通。

通过几年的努力，乾隆将几位亲王一一排除出中枢系统，而身为平郡王的福彭亦无例外。当然，宗室们尊贵的身份和地位未有改变，他们仍享有高俸优薪。

乾隆十三年（1748）十一月，福彭病逝，年仅四十岁。老同学老朋友老大哥的离去，令乾隆痛心不已，“深为轸悼”。他派大阿哥携茶酒祭奠并辍朝二日。由此亦可见平郡王福彭在乾隆心目中的地位。

曹雪芹与他的这位表哥福彭，彼此年龄相差较大，两人间交往自然无多，但可以肯定的是，他们应该见过面，而且有些交集。

比如，曹家搬家抵京，雪芹到了入学年纪，但因此前家境没落，经济困窘，请不起教师，便到平郡王府里读书。

比如，乾隆继位，任命福彭为总理事务大臣，小雪芹曾随家人到西城石驸马大街的平郡王府里去道贺。

又比如，曹雪芹二十多岁，曾到内务府工作，只因言行不守正规，惹恼上司而被除名，无奈之下投靠姑母，住进了大表兄的平郡王府，过起寄人篱下的生活。后表兄去世，王府中情形大变，雪芹只得告别姑母，别寻他处谋生。福彭死后，曹雪芹与平郡王府的关系一下子疏远许多，从此很少踏入府门了。

大约是因为经历过家庭之变故，又有曾在王府生活之经验，曹雪芹才能在《红楼梦》中创造出活生生的宁、荣二府，给世界留下一笔宝贵的文学遗产。

晏森：王爷拉起人力车

1910年初，晏森袭克勤郡王爵，是为末代克勤郡王。他才领了两年薪俸，末代皇帝溥仪就宣布逊位，王爷一下子成了平头百姓，没了经济来源日子过不下去，怎么办？卖家产呗。民国期间的克勤郡王府，虽有损毁，但基本保有原貌。晏森将王府出手，接盘的是熊希龄，时任北洋政府总理兼财政总长。至于出价如何，无人知晓。当事人不透露，急死了围观群众。后来，熊希龄及其夫人朱其慧将王府及其个人私财捐赠社会，用于兴办慈善事业。

晏森卖完王府，再卖祖坟，先卖田村的祖坟，再卖怀柔的祖坟，反正是卖尽方休。可别说，这晏森挺会找买家，上一个买家是国务总理，这一次买家找到了年轻的少帅，大名鼎鼎的张学良。晏森还将乾隆御赐给先人福彭的驮龙碑卖给了张学良，少帅把它运到东北，竖在张作霖墓前。

有件事还真叫人不解，这晏森又卖王府又卖祖坟，想必得了一大笔钱财，何以没多久就变成人力车夫，凭了一把子力气挣钱糊口？但观末代亲王及其后代们，卖王府的多了去，又是挥霍，又是豪赌，也没见落得个这般下场，内中定有原因：要么，这钱根本未曾落入他手；要么，这人是典型守财奴。看起来，前者嫌疑较大。

晏森做人力车夫，刚开始，坐他车的人真不少，因为人长得斯文，车子也干净。等大家知道了他的身份，就没人敢坐了。王爷混到这地步，是件挺悲哀的事情。一般人难免会觉得没面子，晏森自己倒不在意，照旧拉自己的车，娃儿们还等着吃饭呢，身无长处，勉强度日呗。同行们尊称他为“车王”，倒不是他车拉得比别人好，只因身份特别。

这事后来传到溥仪的耳朵里，这位满洲国皇帝脸上先挂不住了，令人传话：车你也别拉了，到长春来吧，随便给你安排个营生，总比拉车强，省得丢人现眼。

末代克勤郡王就去了长春。据说溥仪赏了他不少钱，但提出一个条件，就是别再拉车了。自此，晏森就消失在茫茫人海当中，再也没有露过面。

府邸大挪移　气象浑不足

王府档案

王府主人：顺承郡王勒克德浑及其后代

王府特色：规模中等，由多进四合院组成，幽深肃穆。新中国成立前，王府从未改址，名称亦未更改过

王府现址：北京市西城区太平桥大街

王府变迁

● 顺承郡王府的首任府主勒克德浑，乃礼亲王代善第三子萨哈璘次子，为清初“八大铁帽子王”之一。

● 1917 年，租予北洋皖系将领徐树铮作为办公地点。

● 民国期间，被张作霖以七万元价格强行购买，作为大帅府。

● 1931 年，张学良被蒋介石任命为陆海空三军副总司令，将副总司令行营设在顺承郡王府。

● 1949 年后，为全国政治协商会议办公地。

● 1990 年后，全国政治协商会议建新礼堂，顺承郡王府被拆迁，整体搬进朝阳公园，气象尽失。

王府秘史

萨哈璘与勒克德浑：虎父不曾有犬子

纵观努尔哈赤次子礼亲王代善一支，真个是人脉旺盛，位高权重，令人生羡！清初“八大铁帽子王”当中，代善和其子孙生生给占去三个，怪不得许多宗室眼红，经常说他们家坏话。就连身登汗位的皇太极对此也甚为忌惮，不得不经常找机会搞点小动作，打击报复一下，意在敲打代善及其子孙：这皇位是我的，你们爷儿几个就甭想了，好好当铁帽子王就行！

代善诸多儿子之中，以长子岳讬和第三子萨哈璘最为耀眼。前者有智有谋，屡立战功，是领军打仗的一把好手；后者亦毫不逊色，英勇善战之外，见多识广，学问渊博，精通蒙、满、汉三种文字，于清初制度之完善更为有功第一人。

皇太极开拓疆域，远近杀伐，有一干精兵强将任由调配，其中不乏骁勇善战之辈；但要说到制度建设，可依仗者实在无多，非萨哈璘不可。萨哈璘深知，马上打天下时靠的是武力，等天下初定，下马治天下，只能靠人才。而人才不像别的，是需要提前储备的，临时抱佛脚肯定行不通。

他不停地向皇太极提建议，谈想法，大多皆为真知灼见。

比如，萨哈璘以为，“图治之道，在乎用人”，满人比之汉人，人数少之又少，且人才不足，要想治理天下，必须选用汉人贤能，而非一味打击限制。

又比如，萨哈璘认为八旗分立各自为政存在弊端，应效仿明朝的军事制度，重大战役之前，应该任命贤能者为最高指挥，统一军权。

皇太极深以为是，当六部初设，便任命萨哈璘掌礼部。萨哈璘大刀阔斧，主持礼制的建设和改革，摒弃满蒙之陋习，广泛汲取明朝之优点，制定了一系列国家制度，为清初国家治理走上正轨奠定了基础。

才华横溢的萨哈璘，还未能尽情地施展自己的才华，就突然病倒，皇太极听闻，命人传谕，希望萨哈璘好好养病，未来治国还需倚仗他，赞其“启我所不及，助我所不能”，称其为皇帝之左右手，断断要好好治疗，及早康复，关切之情溢于言表。萨哈璘深感皇恩，强烈表示，自有为国奉献之念，“即不幸先填沟壑，亦复何憾”。皇太极大为感动，说“倘疆土日辟，克成大业，而明哲先萎，孰能助朕为理乎？”意思是说，若日后大清基业成功，但我宝贵的智囊你已经先走，到时谁来帮助朕？皇太极亲往探视，看萨哈璘瘦弱不堪，为之悲痛不已。不久，萨哈璘英年早逝，年仅三十三岁。皇太极大哭四次，不吃不喝，辍朝三日，追封萨哈璘为颖亲王，并对其子女多有照顾。

萨哈璘去世时，其次子勒克德浑刚刚十七岁，这个嘴上还挂着绒毛的年轻小伙，承继了父祖辈的勇猛果敢，志在投身于硝烟当中，到沙场上建功立业。正所谓“虎父无犬子”，勒克德浑一上战场便大放异彩，展示了一个军事天才的素质。战场之上，他屡战屡胜，建功诸多，更与其他将领合力，把明军残余势力清除殆尽，为建立全国统一的大清政权扫去障碍。

顺治五年（1648）九月，勒克德浑因战功卓著，受封为“顺承郡王”。但做了四年的郡王之后，他也去世了，年仅三十四岁，与父亲萨哈璘相比，仅多活一年，也真算得上是“短命父子”了。唯一令人欣慰的是，他的子孙们较为平安，总算没有遇到什么大变故，这可能算这个对萨哈璘、勒克德浑父子的生命极为吝啬的世界对他们的最佳补偿吧。

其实，勒克德浑亦非一帆风顺，其短短生命中亦有一大挫折。要说这件事，要先交代一下事件之背景。

皇太极去世之时，最高权力一时真空，多尔衮与豪格争权，两派对立，大有你死我活之势。最终的结果是双方妥协，六岁的福临捡了个大西瓜。福临坐上皇位，阿达礼（勒克德浑之兄）竟然和伯父硕讬一起放话，支持多尔衮称帝，以此行为来看，这一对糊涂的叔侄，在政治上也着实太幼稚。

多尔衮为显示公正严明，遂向代善揭发。众王议罪，将硕讬和阿达礼斩杀！这叔侄俩切切实实成为政治斗争之牺牲品。按理讲，硕讬和阿达礼纵是有谋反之名，但罪不至死，更何况还是礼亲王代善的一子一孙！所以至此，是由当时复杂的斗争形势所决定的。代善身为大家长，居中调停豪格和多尔衮矛盾，才勉强达成协议，若其稍有偏向任何一方的倾向，极可能造成动荡流血，于此情形之下，代善只得舍弃这一子一孙。

因阿达礼是勒克德浑的兄长，勒克德浑受到牵连，被夺爵废为庶人。多尔衮摄政，自然要弥补对于勒克德浑的亏欠，不久便恢复他的皇室身份，册封其为多罗贝勒，直到顺治五年，因战功而封之为顺承郡王。

后代郡王：无才无德一大串

第二代顺承郡王叫勒尔锦，是勒克德浑的第四子，亦获康熙信任，先掌宗人府事，康熙十二年（1673），被任命为宁南靖寇大将军，率兵征讨吴三桂。开始时运气不错，多次击败吴三桂部队。只可惜，勒尔锦与其父相比，实在差了太多。他父亲勒克德浑，有勇有谋，胜仗无数。而勒尔锦身为大将军，遇事不够果决，优柔寡断，从而贻误战机。他本有机会将敌军一歼而尽，却迟迟不肯下令，致敌军全身而退。另外，“将在外，君命有所不受”，而勒尔锦动辄给皇帝请命，一来一往，时间白白耽误过去。

勒尔锦率军数年，军功无多，康熙虽有责备，仍然予以信任。最后，倒是勒尔锦颇有自知之明，主动上书自劾，请解大将军之任。康熙责令回朝，众人议罪，夺其爵位，令其子勒尔贝袭之。勒尔锦自劾之举，倒也算得上光明磊落，只是夺爵去位，实在不是什么光彩的事。以常理推之，他大约会觉得很对不起父亲，丢了父辈的人吧。

勒尔贝时运不济，当了一年的顺承郡王就死了。勒尔贝死后，由其二弟扬奇袭爵。五年之后，扬奇也去世了，由七弟胤保袭爵。康熙三十七年（1698），胤保逝世，由其五兄布穆巴袭爵。短短十八年的时间里，四兄弟相继袭爵，从已知的资料看，至少有三位都很短命，年纪轻轻就去世了。

布穆巴袭位后，竟然将皇帝御赐的宝马送给一位优人，这一下大大惹恼了康熙，下了道圣旨，夺了他的爵位，并将其逐出王府，由勒克德浑第三子诺罗布袭。王爷当不成了，家也没有了，可怜的布穆巴只得带着家人搬到了西直门内南小街广平库居住，后来以苏为姓——因系被逐，便自动被剥夺了皇姓的权利。

诺罗布命数亦不佳，当了两年王爷之后就去世了，由其第四子锡保袭爵。这个锡保能力算不错，亦一度受雍正重用，先掌管宗人事务，在内廷上行走，再受都统之职，后因包庇贝勒延信，致逮治迟误，被夺去亲王俸禄，降为左宗正。

雍正九年（1731），因治军勤劳，锡保又被晋封为顺承亲王，而后驻守察罕叟尔，以防清之心头大患蒙古噶尔丹，并在与蒙古军交手中打了胜仗，得雍正嘉奖，并在之后授靖大将军之职；后又因噶尔丹进犯，未能驰援，而被去职夺爵。

诸位，你看看，这王爷还真不好当。今儿封你是王爷你就是王爷，明儿给你夺了，你就啥也不是了。

王府后传：张大帅来此办公

民国六年（1917），年仅六岁的文葵受封，是为末代顺承郡王，其时已是民国，爵位不过是个象征而已。孩子小，不懂事，府中一切大小事务由太福晋

①	②
③	

① 张学良

② 赵四小姐

③ 搬迁到朝阳公园南门的顺承郡王府现在是一家饭店

完颜氏做主，为维持日常开支，完颜氏决定将王府出租，而承租者，正是北洋皖系将领徐树铮，徐氏时任北洋政府的西边筹边使，这里就成了他的办公地。

1920年夏，直系皖系军阀为争权夺利，冲突激烈，大有一触即发之势。张作霖应总统徐世昌之邀，扮演居中调停之角色。张作霖从沈阳来到北京，起初住奉天会馆。张作霖觉得这地方狭小，一直想换个大点儿的地方，便借抓捕皖系将领徐树铮为名，占据了徐氏的办公地顺承郡王府，想要据为己有。而原指望着借出租王府贴补家用的主人岂能答应？一时成两难之势。一方面，大帅可是不好惹，手握重兵，不怒自威，系当时炙手可热的人物，是人都要怕他三分；另一方面，民国对清末王室例有优待，这房产为人家所有，张作霖若强行占去，怕坏了名声。还好，有人从中说项，双方达成协议，最终以七万五千元成交。购得王府后，张作霖对王府进行了部分改建，比如，将面阔五间的大殿改成面阔七间。

自此后，顺承郡王府成了张作霖的大帅府，这里也成为北洋军阀的政治和军事中心，一时风光无两。

1928年6月，张作霖在皇姑屯被炸死，一代枭雄就此告别历史舞台，心怀国仇家恨的少帅张学良，于年底通电全国，宣布改旗易帜，归顺南京国民政府。后，张学良被任命为陆海空三军副总司令。他回到北京后，将顺承郡王府设为陆海空三军副总司令行营，其后，赵四小姐为了爱情追随少帅到此，在这里生活数年。这座王府同样见证了少帅的风流与多情。

新中国成立后，顺承郡王府成为全国政治协商会议的办公地。1994年，全国政治协商会议为建新楼将这座王府拆迁，整体迁移到朝阳公园内复建。朝阳公园的这王府，现在是一家酒店，几年前，因参加同事的婚宴，曾在此喝过喜酒，内外装饰古色古香，但十分新，服务员都是格格装扮，有点不伦不类。

一座好端端的王府就这么毁了，还真是令人心痛。

银子拿斗量　一把火烧光

王府档案

王府主人：肃亲王豪格及其后代

王府特色：环境优美，富丽堂皇

王府现址：北京市东城区正义路东侧，现为北京市人民政府所在地

王府变迁

● 肃亲王府是皇太极长子豪格府第，建于顺治年间。豪格为清初“八大铁帽子王”之一。

● 豪格仕途颇不顺遂，先被其父皇太极降爵，后被多尔衮剥夺爵位，王府亦随之被剥夺。

● 顺治八年（1651），豪格第四子富绶袭封肃亲王，同时改封显亲王，王府也改为显亲王府。

● 乾隆四十三年（1778），恢复肃亲王封号，王府改为肃亲王府。

● 光绪二十七年（1901），肃亲王府被八国联军烧毁，只存垣墙，末代肃亲王只得择址另建新府。

● 故址现为北京市人民政府所在地。

王府秘史

豪格：没人比他更“杯具”

豪格贵为皇太极长子，相貌堂堂，帅气潇洒，又英勇善战，屡立奇功，按说，他的人生路应该顺遂无比，平步青云，甚而有承继大统、成就一代伟业之可能。但纵观他短短一生，却是一个又一个“杯具”接连发生。清初之最具权力的“八大铁帽子王”中，没有人比他更“杯具”的了……最终，在争夺最高权力的政治风云中，豪格付出了生命的代价。分析原因，一是时运不济，二是性格问题。

豪格长叔叔多尔衮三岁，自幼随祖父努尔哈赤、父亲皇太极及诸叔南征北战，功勋卓著，在与明朝的战斗中，更是俘获其著名将领洪承畴。这位洪承畴，绝非一般人物，乃明末重要将领，善治军，多次打败李自成领导的农民起义军，他又善读书，知政体，有察吏安民之才干。如此人才，岂能不用？皇太极派人劝降，均是无果而终。无奈之下，由庄妃（后来的孝庄皇太后）出面，喂了洪氏一碗人参汤，蜜语一番，遂成功劝降。对洪承畴的重用，无疑加速了大清灭亡明王朝的步伐。

论功行赏，二十八岁的豪格被封为和硕肃亲王，风光无限。但就是这么个人物，一生中却四次被降爵革爵，甚而错失皇位，乃至最后因被囚禁激愤而死。想想真是可怜。政治斗争之残酷，由此可见一斑。

豪格第一次被降爵因婚姻而起。

天聪九年（1635），皇太极招降蒙古察哈尔部。察哈尔部林丹汗妻女数人为皇太极父子兄弟分占，豪格按父亲安排，娶了林丹汗年轻貌美的福晋伯奇。

肃亲王豪格是清初权力斗争的悲剧性人物，不是他弱，而是对手太强

就在皇太极父子兄弟诸人迎娶林丹汗福晋和格格的婚礼上，莽古济大吵大闹，成功搅局。本来一桩喜事，被弄得不成样子。这事大大惹恼了皇太极，召集诸贝勒大臣议罪，决定革除莽古济的公主名号，贬为庶民，并禁止与亲属往来。

莽古济何许人也？她是努尔哈赤的女儿，皇太极的姐姐，也是豪格和岳讬的姑姑和岳母，之所以大闹婚礼，不过是怕豪格另娶一妻，自己女儿的地位受到影响而已。莽古济因自己的鲁莽草率付出代价，更牵连到多人，莽古济之弟德格类，女婿岳讬和豪格也受到处罚。理由是，身为莽古济的亲戚，却未能与她划清界限。这条理由，不免有些牵强，想想看，皇太极你自己也是莽古济的弟弟，你又划清界限了吗？

无缘无故被处罚，豪格还真郁闷，一边是自己亲爹，一边是姑姑兼岳母，都是至亲，自己夹在中间，可谓两头受气。不过受此处罚，虽心有不甘，也没办法，只得忍了。

事实上，娶妻风波仅是个开端，不久之后，一场更大的动荡迎头而来。

同年底，莽古济与哥哥大贝勒莽古尔泰、弟弟德格类被人举报，说他们仨曾在佛像前焚香发誓，意欲谋反。抄莽古尔泰的家时，搜出十六枚木牌印，上书“金国皇帝之印”，因而被视为谋反铁证。诸贝勒开会商讨，为谋逆案三主角定罪：莽古尔泰“大逆无道”，本应寸磔（用刀碎割而死），但莽古尔泰与弟弟德格类已死，决定将两人的坟墓平毁，骸骨抛洒；处死莽古济、莽古尔泰的儿子额必伦。皇太极不愿就此罢休，随即又对莽古尔泰的同党进行了严厉镇压。

豪格到这时才真正领略了政治之残酷，之前的处罚已令他担惊受怕，现在岳母兼姑姑谋反，如不抓紧划清界限，哪里会有什么好下场？他咬咬牙，果断杀死自己的妻子，以求与莽古济彻底斩断联系，不受株连。其实，豪格与妻子感情深厚，又是表兄妹，万般无奈之下，才出此下策，与其说豪格残忍，不如说政治斗争叫人失去人性。

豪格杀妻，态度坚决，行事果断，皇太极表面上不说，怕是内心相当嘉许，儿子站在自己一边终是令他欣慰。否则，皇太极也绝不会将莽古尔泰的财产大多分给豪格，并封他为和硕肃亲王，使之一跃而成为当时最具实权的贝勒之一。

但千不该万不该，身为皇长子的豪格，处于波谲云诡的皇室斗争当中，私下里却与受罚的连襟岳托一起议论，借此表达对皇太极处理莽古济案的不满，发泄心中私愤。他的这一异常行为，很快被皇太极获悉。皇太极震怒，授意诸贝勒开会议罪，最后的处理结果是：革去豪格与岳托的亲王爵位，降为贝勒，罚银千两。此件事情发生之后，豪格彻底明白了皇权之威专，不得不变得格外小心谨慎。

崇德八年（1643）八月初九，皇太极突然去世，令一众宗室手忙脚乱，因他生前未曾立嗣，由谁承继皇位成为一大难题，这也是一世英明的皇太极的极大失误。早在皇太极生前，他曾就立嗣问题有过思考和准备，但当时事情层出不穷，令他腾不出时间做过多安排，才使其计划落空。皇太极共十一子，有三子早逝，另余八子，选中一个承继大统应不算什么问题。按理说，豪格能力不差，多有军功，又是居长，被立为嗣几乎理所当然，然而，皇太极直接将豪格排除在外，也自有他的考虑：首先，子以母贵，皇太极后宫是蒙古贵族女子的天下，而豪格的母亲地位较低，又是继妃；其次，在皇太极眼里，这个孩子对自己一直存有二心，自己对他的信任一直未能建立起来。

排除了豪格，又排除了几个庶妃生的孩子，最终只能从科尔沁后妃的孩子中挑选，所以，当宸妃海兰珠生皇八子时，皇太极喜不自禁，以为终于迎来自己的接班人，哪料想，二百天后，皇八子夭折，这等于给了皇太极当头一棒。于是，立嗣的事情暂且搁浅，他自己却突然离世了。

从当时的形势看，能够一争皇位的，有三人最具竞争力，分别是礼亲王代善、睿亲王多尔衮以及肃亲王豪格。

代善年老体衰，又曾领教过政治斗争之无常，早失去争夺的心，更何况，当年他曾有更大机会获取汗位，到最后都放弃了，现在他更无心力加入争夺皇位的队伍当中。

而从豪格和多尔衮势力相较来看，豪格这边更胜一筹：首先，他是皇太极长子，战功卓著，其他兄弟年纪尚小，并无战功；其次，诸亲王贝勒中支持他的多于多尔衮，一众保皇势力大多倾向于豪格，连礼亲王代善和郑亲王济尔哈朗皆不例外。多尔衮的支持者似乎无多，仅有阿济格、多铎兄弟紧紧追随。

从形势上看，对豪格非常有利，倘若此时他能够一鼓作气，很可能就此被扶上皇帝宝座，开创属于自己的一代伟业。坏就坏在豪格的性格上，他优柔寡断，又有些许懦弱，未能当机立断，眼睁睁看着皇位从自己眼皮子底下溜走。在崇政殿召开的议政会上，不少人公开表示支持豪格，而错误估计形势的豪格，竟学起父亲皇太极以退为进的计策，谦虚地说“福小德薄，非所堪当”，说完就退出了会议。而这一举动，正合了多尔衮的意，他假戏真做，忙以“虎口（豪格）王既让退出，无继统之意”为由，彻底将豪格排除出局。

豪格自己未能坐上帝位，但在客观上，他也阻止了多尔衮的称帝梦。慑于豪格手握重兵，多尔衮亦不敢贸然上位，只好采取了一个折中的办法，由皇九子福临继位，多尔衮与济尔哈朗成了辅政王，豪格则坐上了冷板凳。如此这般，避免了皇室内斗，使诸王在入主中原的关键时刻团结起来，终成大业。

豪格咽不下这口气，常有牢骚，他甚而放言：睿亲王乃多病之人，“岂能终摄政之事。”“此番出征，令我同往，岂非特欲置我于死乎？”“和硕睿亲王非有福之人，乃有疾人也，其寿几何，而能终其事乎？设不克终事，尔时以异姓之人主国政，可乎？”凡此种种，攻击性极强，不能不令多尔衮心生怨恨。当时又值大清进军中原的关键时刻，发表这种不顾全大局的言论，足见豪格在政治上的不成熟，表现得过于幼稚，不懂得韬光养晦之道理。

顺治元年（1644）四月，豪格所属的正蓝旗将领何洛会等人联名告发豪格，指其“言辞悖妄，力谏不从，恐其乱政”。早想对豪格下手的多尔衮，终于等来时机，他召开诸王会议，为豪格定罪，剥夺其七牛录，罚银五千两，革除王爵，废为庶人。豪格的一众心腹皆惨死。同年十月，顺治进京，豪格才得以恢复肃亲王爵位，但他这时已无和多尔衮对抗的本钱了。

四年后，因有人揭发郑亲王济尔哈朗罪行，无故牵连到豪格，多尔衮再次发动对豪格的政治迫害，革除其爵位，囚禁于狱中。遭到囚禁的豪格满腹怨恨难以抒发，最终郁郁而亡，年仅四十岁。多尔衮逼死了侄子，剥夺了他的家产，还娶了他的福晋。娶侄媳妇当老婆，在当时的汉人看来，简直不可理喻，丧尽天伦。

关于豪格的死因，还有许多说法，有人说是自杀，有人说是谋杀。

信修明《老太监的回忆》提供了另一种说法：豪格凯旋回京，皇上派摄政王迎于永定门外。肃亲王按例先拜谒皇叔（多尔衮），不意幕中伏兵四起，乱刀齐下。肃亲王的太监王忠扑在豪格身上，与他同被剁为肉酱。装殓时血肉不能分，同殓一棺。后世肃亲王府用太监，不准打骂，因王忠同王殉难，且同葬一处。

不管是何种说法，但有一点是肯定的，若非多尔衮的多次迫害，年纪轻轻的豪格断断不会轻易失了性命。

好在报应来得也快，豪格死后才两年，多尔衮也在狩猎中猝死，衔恨在心的顺治，对这位皇父摄政王进行了彻底清算，并且帮助哥哥豪格平反冤情，恢复其肃亲王爵，使其子孙成为世袭罔替的“八大铁帽子王”。

豪格值得一提的，还有他对于西方宗教和科技的兴趣。

德国传教士汤若望早在明末就来到中国，崇祯皇帝很器重汤若望，令其修撰历法并铸造西洋大炮。明朝灭亡后，汤若望进入清政府任职，除制定历法外，还常上书言事，并与众多朝臣相熟，豪格即其之一。

汤若望于顺治元年（1644）受命修正历法，新历法称《时宪历》，修成颁行全国。他因此得了太常寺少卿衔，成了清朝的命官，由西洋传教士摇身一变而成清廷大员。汤若望知识丰富，天文历法而外，还懂医学，不但治好孝庄皇太后的病，还治好了顺治的未婚皇后博尔济吉特氏。为示感谢，孝庄皇太后请他参加顺治皇帝的大婚典礼。

皇太后尊汤若望为“义父”，顺治尊称他为“玛法”（满语“爷爷”意）。顺治十分信任汤若望，不但向他请教天文、历法、宗教等事，还常向他咨询治国方略。得此重用，汤若望十分感激，经常上书，提供各种建议，多为顺治帝采用。

顺治与汤若望相处，关系融洽，他允许汤氏随时进入宫廷，自己也经常去汤若望的住所，或研讨学问，或聊天闲谈。一个外国传教士，得皇帝如此恩宠，当是大清帝国史上仅有的一例。

顺治帝死后，汤若望因历法之故，被杨光先诬告入狱。康熙亲政，为汤若望平反。

顺治三年（1646），豪格率兵入川攻打张献忠。离京之际，汤若望托豪格帮助寻找另两位欧洲传教士利类思与安文思。豪格不负所托，找到了两人，带他们回了北京，安排在肃亲王府任事。豪格死后，二人均受到康熙的优待，可以自由进出皇宫。

日伪时期，肃亲王府被日本人占用。抗战胜利，王府由末代肃亲王善耆十九子宪容收回。到1947年，王府部分售给法国天主教堂并建立了神学院。肃亲王与天主教传教士，还真是有缘分。

善耆：大清复辟急先锋

肃亲王爵位传了十代，这十代肃亲王，最富传奇色彩的有两位：一个是首代肃亲王豪格，另一个便是末代肃亲王善耆。

善耆这个人，自有其复杂性，一方面，他能适应形势，主张“君主立宪”，效仿西方；另一方面，他坚决维护清朝利益，拒绝在清帝退位诏书上签字，民国成立后又积极投身于复辟活动。一方面，他有仁爱宽厚之心，危难之中救助教民，并在汪精卫刺杀摄政王载沣案中，化解对立矛盾，释放汪氏；另一方面，他投靠日本，出卖民族利益，并将亲生女儿培养成臭名昭著的间谍即川岛芳子。

不只如此，善耆还有多个第一：第一位民政部尚书，建立了近代警察制度；开办文明戏院之第一人，取消妇女进戏院的禁令；开办新式商场之第一人，所开商场为东安市场之前身……

清末的王公贵族，多数腐朽没落，而善耆却能够独树一帜，大有出污泥而

①②③ 肃亲王善耆
善耆一心复辟大清王朝，其子女亦多投身此一事业

不染之意。他曾被清廷任命为崇文门监督，崇文门是全国最大的税收关卡，负责征收入京师商税及田、房契税与其他商税，故此职实乃一公认的肥差，而善耆不但不贪，还能够收缴不少税款。据说，慈禧太后听说这件事，非但未加赞

赏，却道："若是都照肃王这样办，将来还有谁愿做崇文门监督啊！"

正是这诸多面向，才构成了完整的末代肃亲王善耆的形象。

善耆生于同治五年（1866），三十三岁袭爵。他是皇族中少有的干练之臣，思想开明，为人豪爽，廉洁奉公，有干一番事业的野心，有为大清繁荣贡献自己的力量之意愿，只可惜，他生不逢时，再多的努力也无济于事，彼时的大清帝国，犹如汪洋中的一条破船，时刻都有摇摇欲坠之危险，善耆以及他的族人们所能够做的，不过是尽量让它晚一天沉陷海底而已。

在善耆出生的六年前，即1860年，英法联军攻入北京，与清政府签订《北京条约》，其中有允许英法等国在北京设立使馆之条款，法国人借机提出，要将其使馆设立在位于东交民巷（注：旧时为漕运之地，故原称东江米巷）的肃亲王府，奕訢借口王府属私人财产政府不好干预为由推托掉了，但同意诸国在东交民巷设立使馆的要求。

肃亲王府没变成使馆，却与使馆成了邻居，被一圈外国使馆给围了起来。

1898年，光绪帝任用梁启超、康有为等人推行变法，守旧派与慈禧联合反扑，致变法流产。各国因同情维新派，协助康、梁逃离中国。事后，慈禧软禁光绪，并欲废帝改立，遭各国反对而未成。而甲午海战失败，列强纷纷在中国划分势力范围和租界，令她的排外情绪日益增强，遂利用义和团之力，意欲与列强对抗。

在清政府的默许下，1900年6月，义和团进京，对洋人痛下杀手，砸洋货，杀洋人，攻击信洋教的群众，一律呼之为"二鬼子"，杀死不少人。京城立时大乱，人心惶惶，传教士、教众、侨民纷纷往使馆、教堂躲避，一时之间，东交民巷各国使馆挤满了避难者。这其中有个传教士叫秀耀春，因与善耆相识，便请求他打开府门，让教众避难。

此时，慈禧已向列强宣战，若让这些教众进府，便有抗旨不遵之嫌，若不让他们进来，就是见死不救，两下为难之即，生出一个万全之策：打开府门，放难民进来，但所有人只能在银安殿外，不准进入内院。如此一来，既可救济这些难民，也不落朝廷口实。顺便提一句，传教士秀耀春失踪，死因不明，推测可能死于清兵或拳民之手。

这一招被善耆使用数次，确实救了不少人。从这点看，善耆颇有仁义之心。

此后不久，善耆的老友军机大臣荣禄派人送信，言朝廷要派甘军（注：1867年，左宗棠督办陕甘军务时收买部分甘肃起义武装力量，将其改编为甘军）攻打使馆，要早做打算。善耆听信，不敢怠慢，收拾银两细软赶紧逃离。战争甚为惨烈，致整个使馆区一片瓦砾，肃亲王府也不例外，府中收藏及众多财宝不见影踪。

堂堂的肃亲王，一时沦为无家可归的流浪汉，好在荣禄又在关键时刻伸出援手，将自己一处宅子赠给善耆，暂缓了他没地方可住的窘境。

善耆另一为人熟知的事迹，便是对汪精卫刺杀摄政王载沣事件的处理上。

在革命形势一片灰暗的情形之下，举国士气低落，人心浮动，二十五岁的青年才俊汪精卫为挽回革命之声誉，毅然回国，决定行刺摄政王。只可惜行刺未成，计划泄露，警察破案迅速，将汪精卫等人一举抓获。而负责审理此案的，正是民政部尚书善耆。

案子审得很顺利，汪精卫承认自己是主谋，想要干掉载沣，以此来振奋民心，提振士气。不料想，汪精卫的坦白和直率反让善耆有几分感动：八旗子弟若有几个此等人物，大清定不能如此腐朽。

按大清刑律，刺杀皇族，自然当斩，但善耆偏不要杀汪精卫，受感动是一方面，另一方面，也有深层思考：若真杀了汪精卫，将成就他“杀身成仁”的美名；若不杀他，倒显得清廷宽容，民心自然就归于大清了。既有此想，汪精卫平白捡了条性命，被判了个无期。善耆被汪氏的精神所感动，还常去牢中看望他，畅谈政治与革命，端的是开诚布公，平等交流。虽立场永远无法一致，但因这些交流，两人彼此倾心，汪精卫评价善耆，说他是“一位了不起的政治家”，而善耆则称“如果我不是出生在王族，早就加入革命党反叛大清了！”

如今想来，这还真是由刺杀而起的一段佳话，保皇大臣与革命青年，因特殊机缘“一见钟情”，惺惺相惜。待后来，汪精卫出任南京伪国民政府主席，一度打算委任善耆的儿子宪立为驻日大使，只是宪立病死，此事才被迫搁置。

时人孙宝瑄对这位末代肃亲王评价颇高：“得材干之人易，得廉洁之人难；得廉洁之人易，得廉洁而能体下情之人难。使天下办事人尽如肃王，何患不百废俱兴焉！”所有人都像肃王一样，大清何愁不兴！说明善耆的办事能力和政治才华还是颇得认可的。

善耆有仁爱一面，也有残暴之处。人性之幽暗，常使善与恶对立。

他曾打骂家人与佣人，并以此当家常便饭。有一回，侧福晋张佳氏被打时发了几句牢骚，善耆大怒，命佣人对张佳氏狂打不止，直到她昏死过去，而他则坐在旁边品茗观看，以此为乐。

说善耆，就不得不提一个人，这个人就是在八国联军日军中担任翻译官的川岛浪速，正是这个日本人，对末代肃亲王产生了重要影响。川岛浪速，号凤外山人，出生于日本信州，1886年9月，潜入中国上海，刺探华东的海防情报。川岛略通兵要，精于绘制，所获情报极受军部重视。1900年，他以翻译官的身份随日军进入北京，当八国联军要炮轰紫禁城时，擅长汉语的川岛成功劝降清军，使紫禁城免于战火。之后，川岛出任日本占领区军政事务长官，对满蒙贵族府邸极尽保护。

善耆与川岛于此时相识，二人一见倾心，引为知己，到1906年，还拜了把子，结为金兰之好。在川岛的建议和支持下，善耆建立了巡捕队，此系中国现

歷郡右職上計掾史
仍辟涼州常為治中
別駕紀綱萬里

① 肃亲王书法
② 清末警察制服

代警察之雏形，之后又进一步完善。1901年4月，川岛担任日本人在北京建立的警务学堂总监，为清军培养预备巡警；6月，受庆亲王奕劻之请，担任清政府北京警务厅总监督。

川岛之识见，以及对国际形势的分析，令肃亲王大为佩服。善耆认为，川岛浪速乃“他日能一致支持东亚大局之良友”，彼时中国之敌人，并非日本，而是西洋诸国，特别是虎视眈眈的沙俄，要对抗这些西洋人，须联合日本，只有中日密切合作，亚洲才能得以复兴。有此共识，两人关系才向更亲密的方向迈进了一步。在善耆帮助之下，川岛跑到东北、内蒙古地区从事间谍活动，获取大量情报。川岛还通过善耆将日本人河原操子等人安插到蒙古王公府中做教师，使众多王公府邸沦为日本人的情报站。

待辛亥革命爆发，清廷无奈之下，起草皇帝退位诏书，着手准备退位，肃亲王善耆无法接受祖先的基业就此败坏的现实，拒绝在退位诏书上签字。胳膊拧不过大腿，无论签字与否，民国势必要代替没落的大清帝国。自此，复辟开始成为善耆人生的最重要信念。

袁世凯就任大总统，善耆则在川岛浪速的安排下，前往日本的租居地旅顺，在那里，他联络清室贵族恭亲王溥伟、铁良、升胤等人，重组意在恢复大清宗室的“宗社党”。在日本人的支持下，“宗社党”发动了两次“满蒙独立运动”，皆以失败告终，本就松散的“宗社党”自此一蹶不振。

复辟无望，善耆把希望寄托于下一代身上。他共育有三十八个子女，他不许子女做民国的官，也不允做民国的百姓，其中三个儿子去了欧洲，其余均送到日本学校。他众多子女中，有些与日本勾结，成了汉奸，比如曾担任黑龙江省省长等职的第七子金壁东，比如其十四格格金壁辉，即后来著名的日本女间谍川岛芳子。

善耆其人，生性诙谐幽默，书法秀媚，工小词，还是个资深戏迷。

除此之外，末代肃亲王还是喜欢赶时髦的主儿，在诸王府当中，肃亲王府第一个用上了电话，第一个用上了自来水，第一个坐上了沙发睡上了席梦思……最时髦的是，他积极送子女出国留学。

川岛芳子：十四格格的宿命

川岛芳子的人生是一出悲剧，又是一场巨大的传奇。她是肃亲王善耆最疼爱的女儿，日本军部培养的“青年骨干”，炸死张作霖的幕后策划，护送婉容到伪满洲国的“神秘人”，多位日本高级军官的座上宾，特务头子戴笠想要拉拢的对象……纵是日本首相东条英机，亦不得不对她刮目相看，佩服她情报之准确，无人可及。

从肃亲王家的十四格格，一跃而为八面玲珑的日本间谍，她是如何做到的？

话还得从头说，末代肃亲王善耆想要借助日本人复辟大清王朝，且又怜悯川岛浪速没有女儿，就将十四格格送给他收为养女，自此，十四格格改名川岛芳子，到日本接受教育。她与其他兄弟姐妹一样，背负着父亲复兴大清的重托。十七岁时，芳子被大她四十二岁的养父川岛浪速玷污，这位不要脸的养父对她说：“你父亲是个仁者，我是个勇者。我想，将仁者和勇者的血结合在一起所生的孩子，必然是智勇仁兼备者。”只是川岛芳子一生未曾生育，未能生出什么“智勇兼备者”。

十七岁的少女芳子，下定决心，要“做轰轰烈烈的大事”。她先剪去一头青丝，改女装为男装，从心底“永远清算了女性”。她想要借此证明，自己已不是女人，不愿像普通妇女一样苟安于平淡的家庭生活。

从此后，芳子开始和养父的徒弟们一道，学习骑马、击剑、柔道、射击，并从养父那儿接受政治、军事、情报与资料收集的专门训练。川岛芳子善学习，悟性高，很快便掌握了这些技能。她骑术精湛，枪法超群，好多男人都比不上。早早收起青春红妆的妙龄少女，开始了不寻常的人生旅程。

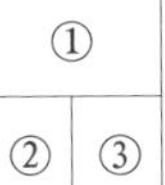

① 女扮男装的川岛芳子

② 1927年，旅顺大和旅馆，20岁的川岛芳子与24岁的甘珠尔扎布举行婚礼

③ 1933年11月18日，川岛芳子（左）与前夫甘珠尔扎布的弟弟正珠尔扎布（时任第十军管区参谋长）和米山莲江

1927年，二十岁的川岛芳子，在旅顺与养父指定的蒙古贵族甘珠尔扎布成婚，意在推动日本军部主导下由生父善耆参与的“满蒙独立运动”。川岛芳子不喜欢甘珠尔扎布，婚后不久她就从旅顺搬到了大连。1928年，川岛芳子领受了人生中一个最重要的任务——上级指派她搜集张作霖的情报。她不负众望，

溥仪和婉容

顺利完成任务。因其提供的消息准确可靠，关东军制造了震惊中外的“皇姑屯事件”，一举将张作霖炸死。因这次秘密行动，芳子名声大噪。

两年后，野心勃勃的芳子到上海寻找机会，与日本陆军驻沪特务机关长田中隆吉同居，田中将其带入谍报圈。在田中的精心培养下，芳子凭借其聪明和野心，成为不可多得的优秀谍报人员。之后，她在一系列的重大事件中，多有“作为”：参与策划“九一八事变”，导致全面侵华战争爆发；帮助溥仪建立伪满洲国，任安国军总司令；参与策划“一·二八事变”，制造事端，日帝意欲进一步侵略我东北三省……初始，川岛芳子所有作为，仅为复辟大清帝国，实现家族的最高理想，之后，她慢慢成为日本间谍，屡屡侵害民族利益，成为日本侵华的重要帮凶。

芳子美貌与智慧兼具，为达目的，从来不择手段。关键时刻，她可以牺牲色相，周旋于可资利用的男人之间，用个人魅力吸引“鱼儿”上钩。无论是混迹于江湖的政治老手，还是意志坚定的军事将领，鲜有人能摆脱芳子的诱引。正是利用这一资本，芳子取得众多第一手的秘密信息。她能让日军的宪兵司令倒在自己的石榴裙下，也能让国民党元老孙科吐露真言，她能让自己成为名流显贵环绕的中心，也可以让中统特务头子戴笠佩服得五体投地……没有人知道，到底什么事是她办不到的。

①
②

① 肃亲王府一角
② 肃亲王府中路大门

①
②

①② 被毁坏之后的肃亲王府

抗战胜利后，国民政府在北平逮捕了川岛芳子，因为其背景复杂，法院在公审时，竟难以定夺她算中国人还是日本人。若为日本人，则属于战犯，可能罪不至死；若是中国人，则可以按照汉奸罪处死。之所以难以定夺，乃是川岛芳子幼年在东京所办的户籍材料在关东大地震时被完全损毁了。其养父川岛浪速在其公审期间，亦未能提供可确切证明其日籍身份的材料。而且，川岛所提供的证明材料里，有对川岛芳子极为不利的说明，比如着重证明其为中国亲王后代，幼年才成为自己的养女。最终，川岛芳子以中国人身份受审，并被判汉奸罪。

1947年10月22日，北平高等法院作出正式判决：判定川岛芳子是叛国者，并处以死刑。判决文称：

一、被告虽有中国和日本双重国籍，但其生身父亲为肃亲王，无疑是中国人，应以汉奸罪论处。

二、被告同日本军政要人来往密切，在上海“一·二八事变”中扮男装进行间谍活动，引发了“上海事变”。

三、参与将溥仪及其家属接出天津，为筹建伪满洲国进行准备工作。

四、被告长期和关东军往来，并被任命为“安国军司令”。

1948年3月25日，川岛芳子以“叛国罪”被执行枪决，终年四十二岁。她被处死后，由其中日亲友收尸，火化后的骨灰由中日亲友各留一半。

关于川岛芳子之死，还有一种说法是，川岛芳子没有死，被枪决的另有其人。据说她生活在吉林的某个村庄，直到1978年去世，具体情形还被说得有鼻子有眼。这又为川岛芳子的人生平添了一份传奇色彩。

门口趴懒狮　墙高多三尺

王府档案

王府主人：豫亲王多铎及其后代

王府特色：坐北朝南，建筑按中轴线分为东西两部分

王府现址：今协和医院

王府变迁

● 始建于顺治年间，为豫亲王多铎住宅。

● 顺治六年（1649），多铎之子多尼袭爵，是为第二代豫亲王，不久被改封为信亲王，三年后改封信郡王，豫亲王府改为信郡王府。

● 乾隆四十三年（1778），追论多铎开国之功，恢复豫亲王封号，信郡王府复改为豫亲王府。

● 民国年间，豫亲王后人将府第卖给美国石油大王洛克菲勒，豫亲王府被改造成协和医院。

● 新中国成立后，仍然是协和医院。

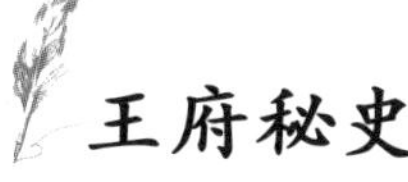

王府秘史

多铎：无敌好色大将军

多铎是努尔哈赤幼子，行十五，与阿济格、多尔衮皆为阿巴亥所出，一度被多尔衮倚为左膀右臂。作为努尔哈赤大妃阿巴亥所生的三个儿子中最小的一个，多铎最受努尔哈赤宠爱，大约十二岁时，就得到父亲分给他的三十个牛录，并成为正黄旗和硕贝勒。十五岁时，与其兄多尔衮一起从征蒙古多罗特部，获“额尔克楚虎尔”美号。此后随诸兄长年东征西讨，地位日益显赫。

多铎聪慧过人，英勇善战，只是其兄多尔衮风头太劲，掩盖掉他不少光芒。不过，做小兄弟有坏处，也有好处，兄长们大都把他看成小孩，多予照顾。比如，多铎与几位立下汗马功劳的兄长相比，军功似乎为少，但并没有妨碍他获得最高爵位之一“和硕豫亲王”，皇太极的册封诏书中说：“考核功罪，虽无大功于国家，以父皇太祖之少子，封为和硕豫亲王。”以年少而获宠爱，说明皇太极对这位幼弟亦是疼惜有加。事实上，多铎军功亦甚是了得，皇太极传诏如此，大约也有怕幼弟骄傲之故。

多铎被封为豫亲王，便要建豫亲王府，他这王府代代相传下来，形成了自己特色。

首先，围墙比别家高三尺。按大清王府规制，王府建筑中的主殿配殿的数目、基址的高度，以及房顶使用的颜色等均有明确规定，不得逾制。何以豫亲王府的围墙可以比别家高出三尺？据说，康熙年间的某位豫亲王与康熙下棋打赌，康熙输棋，颇感颜面受损，遂下旨由内务府将豫亲王府的围墙加高三尺，意为将该亲王和家人永远圈禁其中。

多铎太过好色，骄横淫逸，终不能成大器

其次，豫王府门前有对不一样的石狮子。一般王府门前石狮子。多面目狰狞，威武雄壮，借以彰显气势，唯豫亲王府门前这对石狮子，腰身松软，前爪屈伸，懒洋洋地呈半趴之姿，就像刚刚吃饱了出来晒太阳，因而有“懒狮”之称。之所以如此，据说是皇太极对幼弟多铎的特殊恩典。现在协和医院门前的石狮子，就是当年豫亲王府的那一对。

多铎生长于努尔哈赤的多子大家庭，深受兄长影响，年纪轻轻便加入战争当中。他骁勇善战，足智多谋，颇打了不少胜仗。初时，大多跟随诸兄征战；待到后来，颇能独当一面；顺治元年（1644），被封为定国大将军，带领部队攻打陕西，之后率军直下江南，占领南京，逼南明弘光帝投降；顺治四年（1647）被加封辅政叔德豫亲王。

在多铎诸多战功之中，有两次值得一叙。正是这两次大征伐，为大清入主中原作出重要贡献，亦真正奠定多铎的豫亲王地位，并将其推上辅政王的宝座。

第一次，顺治元年（1644），多铎受命为定国大将军，经河南入陕西，连败李自成军，并在潼关取得决定性胜利，随即率师南征，克扬州，突破南明的扬子江防线，占领南京，进而击破江南和浙江抗清势力的抵抗。

多铎征南，十分野蛮残酷，所过之处，几乎寸草不留，令无数生灵惨遭涂炭。顺治二年（1645）四月，多铎率清军围攻扬州，明臣史可法固守城池。城破之日，多铎劝史可法降，史可法厉声回答："吾意早决，城亡与亡。"史请求多铎勿杀扬州百姓。多铎拒之，杀史可法后下令屠城，一时血流成河，尸横遍地。多铎之冷血无情叫人心寒。

第二次，顺治三年（1646），多铎受命为扬威大将军，率师讨伐喀尔喀蒙古的苏尼特部。多铎连败苏尼特部，喀尔喀蒙古土谢图汗派两万人援助苏尼特部，亦被击败。数年后，苏尼特部、土谢图汗部均臣服清朝。这次远征，将外蒙古全部纳入大清版图。

只是这多铎身为努尔哈赤幼子，自小娇生惯养，及至努尔哈赤死后，又得皇太极宠爱，便养成一身飞扬跋扈、放荡不羁的臭毛病。多铎与其兄阿济格，这两个"不省油的灯"，让皇太极把心都要操碎了。阿济格性格粗暴狂躁，经常惹是生非，不断违法乱纪；而多铎则不然，他好奇装异服，耽于玩乐，经常私携妓女宴游欢歌，他穿优人服装，擦脂抹粉，借此自娱。不只如此，多铎十分好色，家中妻妾众多，却仍牵挂着外面的佳人。最让人无法忍受的是，他竟然看上大学士范文程之妻，意欲争夺。诸王贝勒审实，决定对多铎实施处罚：罚银一千两，夺十五牛录。这里捎带说一下范文程，此人系范仲淹第十七世孙，侍奉自努尔哈赤到康熙的清初四帝，为清王朝的创建立下了汗马功劳，为大清第一文臣。

就连出征打仗，多铎也不忘带了妓女和戏班在身边。可以说，多铎好色的本事，与乃兄多尔衮相比，亦不在其下，而在花样翻新上面，则远超多尔衮，着实是少见的重口味。

崇德四年（1639）五月二十五日，忍无可忍的皇太极决定教训一下多铎，令他跪在诸贝勒面前，历数其五条“罪状”：

其一，年幼志骄，与阿济格过于亲昵，行为悖谬，经常做出格之事。

其二，皇太极此前不顾阿济格、多尔衮反对，返还十五牛录，竟毫无感恩，“尔独何心，而亦怀怨耶？”

其三，崇德三年（1638）八月，多尔衮出征明朝，按满人规矩，家人外出贸易，离别时要“相抱而泣送之”，以示惜别之情。皇太极当时正在避痘所（满人兴建的避痘场所，在痘疫流行期间以隔离方式保护尚未出痘的人），尚冒险相送，而多铎以眼疾刚好为由辞而不出。

其四，崇德三年十二月，皇太极为牵制明朝关外军，带领多铎等出征，多铎带五百精兵，被明总兵祖大寿包围，惨败。旧事重提，借此严加斥责。

其五，崇德三年，皇太极与明边官谈判互市，谈判当中，多铎突然插嘴表达不满。

严厉批评之后，皇太极对多铎进行了惩罚：分其奴仆、牲畜、财物及本旗所属满、汉、蒙牛录为三份，留其两份，另一份归多尔衮和阿济格，降和硕亲王为多罗贝勒。直到顺治元年（1644），才由摄政王多尔衮恢复其豫亲王爵位。

皇太极既死，继位问题成为焦点，多尔衮与豪格成为权力斗争之焦点。崇德八年（1643）八月十四日，众亲王与大臣共十九人举行崇政殿会议，商议王位继承问题，多铎与阿济格坚定地站在多尔衮一边，明确表示支持，反倒多尔衮有些犹豫不决，多铎心急，脱口而出：“王不允，当立我。”足见其在政治方面之幼稚。就算多尔衮和豪格都不争，皇位也断断不可能落到多铎手里。

待福临继位，多尔衮彻底平复心态，甘心做他的摄政王，一心一意当“周公”，辅佐顺治成明君。多尔衮以身作则，对一母同出的阿济格和多铎的要求更加严格，断不能由着他们的性子，太过放肆，而影响皇室形象。

顺治元年（1644）二月初五，有人弹劾多铎，称他擅自带领部员“按籍集视八旗女子”，经法司勘实，罚多铎银五百两；顺治五年（1648）七月十三，多铎授平西王吴三桂之子吴应熊黄纱衣一袭，这件事令多尔衮大为光火，恨不得生吃了这个不懂事的弟弟。你道这吴应熊什么人？吴三桂的儿子，吴三桂什么人？心怀二志的平西王，须时时警惕才对，应加紧防范才对。经法司审议，命罚银两千两。

多铎依仗自己年幼，兄长又多加疼爱，做了许多出格的事，最后的烂摊子还得多尔衮来收拾。随着年纪渐长，又有哥哥多尔衮严格要求，多铎的行事，亦慢慢成熟起来，而清军入关后的两次南征，亦令多铎之声誉达到顶点。

多铎广立战功，被晋封为辅政叔德豫亲王，并取代郑亲王济尔哈朗的辅政王位置，多尔衮借机巩固自己在朝中的势力。明眼人当然能看出这一端倪，多尔衮也不避讳，向群臣宣称：豫亲王平定中原，功勋卓著，早应晋封。我虽有这个想法，但考虑豫亲王是我弟弟，所以犹豫不决。然而，我代管朝政，应进贤退不肖（小人），举贤不避亲，有国家的大法在，怎么可以瞻前顾后呢？言下之意是，多铎是人才，必须加以重用，若不然，当是我大清之损失。

多铎年纪轻轻，坐上了辅政王的高位。只可惜他运比天高，命比纸薄，顺治六年（1649）三月，豫亲王多铎因染上天花去世，年仅三十六岁，豫亲王爵位由其子多尼承袭。只可怜多尼比父亲多铎还短命，只活了二十六岁。

豫亲王改为信郡王的一百二十八年后，乾隆下谕，恢复豫亲王爵位。

再来说多铎的婚姻。

天聪二年（1628）三月，多铎欲娶舅舅阿布泰之女。阿布泰为阿巴亥之兄，太祖时任固山额真与都堂一职，到太宗朝连降四级，仅为游击。在皇太极看来，阿布泰是个“谗恶”之人，早下令不许诸贝勒与之结亲。多铎如娶表妹，与舅舅联姻，形势对皇太极大大不利。多铎加上两个哥哥阿济格和多尔衮，又有舅舅阿布泰撑腰出主意，自不可小视。

出于政治角度的考量，皇太极自然不愿成就这桩婚姻，借阿济格积极促成此桩婚事为由，革了他的镶白旗旗主之位，去除一块心病。

多铎妻妾中，继福晋叫达哲，为蒙古科尔沁大妃之女，多铎与此女的婚姻在史料中有两种完全不同的记述。对照来看，颇有趣味。

一种称，多铎坚决要娶达哲，皇太极遂与诸贝勒商议。皇太极说当初自己是不同意的，因为此女“非有出众才貌”。今国势日盛，联姻的决定权在后金一方，遂把此女召来让多铎相看，好让其死心。没想到事与愿违，多铎看后，“娶意欲坚”。思及多铎是汗父“所遗幼弟”，不忍“违其意”，皇太极即答应了多铎的要求。诸贝勒意见是，多铎“年幼志骄”，不要答应这门亲事。多铎要娶的可是皇太极大福晋哲哲（孝端文皇后）的妹妹，有可能伤害“外戚之谊”，影响后金与蒙古科尔沁的关系。也许代善等人的话说得太“到位”了，皇太极不高兴地说，“我怎么能因外戚而违逆幼弟的心愿？若娶过来夫妻不和，我就秘密地送还给岳母好了。”

另一种称，多铎不同意，皇太极与诸贝勒认为该娶，理由是“女虽丑，系大福晋内亲，且又富贵”，皇太极称“女岂不可变胖发福乎？”多铎无奈，只得娶了。

不管怎样，有两点可以肯定：一是这位达哲姑娘相貌丑，二是皇太极与多铎由兄弟又多一层关系，那就是“连襟”。

多铎还有一个侧福晋，算是奇女子。多铎死后，这位侧福晋要求以身殉葬，多尔衮再三慰解，她要求越发迫切，最后只得允她殉葬了。

总结多铎短短一生，虽多有任性肆意，让俊逸潇洒的两兄长皇太极和多尔衮伤透脑筋的时刻，但他亦是个真性情、活出自我的热血汉子。要知道，在斗争激烈人人自危的宫廷中，这个性殊为难得。

后代豫亲王：几个倒霉蛋儿

多铎死后，次子多尼继承了豫亲王爵位，不久便被改封信亲王，三年后，追论多尔衮罪，牵连到死去的多铎，袭豫亲王爵位的多尼也受了影响，降格为信郡王，但权力有增无减，先升任议政王，又授“安远靖寇大将军”。按这形势发展下去，定有一番作为，只可惜，这孩子命运不济，班师回朝后不久即病死，年仅二十六岁，后被追封豫亲王。

另一个倒霉蛋是裕丰，他是第八代豫亲王，话说嘉庆朝白莲教活动频仍，令嘉庆愤怒异常，欲灭之而后快，故制定“逢白莲教必诛”的政策。裕丰认为对白莲教众应根据罪恶程度予以不同的处理，便上了道奏折给嘉庆。正是这道奏折，令嘉庆勃然大怒，即刻下旨革去裕丰的豫亲王爵位，改由其三弟裕兴承袭。后来，嘉庆又夺了裕兴的爵位，改由其五弟裕全承袭。三十余年之内，豫亲王三易其主。

最后一个倒霉蛋叫端镇，是末代豫亲王，其实，他袭爵时已到了1913年，正是民国二年，溥仪早已逊位，所谓的王爵已没有了实际意义，但也因这承袭有了实惠，就是豫王府的家产到了他的名下。当时他只有四岁，事事当然只能由其生母佟佳氏代劳。佟佳氏一拿到这王府，便急不可待地出了手，豫王府由此成为史上第一家卖出的王府，作价12.5万美元，买家则是美国著名的石油大王洛克菲勒。消息一出，举城皆惊，各大报纸纷纷予以报道，成为一时热点话题。

豫亲王其他后人听闻消息后，来找端镇家理论，但财产已经交割完毕，木已成舟，无回旋之余地，也自然没有办法。

不了解内情的人们，还以为是末代豫亲王端镇卖掉了王府。四岁无辜小儿获此骂名，实是冤枉得紧呐！一切都是他那生母佟佳氏所为。

这佟佳氏一心钻到钱眼儿里去了，哪还顾得了什么名声。

几年之后，佟佳氏一不做二不休，以局势动荡为名，将历代祖先从祖坟里挖出来，统一葬于京东豫王坟。其实，她心里有小算盘，是想借此机会将祖先的楠木棺材和随葬品挖出来，挖出来之后，将它们公开拍卖，所得款项一人独吞。这挖祖坟的消息一传开，本家宗亲又找上门来，声讨其见财忘义之恶行，更是集体具名将她告上法庭。但这佟佳氏也不是省油的灯，竟通过法律顾问将此事平息了。

建在太平仓　实在不太平

王府档案

王府主人：承泽亲王硕塞（皇太极第五子）及其后代

王府特色：规模宏大，占地广，房舍多，面积位于诸王府前列

王府现址：北京西四北太平仓胡同路北

王府变迁

● 顺治元年（1644），皇太极第五子硕塞获封承泽亲王。故王府初称承泽亲王府。

● 顺治十二年（1655），硕塞之子博果铎袭爵，改称庄亲王，始有庄亲王府。

● 八国联军入侵北京时，将庄亲王府烧毁，大部分成为废墟，只留后院。

● 民国初，末代庄亲王溥绪将庄亲王府以二十万元大洋卖给江苏督军李蕤和其弟，王府被两兄弟掘地三尺，从此荡然无存。

王府秘史

硕塞与博果铎：父早亡，子无嗣

硕塞是皇太极第五子，他出生后不久，其母叶赫那拉氏便被皇太极赐予曾任内大臣的占·土谢图为妻。基本上可以认定，皇太极并不怎么喜欢这位侧妃，否则决不会赐予他人。

事实上，皇太极是叶赫那拉氏的第二任丈夫。硕塞生母叶赫那拉氏，系叶赫贝勒阿纳布之女，初嫁正黄旗包衣喀尔喀马，后逃回娘家叶赫部，为金台石贝勒所抚养。天命四年（1619），喀尔喀马贝勒被皇太极处死，叶赫那拉氏归皇太极，天聪二年（1628）十二月，生皇五子硕塞。

占·土谢图行围时被虎伤而身亡，叶赫那拉氏再嫁达尔琥，这已是她的第四次婚姻了。

博果铎因无子嗣，庄亲王爵位由康熙之子胤禄承袭

硕塞也非一般人物。在皇太极诸多子侄中，能武者甚多，打杀砍伐征战南北不在话下，但能文的着实找不到几个，而硕塞无疑是其中的佼佼者，他能诗能画，尤擅山水，有人评价他的画，“秀润天成，无尘世气”。

硕塞与他的优秀祖辈一样，文能赋诗作画，武能领兵打仗，年纪轻轻便开始军旅生涯。待清军攻入北京，他先是跟随小叔多铎攻打李自成的起义军，后随军南征，灭掉明福王政权，再随军平腾机思叛乱……战功可谓卓著，因而被摄政王多尔衮看重，晋升为亲王。其后，因多尔衮与豪格争权，硕塞受到牵连，顺治七年（1650）被降为郡王。及至顺治八年（1651），顺治皇帝亲政，又将硕塞晋升为承泽亲王，并任命他为议政王，名列最具实权的清初“八大铁帽子王”之列。在这“八大铁帽子王”中，硕塞年纪最小，辈分最低，却是唯一一个文武全才的，殊为难得。

只可惜硕塞与其母一样命运多舛，他尚未来得及施展自己的全部才华，便英年早逝，年仅二十七岁，是为顺治十一年（1654）。

硕塞死后，由九岁的儿子博果铎袭爵，奉旨改号为庄亲王，承泽王府由此称庄亲王府。这座庄亲王府，或者风水不佳，虽其建于太平仓，似乎从未太平过。

博果铎活了七十四岁，“人到七十古来稀”，在彼时已算长寿，但依然美中不足，博果铎并无子嗣，由谁来袭爵成了难题。按常理言，若无子嗣，应由其弟或其弟之子承袭，其弟博翁果诺已逝，七子中只余其二。但这爵位，也没落到这两位侄子身上，最终由胤禄承袭。胤禄何人？乃康熙第十六子。其中缘由，至少有三：

一说是，二侄在博果铎生前争当其嗣，走关系，找门路，只是博果铎看不上，皆未允，断了侄子们的念想。

一说是，康熙在博果铎病中前去探望，见无人伺候，深为体恤，遂将第十六子胤禄过继给博果铎。也有人认为康熙此举，或是为减轻皇子对未来皇位争夺之烈，避免亲兄弟之间的相互倾轧，又或是借机将一亲王之位收归皇室近支，进一步将权力集中。胤禄过继给博果铎，从此退出皇位争夺，亦未尝不算一件好事。

还有一说是，博果铎死后，因其无子，宗人府提请以圣祖（康熙）子承袭，康熙征求皇太后意见，以胤禄袭爵。

尽管说法各有不同，但实际结果都一样，就是胤禄袭了庄亲王爵位。

胤禄：既是数学家，又是音乐家

胤禄原名爱新觉罗·胤禄，雍正继位之后，为避其名讳，皇室中同辈均改“胤”为“允”，因而“胤禄”便称“允禄”，这是需要提前交代的一个小背景。

既是圣祖之子，当另眼看待，所以，胤禄的仕途基本算一帆风顺。康熙末年（1722），胤禄受命掌内务府，管理皇家事务；到雍正朝，历官正蓝旗汉军都统、镶白旗满洲都统、正黄旗满洲都统；乾隆元年（1736），任总理事务大臣，兼管工部事务，食亲王双俸。乾隆二年（1737），奖其总理朝廷事务的业绩，加封为镇国公。历经三朝，位高权重，何等荣耀！这在权力斗争纷乱复杂的大清皇室，着实不可多得。之后，虽曾因犯事夺爵，几经反复，但至乾隆十八年（1753）正月，复授议政大臣，仍回到权力中心，算得善始善终。

胤禄亦有特别才华，他一生精数学，通乐理，担任过算法馆总裁、玉牒馆总裁。算法馆易理解，玉牒馆何为？所谓玉牒，乃指皇族族谱，玉牒馆自是修订皇族族谱之机关。中国历代王朝，均有修玉牒之传统。胤禄曾掌管乐部，革新礼乐，不拘旧俗。胤禄提出，籍田（注：古代吉礼的一种，即孟春正月，春耕之前，天子率诸侯亲自耕田的典礼）礼毕所奏《雨旸时若》《五谷丰登》《家给人足》三章，与礼不符，不应施于燕乐（注：汉族俗乐与外来音乐的总称。“外”即外国或外族），当别撰；《中和韶乐》应增笙为八，箫笛为四，等等。这些建议，一一被朝廷采纳。

胤禄还与其他大臣依据《周礼》，合力制造出博钟、特磬各十二口，供朝廷大典时演奏。乾隆十一年（1746），他编成一部戏曲曲谱《九宫大成南北词宫谱》，涵括唐宋歌舞大曲、宋代南戏、金元说唱，共有八十二卷，四千四百六十六曲。胤禄还与张照等文士词臣把流传甚广的历史故事改编成四部历史大戏，《劝善金科》《升平宝筏》《鼎峙春秋》和《忠义璇图》。

数学和乐理方面的贡献而外，胤禄还参加过《数理精蕴》《大清会典》《四库全书》等国家重要典籍的编订。

由此可见，胤禄堪称不可多得的全能之才。

后世庄亲王：倒霉催的蛋

胤禄之后的历代庄亲王，有大才干者少，多为碌碌之辈，但基本平稳，袭爵顺当，不像其他“铁帽子王”那般多经历大风大浪。

第四代和第五代庄亲王，依然身居高位，仕途坦荡。

第四代庄亲王弘普，乃胤禄第二子，曾任镶蓝旗满洲统领，封镇国公；第五代庄亲王永瑺，系弘普长子，先后担任镶红旗蒙古都统、正红旗满洲都统、署领侍卫内大臣、玉牒馆总裁，还掌管乐部，管理宗人府、觉罗学、左右两翼宗学，在内廷行走。

但是有几个倒霉蛋，值得一叙。

这第一个倒霉蛋，是第六代庄亲王绵课。绵课曾带领亲兵，击败攻进紫禁城的起义军，使嘉庆皇帝化险为夷，有救驾之功。不料，两年后，却因为一件小事，受到严重惩罚。事情的起因是，皇帝想去木兰围场打猎，绵课谎报路上的二道河正桥水淹尺余，副桥倒塌，哪料想皇帝亲自骑马查看，结果发现，那桥不但稳固结实，且并无发水迹象。事情虽小，却算欺君，后果可想而知，绵课被革去御前大臣、领侍卫内大臣、管园大臣、总理行营事务职位。

道光二年（1822），绵课再次受罚，这次是因道光对绵课负责修建的裕陵隆恩殿工程不满，降其为郡王，令之重修。工程结束后，绵课又被升为亲王。

绵课还曾负责修建道光帝的陵墓，待工程竣工，道光相当满意，一高兴，下令免去了绵课向朝廷的借款四万两白银。不过，不要高兴得太早，这件事不过是绵课之为倒霉蛋的又一个证据罢了。因为第二年，地宫渗漏并积水近二尺。道光大怒，但他已经无法处罚绵课了，因为绵课已经身故，但其四个儿子的顶戴被全部革掉。你看，倒霉蛋叫儿子跟自己一起倒霉了，即便死了还是要倒霉。

比绵课更倒霉的是他儿子奕卖，第七代庄亲王，话说他刚刚袭了爵，就受父亲牵累被降为郡王，亏得他能抓住皇帝的心思，在之后趁为道光祝五十寿辰的时机，奉上贺礼五十万两白银，才得恢复爵位。

话说此前，奕卖受罚，降为郡王，气儿不顺，抽上了大烟，这一抽不要紧，还上瘾了，烟瘾越来越大，终于抽出大麻烦。

道光年间，京城东便门外二闸出现一座灵官庙。它表面是个庙，有住持，有尼姑，她们身披袈裟，烧香拜佛，可实际上，这灵官庙却是个集妓院、赌坊、烟馆于一体的声色场所，不过是打着灵官庙的牌子，干一些无耻勾当。因这灵官庙办得有特色，生意颇是不赖，流氓无赖、风流浪子、富家子弟，多会于此，一时热闹无两。这奕卖来过之后，甚是喜欢，便隔三差五前来，成为庙中熟客，为了玩得热闹，他还带来另外的宗室子弟。

灵官庙名声愈来愈大，影响极坏，有朝中大臣暗访，然后密奏，道光极怒，下旨拿人。不料拿人当天，奕卖正与另两位宗室子弟在这灵官庙中肆意享乐，搂着小尼姑，喷云吐雾抽大烟，极尽放浪之能事。当下官兵出动，齐齐拿下。

道光了解前因后果，更是愤怒，身为亲王，逛妓院、抽大烟是何体统，让皇家颜面往哪儿放？愤怒之下，决定严办，于是，夺其庄亲王爵，发配吉林，之后又发往黑龙江。不过，这个倒霉蛋的霉运，属于“自作孽，不可活”。

最最倒霉的倒霉蛋是载勋，是为第十一代庄亲王。

载勋一直受朝廷重用，先封辅国公，袭爵后担任正蓝旗汉军都统、宗人府左宗人、步军统领等职，他所以倒霉，跟支持义和团大有关系。

义和团蜂起之时，清政府数度围剿，效果不佳，始终未能扑灭。内有拳民，外有列强，腹背受敌，清政府内部对义和团的态度也出现了分歧。庄亲王载勋等人主张，应招抚和利用义和团，以达到对抗洋人之目的。慈禧对洋人又恨又怕，自废黜主张维新的光绪帝后，各国公使表示不满，认为如有义和团支持，腰杆便可硬起来，于是对此主张极为认同。慈禧太后一旦有此决定，遂果断对列强宣战，任命载勋与刚毅为统率京津义和团王大臣。

载勋对义和团之态度，最为热烈，表现积极，他在庄亲王府中建坛，招纳各路义和团，自己也头裹红巾，身着义和团服，跪迎团首。一时之间，府内来来往往，皆为团民，杂乱喧嚣不绝于耳，庄亲王府成了义和团灭洋的临时指挥所。之后，载勋又被任命为步军统领，负责捕杀洋人。清军与义和团联手，大肆灭洋，见洋人就杀，见教众就砍。这下真的激怒了列强，八国联军凭借先进的武器和装备，一路杀进北京。

八国联军攻入北京后，团民聚集的庄亲王府成为首要发泄对象，联军狂轰滥炸，烧、砸、抢、毁，造成严重流血事件，据说杀死一千七百余人，血流遍地，极为惨烈。好端端个庄亲王府毁于战火当中，只留下个后院。

联军占领北京，慈禧挟了光绪奔陕西而去。出逃途中，命奕劻和李鸿章与列强和议。列强提出的首要和议条件是惩办祸首，各国公使一致通牒，共列举祸首十人：载漪、载勋、载澜、溥静、毓贤、李秉衡、董福祥、刚毅、赵舒翘、英年。在巨大压力之下，慈禧一一处理，其中载勋被革去官职，拟随后押往盛京圈禁。各国对此处理极为不满，慈禧方才下谕：已革庄亲王载勋，纵容拳匪，围攻教堂，擅出违约告示，又轻信匪言，枉杀多命，实属愚暴冥顽，着赐令自尽……

载勋自尽前，与家人话别，跟儿子道："尔必为国尽力，不要将祖宗的江山送洋人！"然后，毅然将慈禧赐他的帛套到了脖子上。如此看来，这载勋倒也是个有血性的汉子。

载勋之死，固然是洋人要求惩办之结果，但慈禧对他的意见也不小，估计是咬着牙根生载勋的气：好你个载勋，谎报军情，欺骗我老佛爷，说什么义和团刀枪不入，结果惨败有没有？还有，你堂堂一个庄亲王，怎能跪拜这些顽劣刁民，跟他们称兄道弟？实在有损皇家体统！

最后一个倒霉蛋是末代庄亲王溥绪，只不过，与祖上几个倒霉蛋相比，溥绪可算得上是个幸运的倒霉蛋。

倒霉蛋有啥好幸运？

说溥绪倒霉，是因为他袭爵时，已经到了民国，一无俸禄可拿，二无特权在身，荣华富贵皆与他绝缘。溥绪所能得到的，只是一个空名头，还有一座被烧焦的庄亲王府。

说他幸运，则是他凭了这空名头和烧焦的王府，硬是发了一笔横财。此前，豫亲王府被卖给美国人办协和医院，据说从王府地下挖出一窖银子，消息传开，吸引了大批金主从外地进京购买旧王府，这里面就包括江苏督军李纯和其弟李馨，经中间人介绍，溥绪和李氏兄弟以二十万大洋成交。正为生计愁眉不展的溥绪，一下子有了着落。靠着这二十万大洋，自此吃喝无忧，更能安心地从事自己所热爱的京剧剧本创作。溥绪热爱京剧，文学素养高，创作了大量剧本。其作品诸如《霸王别姬》至今仍常演不衰，为京剧发展立下了大功劳。

溥绪为人，光明磊落，朴实大方，他所创作的剧本，均友情赠送，从来分文不取。一代名伶杨小楼、高庆奎、马连良等人都得过其馈赠。

话说李莼和其弟买下庄亲王府，便迫不及待开挖，梦想也能得一窖银子，从此开启富且贵的人生……可现实与人作对，银子没挖出来一两，黄土倒是挖出不少。花了二十万大洋，什么也没得到，恼怒肯定是有的，但愿赌服输，只得认命。这王府不能白买啊，便将那些还算完整的砖瓦木料收拾收拾，运到天津老家，盖了座李氏祠堂，就是现在的南开文化宫。之后，兄弟俩在原先王府的位置上，建了许多房子，称为平安里。西城区文物文化局保存有“平安里”的门额砖雕。

值得一提的是，在北京西城区毛家湾，别有一处庄亲王小府。府中有房屋七八十间，院中有小土山，山上植各种名贵树木，景色别致，另有洞天，还有甜水井、苦水井各一口。后来，这府邸被卖给了中孚银行，中孚银行转手又卖给辅仁女校。

1956年，这儿成了林彪的住所，毛家湾成为林彪神秘生活的一个注脚。记得小时候看林彪的传记或传奇，大多会提到林彪身体不好，怕冷怕风，家里常年保持在恒温20℃。这个“家”，说的就是毛家湾。

“9・13事件”后，江青命工作组进驻毛家湾，编辑批林材料。1980年以后，这儿成为中共中央文献研究室和档案馆所在地，现在是中央文献出版社的办公地。

府邸好范例　主人有贤德

王府档案

王府主人：裕亲王福全及其后代

王府特色：严格按规制而建，是王府建设的范例

王府现址：北京东城区台基厂二条中间路北

王府变迁

● 裕亲王府首任主人福全为清世祖顺治帝次子，康熙六年（1667 年）受封裕亲王，参与议政，于当年建府，完全按亲王府标准而建。

● 清末辟为使馆区，改建为奥国使馆，王府末代主人魁璋迁居新街口南宝禅胡同，原址现为福绥境派出所。

王府秘史

福全：有功却要受惩罚

福全系顺治次子，庶妃栋鄂氏（即董鄂氏）所出，生于顺治十年（1653）。

诸子年幼时，顺治问他们的志向，七岁的福全说："愿为贤王。"小福全一岁的三子玄烨则答："待长而效法皇父，黾勉尽力。"一为贤王，一当明君，兄弟志趣之不同，由此可见一斑。生在帝王之家的福全，自小便是个没有野心的人。

话说顺治帝病危，议立嗣君。顺治因诸子年龄过小（长子牛钮早夭，次子福全九岁，三子玄烨八岁），而想从诸弟中择一；孝庄皇太后欲立皇三子玄烨。母子俩向汤若望征询意见，汤若望以玄烨出过天花可终生免疫为由，支持皇太后的想法。由此而定玄烨承继大统，是为康熙帝，堪称大清史上最有作为的皇帝。

康熙执政的第六年，封二哥福全为裕亲王，并参与议政。康熙十一年（1672）十二月初，不知何故，裕亲王福全、庄亲王博果铎等人请辞，康熙准辞，但未准其中的康亲王杰书、安亲王岳乐，个中原因，无人可参其详。一大批亲王同时请辞，是历代少有之现象，或许是康熙自己的意思也未可知。福全不再议政。

福全所以被后人记住，与平定噶尔丹叛乱有大关系。

噶尔丹系厄鲁特蒙古准噶尔部首领，巴图尔珲台吉第六子。青年时，噶尔丹赴西藏，投达赖喇嘛门下，习沙门法，颇得五世达赖器重，曾获"呼图克图"尊号。雄心勃勃的噶尔丹并未潜心于佛门之道，更爱舞枪弄棒，并与西藏的实权人物过往甚密。在西藏期间，噶尔丹亦未安心，不时返回准噶尔参加其兄僧格的政治活动。康熙九年（1670），僧格在准噶尔贵族内讧中被杀。次年，噶尔丹自西藏返回，夺得准噶尔部统治权。十五年（1676），噶尔丹俘获其叔父楚琥布乌巴什；十六年（1677）击败和硕特部首领鄂齐尔图汗；十八年（1679），五世达赖喇嘛赠以"博硕克图汗"称号。

噶尔丹广有野心，纵横捭阖于广阔的蒙古大草原以及南疆地区，势力日彰，渐成大清朝心腹之患，此人不除，北方不得安宁。

康熙二十七年（1688），噶尔丹先是依仗势力强盛，意欲勾结沙俄，制造分裂，之后袭击蒙古喀尔喀部，进扰内蒙古。

面对其赤裸裸的挑衅，大清岂能坐而不视？

康熙二十九年（1690）六月，康熙帝下诏亲征，遂命二哥福全为抚远大将军从未有过征战经验的福全第一次出征便领受如此重要的使命——皇长子胤禔为副将军，领左翼出古北口，又令五弟常宁为安北大将军，简亲王雅布、信郡王鄂札为副，领右翼出喜峰口，两路大军分道进击，讨伐噶尔丹。大军出征前，在紫禁城太和殿敕印，康熙亲自送出东直门，并按福全请求，调大同镇马兵六百、步兵一千四百从征；又谕令理藩院派蒙古大军助战，还命内大臣阿密达等人出塞，各率所部与福全会师，安排得可谓滴水不漏。

康熙帝出塞督战，详细分析了敌情，命快马递与福全，告诉其应对之策：大军临近敌兵，应侦察清楚对方情况；设法笼络住噶尔丹，使他不生异心；等盛京、乌拉、科尔沁各部大军赶到，全歼叛军。

福全按康熙布置采取行动，派济隆等人带着书信、一百只羊、二十头牛去敌营，以稳住噶尔丹；待协助作战的阿密达等大军抵达，便将所有部队分为前队、次队、两翼，向噶尔丹部进发。

八月初，福全所部在乌兰布通与噶尔丹部厄鲁特兵相遇，双方展开一场堪称惨烈的战斗。初时，厄鲁特兵士依仗天险，在隔河的密林中布阵阻击，又在高岸上将万余头骆驼捆住卧地，驼背上搭上箱垛，盖上浸湿的毡子，摆成一条掩体防线，称为“驼城”；厄鲁特主力部队从“驼城”垛隙放枪射箭，进行顽抗，致清军伤亡惨重。

眼看形势不利，福全为扭转战局，于天色昏黑之时，命清军左翼自山腰插入，攻其不备，厄鲁特军见势不妙，狼狈逃窜；右翼在河岸泥淖处强攻，终于拿下“驼城”，大败厄鲁特军。

乌兰布通之役，给噶尔丹以重创，正是此次打击，令他失掉了大部分势力。清军亦折损不少兵将，康熙的舅舅内大臣佟国纲亦在此次战役中阵亡。

狡猾的噶尔丹惨败之后，为获得喘息机会，采取各种措施意欲麻痹福全。

福全分析形势后认为，厄鲁特军已被击溃，暂无力反攻，应先争取时间让清军士兵养精蓄锐，等盛京大军会师，到时再与噶尔丹决一死战，定能将其完全消灭。

康熙闻报，对福全的部署甚不满意，批评他坐失战机。噶尔丹派人游说，乃是缓兵之计，无论如何应该一鼓作气，彻底击溃敌军，而福全不乘胜追击，大大贻误了战机。福全不追，大概有其考虑，所谓“将在外，君命有所不受”，根据实际情况，福全有自己的判断也属正常。另外，人们常说“穷寇莫追”，在摸不清敌军的真实情况之下贸然追击，中了敌人的埋伏也说不定。况且，当时粮草不足，追击之后的粮草供应如何解决？

相信福全也不想失去一举歼敌的大好机会，白白放走了噶尔丹。定有什么原因，令他作出这个决定。

另外，康熙派皇长子胤禔随福全出征，亦是个错误，皇长子不听军令，与福全相悖，亦随时为指挥埋下隐患。康熙自己也认识到这个问题：“胤禔听信小人谗间之言，与抚远大将军和硕裕亲王福全不相和谐，妄生事端，私行陈奏，留驻军前，必致演事，着撤回京。”

康熙之不满，令福全认识到问题之严重，为弥补过错，即刻派人追击噶尔丹。无路可逃的噶尔丹低头认输，并派使臣拿着奏章和保证书向大清请罪，表示愿意撤出边境，永不侵犯。康熙帝应允噶尔丹的请求，但告诫福全要加强防备，噶尔丹生性狡诈，切切不可大意。

十月初，福全派人传信给噶尔丹，逾月未归。福全估计噶尔丹早已出边逃遁。当时，军中粮草匮乏，只能维持几天时间，便下令班师。康熙帝对福全自作主张撤军十分不满，决定先回京再议罪。

十一月，福全班师回京，康熙的怒气还未消退，他让福全的队伍停在朝阳门外听从发落，打了胜仗，却要受到处罚，康熙让福全为自己追击噶尔丹的指挥失度而埋单。

康熙指责福全不遵从命令，自行其是，并让胤禔作证。可怜的福全无半句争辩，流着眼泪领罪。众大臣共议福全之责，免去其爵位，罚俸三年，撤三佐领。这之后的几年，福全被冷落，彻底成了闲人。

再说噶尔丹逃出边境，派人向沙皇提议缔结同盟，共击大清。沙俄考虑到自身的实际利益，并未与他结盟，噶尔丹自身势力大损，又无外力支援，自是难有作为。

康熙三十三年（1694年），不甘心失败的噶尔丹，再次挑衅大清，并煽动蒙古诸部背叛。第二年，更是率兵侵入巴颜乌兰大肆抢掠，又成内患。

这一次，令康熙下定了彻底消灭噶尔丹的决心。

康熙三十五年（1696），康熙帝第二次亲征，先前获罪的福全亦随军前往，再一次击败噶尔丹。

第二年，康熙帝第三次亲征，追歼噶尔丹残部，在走投无路的情形之下，噶尔丹服毒自杀，时年五十四岁（又一说是暴病身亡），噶尔丹部下将其尸首交与清军。从此后，世上再无噶尔丹，北方边患得以消除。

康熙四十二年（1703），福全生病，康熙亲临其府内探望。之后康熙出巡塞外，得福全病重消息，特命随行诸皇子还京看望。六月二十四日，福全病故，终年五十一岁。康熙帝立即停止出巡，赶回北京，亲自为兄长祭奠，悲恸不已。

福全与康熙帝年纪相仿，自幼相伴，手足之情自是深厚，更何况福全与世无争，深得人心。

有一件事，颇能说明兄弟的情谊。康熙三十八年（1699），四十六岁的康熙帝，让画师为他和福全画了一幅画，兄弟俩同坐桐荫下，有兄弟携手同老之意。在内心里，福全是其亲密的兄长。

曾经景色好　如今扶伤处

王府档案

府主人：诚亲王胤祉及其后代

王府特色：旧府不详，新府占地广，府中有湖有岛，景致特别

王府现址：旧府在西城区平安里大街路北，新府在新街口东街路北

王府变迁

● 康熙四十八年（1709），胤祉被封为诚亲王，始有诚亲王府。

● 胤祉去世后，其府改为慎郡王府，慎郡王胤禧为康熙二十一子。

● 胤禧去世后，其子永瑢袭爵，晋封为质亲王，该王府改质亲王府。

● 诚亲王新府是胤祉第七子袭贝子爵时的府邸，严格讲并非亲王府，而是贝子府。

● 嘉庆年间，新府转赏给嘉庆第四女庄静固伦公主。

● 民国年间，该府遭到严重破坏。

● 如今是积水潭医院。

王府秘史

胤祉：真正的文化人儿

胤祉，乃康熙帝第三子，上有胤禔、胤礽，下有胤禛以及诸弟。

康熙一朝，虽造就繁荣昌盛之大清帝国，但因为早立太子所造成的诸皇子之间的争斗，亦大大损伤了皇室之团结，九嫡夺位，个个当仁不让，令康熙伤透脑筋，而胤祉身为皇三子，却是让父亲较为安心的一个。

胤祉自幼颇得康熙喜欢，他聪明好学，知书达理，骑射俱佳，自其幼时，康熙便着力培养，以堪大用。他亲自教授胤祉几何学，教他带兵打仗，之后又让他组织人马编撰书籍。胤祉在其众多兄弟中，以文武双全而显得较为突出。

十五岁时，胤祉曾随父皇出塞围猎，与擅长骑射的康熙比试，竟然难分上下。对这位文武双全的儿子，康熙多予机会，好让他充分发挥个人的才能。胤祉也不负所望，每每受命，都能圆满完成任务。

康熙三十二年（1693），康熙派胤祉和胤禛去曲阜孔庙致祭，胤祉当时仅有十七岁；三十五年（1696），康熙帝第二次亲征噶尔丹，命年仅二十岁的胤祉领镶红旗大营，独当一面，足见对其信任有加。胤祉受命领军，不畏艰苦。事后，康熙写诗给胤祉，勉励其领会父亲的良苦用心；四十二年（1703），康熙帝率皇太子胤礽、皇三子胤祉、皇十三子胤祥等人西巡，一路经保定、太原、潼关、达西安，回銮时过洛阳，亦是康熙着意对皇子们加强锻炼。

康熙朝为免皇位争夺之忧，乃早早立胤礽为太子，康熙的这一决定，本意是为减少兄弟之间的争夺，却给他带来意料之外的诸多烦恼。

康熙十四年（1675），二十二岁的康熙，就急不可待地册立刚满周岁的嫡

①	②

① 胤祉在康熙诸子中，因文武双全而较受关注
② 胤礽被早早立为太子，却因骄纵和卷入竞争，下场悲惨

长子胤礽为太子。胤礽乃康熙第二子，为孝仁皇后赫舍里氏所出。孝仁皇后是开国大臣索尼的孙女，索额图的侄女，生胤礽时难产而亡。康熙因母怜子，将胤礽立为太子。及早确立太子，亦有汲取历史教训之原因的考量，想想看，若努尔哈赤早立汗位继承人，则不会有诸贝勒之争；若皇太极早立太子，就不会有豪格与多尔衮之争。康熙以为，早一天确定太子，便可让其他皇子死心，以减少诸子间的争斗。

胤礽聪明伶俐，孝庄皇太后和康熙愈发宠爱。这个可怜的孩子，一出生便遇母丧，失却母爱，曾祖母和父亲皆有弥补之想，结果宠爱得有些过分，令胤礽生出一身骄纵任性的恶习。又加上索额图不敌明珠，想要太子早登大位，为他复仇，故对胤礽格外巴结。索额图还建议胤礽，太子所用诸物，皆用黄色，所定一切仪制，基本与皇帝相同。把个太子惯得一身毛病。

诸位想想看，在这样的环境中长大，太子想不放纵肆意也难。随其年纪增长，毛病和缺点便愈发突出。

胤礽自以为大位在握，对父皇缺少起码的尊敬。康熙二十九年（1690）七月，康熙出塞远征噶尔丹，中途得病，叫胤礽到行宫相见，胤礽面对病父，竟毫无忧戚之色。他对父亲健康这般漠不关心，令康熙甚为不满。

胤礽的一系列作为，终令康熙下了废除太子的决心。

因皇三子胤祉与太子比较亲睦，康熙召问太子情状。皇子中有流言说，康熙恐怕要加罪于胤祉。

康熙了解情况后，却对三子表现得十分信任："胤祉与胤礽虽昵，然未怂恿其为恶，而且屡次劝止胤礽，胤礽不听。此等情节，朕无不悉知，故不罪也。"康熙是非分明，用事实说话，称得上一代英明之帝王。

胤礽被废后，令一众皇子更为兴奋，加速了权力争斗的步伐。皇长子胤禔和皇八子胤禩表现得最为活跃，胤禔更向康熙奏报：相面人张明德称皇八子当大贵，胤禩还说："今欲诛胤礽，不必出于皇父之手。"夺位之心昭然若揭，康熙听后震怒，斥其"凶顽愚昧"。康熙纵然愤怒于胤礽的骄纵放荡，但毕竟是自己亲儿子，并无将其处死之心，今二子居然说出这般话语，彻底触发了他的火气。

胤祉看不惯皇长子和皇八子的作为，半路上杀将出来，即刻揭发胤禔，指其曾用喇嘛魇术谋害胤礽。康熙知悉详情，更为愤怒，果断将胤禔革爵幽禁，张明德等凌迟处死。又特别传谕：如有人称誉皇八子胤禩？必杀无赦。胤禩被革去贝勒，成为闲散宗室。皇长子和皇八子做梦也想不到，将他们拉下马来的不是别人，正是这个平时看起来基本无害的、他们也从未把其当成对手的胤祉，真是人不可貌相！

康熙四十八年（1709），康熙决定复立胤礽为太子，胤祉、胤禛和胤祺则同时被封为亲王。谈及过去的纷争，康熙不胜唏嘘：

自去年九月不幸事出多端，朕深怀愧愤，以致心神损耗，形容憔悴。其他人不过寻常虚语，别无良法。惟贝勒胤祉、胤禛特至朕前痛哭陈请："皇父圣容如此清减，不令医人诊视，进用药饵，徒自面前耽延，万国何所依赖！臣等虽不知医理，愿冒死择医，令其日加调治。"

因先前揭发有功，现如今又对父亲关怀备至，康熙与胤祉更加亲近，封为诚亲王。

其实，早在十一年前，胤祉就曾获封为诚郡王，此后第二年，皇十三子胤祥的生母敏妃章佳氏不幸病故。按当时丧制，母妃去世，皇子一百天内不得剃发，胤祉违制剃发，因此受到处罚，降为贝勒。

话说胤礽被复立太子之后，死性不改，故态复萌，被康熙再夺太子之位。到这个时候，老人家的心已被儿子们伤得七荤八素，再也不愿提立太子之事。能与老人家说得上话的，只有胤祉和胤禛了。此后一直到康熙去世，胤祉与皇父都保持着不错的关系。按理说，康熙不会对胤祉的才华视而不见，但"知子莫若父"，或者在康熙心目中，这个儿子并非皇位的最佳人选。

康熙诸皇子争夺皇位，胤祉表现得特别低调，除与胤礽亲近外，旁人很难找到他有与争夺皇位相关的证据，但在政治这个烂泥潭中，他亦无法完全置身其外。有人看他受康熙青睐，故意制造了一起"孟光祖事件"，差点儿要了他的小命。

康熙五十六年（1717）二月，镶蓝旗光棍孟光祖，称自己受诚亲王胤祉差遣，到山西、陕西、四川、广西、江西诸省诈骗。按照清制，皇子及属人离开京师，应获批准并登记在案；在地方上行走，应具有勘合（介绍信），地方官府据此予以接待，孟光祖却只凭一张嘴，在各省通行无阻。

孟光祖常以胤祉的名义，馈赠礼品给地方督抚，四川巡抚年羹尧、江西巡抚佟国勷都曾经收受其礼。在地方大员的庇护之下，孟光祖穿梭于各地官府，从无遇到阻拦。康熙帝得知后，派人将孟光祖正法，佟国勷、年羹尧皆受牵连。

此事定有内幕，但系何人所为，史书无载，但至少说明，已有人将胤祉当成争夺皇位的假想敌，想及早下手，通过栽赃等手法欲去除这个障碍。好在康熙英明，对胤祉无半点责备之意。而胤祉自己，对政治的积极性亦不算高，至康熙晚年，他的大部分精力，多投入文化事业当中。

康熙英明神武，却为选定继承人大伤脑筋，且家庭悲剧迭出

康熙五十二年（1713），胤祉奉命设立纂修馆，负责修书，他广招才学之士，汇于麾下，共同编纂学术巨典。纂修馆修的第一部书叫《律吕正义》，它是以乐律学为主要内容的音乐百科专著。分上、下、续编，后又增加了后编。上编有《正律审音》和《旋宫起

调》两章，论述历代有关十二律损益相生之说。后在乾隆年间得以补充。

之后，胤祉等人又编纂《历象考成》和《数理精蕴》，前者讲历法，后者说数学。康熙对这两本书十分重视，亲自参与，此二书亦成为中国古代科技史上的重要文献。胤祉为修好《历象考成》，特意派人到广东、云南、四川、浙江等地实地测量日影等，以获得第一手数据。

胤祉编纂的另一本重要的书籍，则是《古今图书集成》。 编这本书的灵感，起自于胤祉恩师陈梦雷。陈氏在教学过程中，见既有类书缺点多多，便决心编一部“大小一贯，上下古今，类列部分，有纲有纪”的大型类书。他将想法告诉胤祉，获得支持，特拨“协一堂”藏书，并在城北买“一间楼”，雇人帮助缮写。自康熙四十年（1701）十月起，陈梦雷根据“协一堂”藏书和家藏图书共一万五千余卷，开始分类编辑。经过六年的辛苦劳作，方才完成，共一万卷。康熙对陈梦雷此举十分赞赏，赐其住宅，并亲临陈梦雷书斋，为其书斋题联曰“松高枝叶茂，鹤老羽毛新”。陈梦雷即以“松鹤”为其书斋名。

康熙去世后，四子胤禛继位，是为雍正。胤祉因故被贬斥，陈梦雷受牵连，七十二岁时被流放到黑龙江。雍正下令，由经筵讲官、户部尚书蒋廷锡重新编校已经定稿的《古今图书集成》，并去掉陈梦雷名字，代之以蒋廷锡。雍正此举，大有剽窃别人学术成果之嫌疑。

胤祉和胤礽的亲近关系，成了即位后的雍正的心头病，他时时找个胤祉的茬儿，隔三差五打击一下。

先是让胤祉去守护景陵，景陵在遵化的马兰峪，好生偏僻。紧接着，又将胤祉降为郡王，将其子弘晟降为闲散宗室。

后来，怡亲王胤祥的丧礼上，胤祉因为去得晚，且脸上没有哀伤表情，被庄亲王胤禄等人弹劾。众王列数其“罪状”主要有：乖张不孝，亲近陈梦雷、周昌言，与阿其那（指皇八子胤禩）、塞思黑（皇九子胤禟）结交成党。其子

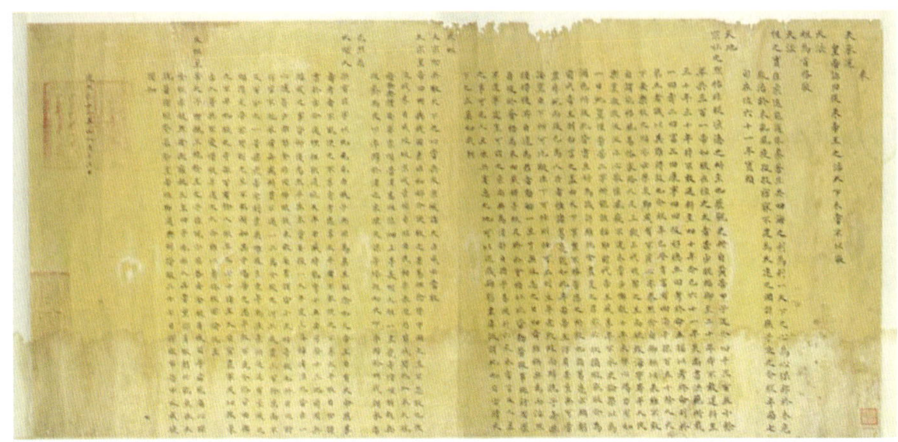

康熙遗诏

弘晟凶顽狂纵，助父为恶。另外，怡亲王忠孝性成，胤祉心怀嫉忌，并不恳请持服，王府齐集，迟至早散，悖理蔑伦，当削爵。

真是个“欲加之罪，何患无辞”！

于是，雍正下令夺去其爵位，禁于景山永安亭，将其子弘晟禁于宗人府。两年后，胤祉在绝望中死去，享年五十六岁。

王府有三座　两度迁他处

王府档案

王府主人：怡亲王胤祥及其后代

王府特色：两度迁移，共有三处，首座怡亲王府被改为寺庙

王府现址：第一处王府南起帅府园胡同，北至金鱼胡同，东起校尉胡同，西至近王府井大街处；第二处王府位于朝阳门内大街路北；第三处怡亲王府位于东单北极阁三条

王府变迁

● 最初是胤祥获封怡亲王时雍正赏给弟弟的府邸。胤祥临死时，定下遗嘱“舍府为庙”，于是第一座怡亲王府成为贤良寺。

● 第二代怡亲王是胤祥第七子弘晓，王府迁往朝阳门内大街。

● 1861 年，第六任怡亲王载垣被慈禧太后强令自缢，并剥夺爵位和王府。

● 1864 年，怡亲王府被赏给道光帝第九子孚郡王奕譓，称孚郡王府；同年，恢复怡亲王爵，袭爵的是胤祥第四子宁郡王弘皎的第四世孙镇国公载敦，改其府宁郡王府为怡亲王府，是为第三处怡亲王府。

● 第一处王府现在成了校尉胡同小学；第二座怡王府现为世界图书出版公司等单位办公地；第三处怡亲王府被青年艺术剧院和工厂占用。

王府秘史

胤祥：上场亲兄弟，治国好拍档

康熙皇帝的生育能力一流，共育有五十五个子女，其中子三十五人，正式以“胤”排行者二十四人。后雍正即位，为隐皇帝讳，请兄弟之“胤”一律作“允”，为叙述方便，除特别情况，本书一律称“胤”。

胤祥是康熙帝十三子。胤祥的生母章佳氏，乃满洲镶黄旗参领海宽的女儿。初入宫，册封妃，为康熙帝育有一子二女，分别是皇十三子胤祥、皇十三女、皇十五女。章佳氏去世时，胤祥年仅十四岁。

因丧母之关系，胤祥和两个妹妹交由德妃乌雅氏抚养。这位乌雅氏，正是未来的雍正皇帝胤禛之生母。自此之后，胤祥与胤禛朝夕相处，吃饭睡觉，嬉戏玩耍，读书习字，无不相从，由此感情日深，竟如一母之所生。胤禛长胤祥八岁，二人相处，兄友弟恭，亲密无间。此后的几十年间，胤祥始终追随皇兄，随命运的波涛跃动，时涨时落，悲欢与共，共同面对人生中的荣誉与屈辱，悲伤和欢乐。当雍正即位后，兄弟俩又密切合作，多有佳绩，算得上政治上的绝佳拍档。

这一情形，在手足相残为常的皇宫内部，殊为难得。雍正于众多兄弟当中，与胤祥的感情最佳。

胤祥自幼在皇宫内读书，他少年聪敏，进步神速，跟从恩师法海苦读十年，终成一代饱学之士。法海是康熙的舅舅佟国纲的次子，是康熙的二表弟，胤祥的表叔，乃为清一代硕儒，执教十三岁的胤祥时，他自己不过二十八岁，是史上最年轻的皇子老师之一。不过，可别认为法海是仗着自己皇亲国戚的身份成为皇子老师的，人家有的是真才实学。康熙慧眼识珠，敢于任用如此年轻的表弟教自己的儿子，亦不得不让人佩服其知人善任的本事。佟家在康熙一朝，权大势大，佟国纲是康熙的亲舅，其弟佟国维是康熙的岳父，佟家许多人因这一层关系而入仕，而法海靠的却是自己的真本事。法海出身特殊，乃由佟国纲的侍婢所生，自幼地位低微，父不以为子，兄不以为弟，弟不以为兄。法海的母亲去世，长兄鄂伦岱甚至不让其入祖坟。自幼备受歧视的法海，刻苦学习，终成饱学之士。可以说，法海不负康熙重托，将两位皇子胤祥、胤禛培养成才，二人不但英俊潇洒，而且文武双全。

胤祥自幼时起，便得父皇康熙的偏爱。他不但聪明懂事，个性乖巧，而且学习努力，才华过人，他还擅长书画，精于骑射。将这诸般优点集于一身，于众皇子中相当惹眼，由此而得康熙另眼相看。胤祥十三岁那年，康熙谒陵，特意将胤祥带在身边。之后，他多次出巡，都令胤祥随行。康熙一生，曾六次南巡，胤祥参与四次，是诸皇子当中最多的一个。不仅如

①
②

①② 怡亲王胤祥是雍正帝最为得力之助手

此，胤祥还随父皇巡幸过京畿、西安、山西五台山，一起赴塞外避暑围猎。

康熙四十一年（1702），康熙南巡，皇太子胤礽、皇四子胤禛、皇十三子胤祥随驾。某日，康熙在行宫召集大臣和皇子们研习书法。康熙一时兴起，大讲自己习书之体会："学书须临古人法帖，其用笔时轻重疏密，或疾或徐，各有体势。宫中古法帖甚多，朕皆临阅。"他亲书大字对联当场展示，又邀请众人观赏皇四子胤禛和皇十三子胤祥书写的对联，据说，诸臣环视，"无不欢跃钦服"。

由此可以推知，胤祥是康熙最为喜欢的皇子之一。

但为何胤祥最后失宠于康熙，实在是一个谜，我们只能凭借推断，来洞悉其中的秘密。

胤祥失宠最明显之标志，当是册封之事。康熙一生，曾两次大封皇子，第一次发生在康熙三十七年（1698），时胤祥十三岁，年纪还小，尚无册封之资格；第二次发生在康熙四十八年（1709），这一年他二十四岁，比他小两岁的胤祯都已获册封。这不得不叫人心生疑问。

究竟发生了什么事，让康熙放弃他喜欢的十三子呢？甭说参与皇储争夺的资格，胤祥就连爵位也没能捞到一个。

高阳先生一语道破天机，他在《清朝的皇帝》中特别提到：胤祥未受封的原因，即以获重罪圈禁高墙。意思是说，胤祥未受封，乃因犯事被囚禁当中。

胤祥因何犯事，所获何罪？这又不得不提及康熙两次废太子事。

康熙十四年（1675），康熙册立刚满周岁的嫡长子胤礽为太子，胤礽乃康熙第二子，为孝仁皇后赫舍里氏所出，孝仁是大臣索尼的孙女，索额图侄女，生胤礽时难产而亡，康熙因母怜子，将胤礽立为太子。及早确立太子，亦有汲取历史教训之原因的考量，早一天确定，便可让其他皇子死心，以减少诸子间的争斗流血。

康熙生活节俭，不喜奢华，太子胤礽却贪婪无比，经常依仗太子身份派人向地方官敲诈勒索。康熙四十六年（1707），康熙带胤礽南巡，江宁知府陈鹏年在主办行宫事务中供奉简朴，且无礼仪馈赠，胤礽竟要将陈氏处死。

胤礽还常任意凌虐臣属，连皇族亲贵也随意加以侮辱。脾气上来了，还敢与父皇斗嘴。在这个儿子面前，康熙深觉自己的威严受到了极大的侵犯。

种种作为，令康熙大为光火，遂有了废太子的决心。但纵观其对太子之惩罚，实则有一个渐进的过程，他煞费苦心，想要留出时间给胤礽以改正错误。可走火入魔的胤礽全然不知，依旧故我，毫无愧改之心。

康熙四十二年（1703）五月，朝廷先行严谴索额图，称其“背后怨尤，议论国事，结党妄行”，交宗人府拘禁，后索额图死于狱中。康熙有此行为，当是对太子的严厉警告，明事理者当迷途知返，胤礽顽固不化，以为失去索额图这个靠山，乃皇父对自己的报复行为，于是对父皇反感加深，父子矛盾更为激化。

康熙四十七年（1708）八月，康熙率诸皇子行围塞外，十八子胤祄病重，留中途调理，不久病情恶化，康熙回銮临视，非常担心儿子的性命安危。胤礽一如既往，表现得十分冷漠，对弟弟的病情无动于衷，毫无友爱之意。康熙对其行为不满，加以责备。哪想，胤礽愤然大怒，给皇父脸子看。胤礽还多次深夜前往康熙居住的布城，并扯开缝向内观看，窥视其一举一动，致康熙十分惊惧。九月，康熙下了决心废除太子，发布上谕给诸王及大臣“胤礽不法祖德，不遵朕训，肆恶虐众，暴戾淫乱，朕包容二十年矣！”你爹我忍你很久了。康熙边哭边发布上谕，以至于跌倒地上，可见所受刺激之重。

至此，胤礽被废，即日执行，交皇长子胤禔监禁；并诛索额图之子及胤礽左右侍从数人。废太子后，康熙满心愤懑不得纾解，六个晚上不得安寝，召扈从诸臣，哭着倾诉心中郁闷，诸臣也跟着哭成一片。

太子既废，发布上谕："诸皇子中，如有谋为皇太子者，即国之贼，法断不容。"

话说得重，但又怎么能抵挡住权力对人的诱惑？胤礽被废后，太子虚位，希冀储位的诸皇子竞争纷起，争斗愈发激烈。

皇子们各施绝学，结纳权臣，招纳门客，培植党羽，为博取太子之位倾尽全力。

太子胤礽刚刚被废，皇长子胤禔便向康熙奏称，相面人张明德称皇八子胤禩当大贵，胤禩还说："今欲诛胤礽，不必出于皇父之手。"康熙震怒，斥他"凶顽愚昧"。康熙纵然怒胤礽之骄纵放荡，却无杀其之心，今二子居然说出这般话语，其震怒可想而知。

皇三子胤祉路见不平，即刻揭发胤禔，指其曾用喇嘛魇术谋害胤礽。康熙知悉详情，十分愤怒，将胤禔革爵幽禁，张明德等凌迟处死。又特别传谕：如有人称誉胤禩，必杀无赦。胤禩被革去贝勒，成为闲散宗室。

高阳认为，用魇术谋害胤礽，存在两种可能的情况：一是胤禔与胤禛合谋，事情败露，乃由胤祥来为胤禛顶罪；二是胤祥也系同谋，事败而绝不牵涉胤禛。胤禛所以与胤禔勾结，事实上是要利用胤禔，消灭政治对手而已。

话说雍正即位，立即将胤祥封为怡亲王，并予以特别待遇，是因为"崇功报德"，回报之前胤祥的付出。此说是有道理，但无奈证据均已为雍正湮灭，只能作为一种合乎情理的推断而已。

不管事情的真相究竟如何，有一点似乎可以肯定，在太子位竞争激烈的情况之下，野心勃勃的胤禛必不会袖手旁观。作为亲密兄弟的胤祥，若施以援手，也再正常不过了。

康熙初废胤礽时，曾说他"似有鬼物凭之者"，其后恰有魇术事件揭发，康熙便释放胤礽，以为消除魇术，可以改而为善，并说胤礽病情好转，"亦自知有罪”。再加上诸皇子之间竞争激烈，众宗亲大臣卷入其中，致使朝廷乌烟瘴气，康熙对此十分震惊，斟酌再三之后，意欲复立胤礽为皇太子，平息朝中乱象。康熙四十八年（1709）三月举行大典，复立胤礽为太子。并对其余诸皇子加封晋爵，以调和关系。

胤礽在复立前，当着父亲和兄弟面，承认“凡事俱我不善”，并发誓不念人仇。但复位不久，他便故态复萌，跟原先并无两样，暴戾乖张不减反增，“本性不改，愈趋下流”。于此情形之下，康熙五十一年（1712）十月，将胤礽再次废黜。

两次立储失败，给康熙极大打击，自此后慎言立太子之事。

据上可以推知，胤祥也必然或主动或被动地卷入太子位的竞争当中。他的努力当然也没有白费。胤禛老谋深算，在最后的竞争中，拔得头筹，坐上皇位，是为雍正帝。至于这皇位是如何得来，众说纷纭，莫衷一是，更成为清初三大疑案之一。

康熙六十一年（1722）十一月，康熙病死，终年六十九岁，在位六十一年，是中国历史上在位时间最长的一位帝王，故后人称“千古一帝”。康熙死后，传出遗诏，称：皇四子胤禛人品贵重，深肖朕躬，必能克承大统，著继朕登基，即皇帝位。至于这遗诏是真是假，没有人说得清楚。

对胤禛承继大统，不管学界还是民间都说法不一，有说他杀害康熙后篡改遗诏夺得了帝位，也有说胤禛确是康熙的选择。无论如何，通过一系列错综复杂的政治操作，胤禛终于成为帝国皇位角逐中的最终胜者，坐上了大清皇帝的宝座。

胤禛凭什么当上了皇帝？

最重要的有四点：一是老谋深算，城府够深。二是团结兄弟，争取可以利用的力量。三是讨好父皇，拼尽全力。四是抓住时机，果断出手。

胤禛深知，心急喝不下热米汤，在很长一段时间里，面对兄弟之间的争执，他基本上是个旁观者，只待寻得适当时机再出手，城府之深，诸兄弟无人可及。

与兄弟相处，他既不参加党争，也不结党营私（至少表面上如此），对每位皇子都表现得亲切和蔼。

博得父皇信任亦是他的重要手段，诸皇子忙着争夺皇位，唯胤禛处处孝顺。康熙第一次废太子后，大病一场。胤禛入内，奏请选择太医及皇子中稍知药性者胤祉、胤祺、胤禩和自己检视方药，服侍皇父吃药治疗。凡父皇交代的任务，尽其所能去办。

但一旦机会出现，胤禛就不会手软，能抓住的必然抓住。

有此四点，皇位落到胤禛手里自不是难事。他顺理成章地于激烈的竞争当中承继了大统。

雍正城府之深，诸兄弟中无人可及

为不留后患，雍正上台后，对政敌极力迫害，大算老账；先将八皇子胤禩、九皇子胤禟、十皇子胤䄉、十四皇子胤祯囚禁。之后，将胤禟、胤禩削宗室籍，令前者改名为塞思黑，令后者改名阿其那，

（注：塞思黑与阿其那解释不一，多取猪、狗之贬义，近来学者多偏向于二词有“不要脸”之义）。而皇长子胤禔、废太子胤礽自康熙朝被囚禁，至雍正朝则幽禁而死。一众兄弟，下场大多悲惨，唯胤祥备受重用。

胤禛刚刚即位，就迫不及待地册封胤祥为怡亲王，任命其为四个总理事务大臣之一。不仅如此，雍正还将已故二十三年的胤祥生母章佳氏由原来的敏妃追封为敬敏皇贵妃。此后的八年时间里，雍正帝对胤祥多有关照和封赏，皇恩隆重之至，直叫人眼红心嫉。反观胤祥身为臣属之表现，亦算得上兢兢业业，恪尽职守，勇担责任，与雍正一道，将大清朝推上繁荣之顶峰。

有此君臣天衣无缝的合作，当是大清之幸。

雍正对胤祥信任越深，便令他的职务越多，负责的事务越广。雍正元年（1723）正月，胤祥掌宗人府，四月总理户部事务；雍正二年（1724）四月，胤祥总管圆明园八旗兵丁，十一月管理四译馆和汉军侍卫；雍正三年（1725），任为议政王，十二月总理京畿水利；雍正七年（1729）六月，办理西北两路军机事务。但从这一串职务便可看雍正对这位弟弟的信任；而胤祥，终不负所托，在其职责范围内，大都作出卓越业绩，故而更为雍正所倚重。

在雍正即位之初，朝廷内部因此前权力争夺而造成一个拾不起的烂摊子。雍正任人，多有支绌。他对胤祥再信任，也不可能靠他一个人来支持朝局。亏得胤祥多方发掘贤能，积极举荐，才令中枢机关不至于废弛，而得以正常运转。康熙第十七子胤礼，曾被胤禛视为胤禩同党，命他看守陵寝，不予重用。而胤祥以为，十七弟“居心端方，乃忠君亲上、深明大义之人”，奏请起用胤礼。雍正接受其建议，晋封胤礼为果郡王，后晋为亲王。胤礼果然不负众望，成为雍正朝的股肱之臣。雍正死前，还委其为辅政大臣。

胤祥还向朝廷推荐了大量年轻且地位低微的官员，在未来的岁月里，这些年轻人大多得到重用，诸如福建总督刘世明、陕西总督查郎阿、山西巡抚石

①	②

①② 雍正行乐图

麟、福建巡抚赵国麟等人。这些人经过足够的历练，终成地方大员，皆成为雍正朝的中坚分子。

就胤祥自己来讲，他是个全能型人才，不管在理财方面，还是兴修水利方面，皆有独特之见解。他看问题，清晰透彻，总能抓住要害所在，然后倾尽全力，一一解决。

比如，总理户部时，他面对几千宗前朝旧案，打破常规，采取规定限期和奖励勤勉相结合的办法，将这些积压旧案理出头绪；他带领属下清查出户部亏空二百五十万两白银，针对不同情况分头解决，或直接查抄，或限期弥补，或勒令变卖家产，连皇族亦无例外。经胤祥大力整顿，财政形势明显好转。

又比如，胤祥负责水利营田事务，他亲力亲为，不畏风寒，历一冬春，进行实地勘查，掌握具体情况，最终形成一系列有效措施：疏通河道，筑堤置闸，开引河，开挖入海直河沟渠，划定区域田土疆界。经其建议，朝廷设立营田水利府，专事营田水利事宜。胤祥亲临指导，修河造田，辟荒地数千里，募民耕种，还聘请南方农民教种水稻。一年后初见成效，至数年后，京畿灾荒洼涝地区，变成千里良田。胤祥又有大局观，不只重视京畿，还广泛了解全国各地的水利农田情况。当时江南许多地方因水道过浅，致流水不畅，每到雨季，河水就会泛滥成灾。胤祥得知这一情况后，奏请朝廷修复江南水利，他依据水利人员提供的资料，进行指导规划，成效甚佳，东南数十州县河流疏畅，获灌溉之利，再少发生水灾。

胤祥系正人君子，上书奏事，无不以国家利益为重，直言进谏，这一点也令雍正另眼相看。雍正帝曾用年羹尧主持青海军事工作，国舅隆科多从中作梗。胤祥便向雍正帝上奏："军旅之事，既已委任年羹尧，应听其得尽专阃之道，方能迅奏肤功。"正所谓"用人不疑，疑人不用"，雍正帝听了胤祥的话，再不掣肘，青海迅速平定。

此外，在军事、外交等诸方面，胤祥亦多有建树。

雍正四年（1726），朝廷秘密筹划对西北用兵。当时，雍正想要入兵西藏平叛，怡亲王胤祥正在外地办水利，雍正便将其想法传达给川陕总督岳钟琪，岳钟琪制订了一份计划，经过大臣商议，计划通过。但怡亲王回京看了计划，认为不妥，雍正赶紧下旨给岳，令其纠改，由此可见雍正对怡亲王信任之程度。

雍正自己想到一个用兵之计，与众大臣商议，众皆称赞，唯怡亲王不赞同。雍正将自己的用兵之计发文给岳钟琪，岳称根据当地情况发现了皇帝的计策存在问题，并提出自己的想法，其看法和怡亲王基本相同。雍正由此对胤祥心服口服，在给岳的批示中称怡亲王想得周到："朕偶有此意，廷臣皆以为然，唯怡亲王与卿论同，所以谕问，所议甚是。"

可见，雍正对胤祥信赖之深。

雍正七年（1729）六月，朝廷设立军需房（军机处之前身），意在对准噶尔用兵，令胤祥主管其事，胤祥投入极大精力，参与制订作战规划，对一切情况了如指掌，可谓是"知敌知己"。对于作战所需物资，调度有方。数以千万计的军需，经由胤祥之手，从无半点差错。

胤祥之才华，在康熙时代压抑太久，终于在雍正一朝全面爆发。反而观之，若无怡亲王之帮助，雍正的政绩怕也要大打折扣。

胤祥是杰出的管理人才，在其他方面亦有相当水准。

其设计和审美方面的修养堪称一流，宫中烧彩漆、烧珐琅、宫廷画家作画、地图出版等事务均由他来负责。他对工艺之要求，甚为严格，但凡有一丝一毫不够精美，便要重新来过。文物专家朱家溍先生说，造办处的管理人员中，"以怡亲王的管理最为全面、具体，其自身的审美标准也最高"。

有这样的兄弟辅佐自己，雍正能不多次予以嘉奖吗？

与其说胤禛、胤祥兄弟情深，雍正便对胤祥多有偏爱，还不如说是胤祥全副身心地投入工作当中，并取得极大成绩，从而感动了雍正帝。

难怪，雍正将胤祥的品行概括为八个字：忠、敬、诚、直、勤、慎、廉、明。他还将这八字书写匾额赐给胤祥，并对这八个字作了解释：

忠，"公而忘私，视国事如家事，处处妥帖，能代朕劳，不烦朕心"。

敬，"小心兢业，无纤毫怠忽"。

诚，"精白一心，无欺无伪"。

直，"直言无隐，表里如一"。

勤，“黾勉奉公，夙夜匪懈”。

慎，“一举未尝放逸，一语未尝宣漏”。

廉，“清洁之操，一尘不染”。

明，“见理透彻，莅事精详，利弊周知，贤愚立辨”。

总之，胤祥就是百官的榜样，值得大家认真学习。

胤祥恪尽职守，承担朝廷众多事务，除此之外，宫中的好多繁杂琐碎事项，也大多由他负责。雍正越是信任胤祥，委任他的事务也越多。像管领汉侍卫，督领圆明园八旗守卫禁兵，养心殿监理制造，管理诸皇子事务，管理雍正旧邸事务，雍正陵址选择等均交由胤祥负责。雍正对这位兄弟所办之事，深感满意，赞之曰“无不精详妥协，符合朕心”。

我们有理由怀疑，正是这等长期高强度的操劳，令胤祥的身体一日不如一日。

雍正八年（1730）五月初四，怡亲王胤祥病故，年仅四十四岁。雍正接到消息，万分悲痛，第二天更是亲临其丧，不吃不喝，心中悲痛难以言表，赐谥号“贤”，配享太庙，还在京西白家幢、天津、扬州、杭州等各处建立了怡贤亲王祠，供人们祭祀。雍正发布上谕：“怡亲王薨逝，中心悲恸，饮食无味，寝卧不安。王事朕八年如一日，自古无此公忠体国之贤王，朕待王亦宜在常例之外。”描述胤祥功绩，再没有比“公忠体国”这个词更恰当的了。

为表示内心的悲痛，雍正要求自己与朝臣一月内不穿朝服，一律身着素装，不举行任何形式的宴会。

之前，为避胤禛讳，雍正所有兄弟皆改“胤”为“允”，“胤祥”改名为“允祥”。值此，雍正诏令恢复原名，以示特别恩典，在整个大清朝，也仅有此一例。

三个月后，再次发布谕旨，内中特别强调，“凡朕加与吾弟之恩典，后代子孙不可任意稍减，佐领属下等项，亦不可挪移更改。”到乾隆朝，钦定怡亲王世袭罔替。

直到这年的九月，提及胤祥，雍正仍无法掩饰内心的悲伤：“朕因忆吾弟怡贤亲王在日，八年以来诚心协赞，代朕处理之处不可悉数。从前与吾弟闲谈中，每常奏云，圣躬关系宗社至为重大，凡臣工可以办理者皆当竭诚宣力以代圣躬之劳，臣心实愿将己之年龄进献，以增圣寿。彼时闻之，深为不悦，以此言为非。今日回思吾弟八年之中辅弼勛襄，夙夜匪懈，未必不因劳心殚力之故伤损精神以致享年不久。且即以人事论之，吾弟费八年之心血而朕得省八年之心血，此即默默中以弟之寿算增益于朕躬矣。”

这是雍正的真心话，他相信，正是胤祥的努力工作，令他的寿命有所延展。

后代怡亲王：贫富原来无定耳

胤祥去世后，袭爵的乃其不到九岁的第七子弘晓，是为第二代怡亲王。这位弘晓，遗传了乃父的某些特质，比如生性淡泊，不留恋高官厚位；比如才华过人，以博览群书而闻名……弘晓写过一首诗名为《君黄马》，内中有句云“豪情百尺谁敢俦，一朝冷落繁华已，贫富原来无定耳”，正是其人生态度之写照。

十七岁时，弘晓奉命管理理藩院事务，十八岁，兼任正白旗汉军都统。只不过，又几年后，乾隆推行新政，将宗室子弟排除出中枢系统，如此一来，弘晓成了闲散的年轻王爷，二十出头便退了休。好在他并不贪恋官位，不仅没有失落，这安排反而遂了他的愿，从此以后，可以更有时间读书。

卸去所有职务，弘晓一头扎进书房，遨游其间，享受唯读书人可以感受得到的乐趣。

就所有王府而言，弘晓的怡王府藏书之丰，堪称第一。弘晓本人积学好古，凡经史传记、诸子百家，靡不毕览，实乃宗室中第一饱学之士。不只如此，他还喜欢看通俗小说，曾为才子佳人小说《平山冷燕》题词，并加批语。且因曹雪芹家和胤祥有密切关系，弘晓与家人曾经抄录过《石头记》，就是今存的己卯（乾隆廿四年）本，我们今天能读到这个本子，当感谢弘晓之收存。弘晓能文，能诗，善书，著有《明善堂诗集》——内中仅收其全部著作的四分之一，极可能是文字狱的原因。

弘晓称其藏书之所为“安乐堂”，又名“明善堂”，内有大橱九楹，积书皆满，令人艳羡。明善堂之内所藏之书，不少为珍本、善本。乾隆三十七年（1772），为修《四库全书》，乾隆下旨向各省征集书籍，一时间，藏书家纷纷进献家藏珍秘，唯独怡亲王府免献，这也是乾隆对弘晓的特别关照。

除藏书外，弘晓的收藏还包括字画、珍玩等物，精品甚多，明善堂真是个令读书人向往的地方。

乾隆去世后，其原先所施的新政形同虚设，宗室重回中枢。道光晚年，第六代怡亲王载垣走上政治前台，成为朝中真正的实力派。他先后担任正蓝旗汉军都统、正红旗汉军都统、镶蓝旗蒙古都统、镶白旗汉军都统、镶红旗满洲都统、御前大臣、阅兵大臣、十五善射大臣和镶黄旗领侍卫内大臣等职，为一时炙手可热之人物。

及至道光临终，载垣备受信任，为十大顾命大臣之一。道光交待完后事，一命呜呼。奕詝继位，是为咸丰。清朝皇帝，自道光以降，能力和水准大有下降，道光和咸丰这对父子，两人几乎一样无能。面对水深火热之局势，全无能力把握。

咸丰登基后，朝内形势亦发生了不小的变化，先前道光钦定十位顾命大臣，以肃顺最为得宠，咸丰但凡有大小事情，均要向肃顺要主意，别人的话一概不听，载垣一样靠边站。

咸丰短命，只活了三十一岁，临终前又要选顾命大臣，全凭肃顺推荐。肃顺推举八人，怡亲王载垣倒是名列其中，且被视为顾命大臣之首，而实际上拿主意的，仍然是肃顺。事实上，载垣对肃顺不以为然，以其太过骄横嚣张，虽同为顾命大臣，彼此间却少有私人交往。

咸丰十年（1860）夏，英法联军再次侵华，由天津进抵北京通州，清军一败涂地。载垣和兵部尚书穆荫以钦差大臣名义，前往通州与英使额尔金的代表巴夏礼谈判。谈判破裂，载垣大怒，竟下令逮捕巴夏礼及随员，其中二十余人被杀。两军议和，不斩来使，英法联军被激怒，遂展开疯狂报复，凭着洋枪洋炮，很快就杀进了北京城。

咸丰帝惊慌失措，在载垣、端华、肃顺等亲信大臣扈从下，仓皇逃奔至热河（今承德市避暑山庄），仅留恭亲王奕訢在京与洋人谈判议和。

次年，恭亲王奕訢与两宫太后联合，发动辛酉政变，八位顾命大臣下场悲惨，载垣被赐帛悬梁自尽。

第六代怡亲王载垣，就这样生生成为政治斗争的炮灰。这也应了弘晓的那句“贫富原来无定耳”，连命都没了，要财富名利有何用！

载垣留下的怡亲王爵位，被降为不入八分的辅国公，由族弟载泰袭封。直到同治三年（1864），恢复怡亲王爵位，改由胤祥第四子宁郡王弘晈的四世孙载敦袭封，这爵位才算回归本家。怡亲王府则给了咸丰的九弟孚郡王奕譓。

载泰人品不错，只袭了爵位和俸禄，本应由他承袭的珍玩字画以及庄园田亩，却未取分毫。其所以这样做，是不想看着族兄一家从此无所倚靠，流落街头。

载垣的儿子溥斌是个货真价实的败家子儿，他将祖上留下来的大批书籍字画、文玩收藏一一变卖，从此世上再无明善堂。《道咸以来朝野杂记》记载："……其府中书画玩物，皆上品也。宋版书籍多至数百种，皆卖于隆福寺三槐、同立诸书肆。画件尤多，至有未裱之迹。瓷、玉各物称是。琴弦、冰弦、雅扇皆怡府出名之物，不计其数，卖之四十年不能尽。至庚子以后，此溥大爷犹存，诸物始零落……"到底有多少宝贝，可以卖四十年而不衰！

不过，怡亲王府的宝贝散开，令别人得了利。翁同龢所得之善本书，皆来自怡府。盛伯羲也得到不少。如此一来也好，珍本善本到了爱书人的手里，亦是幸事一桩。若只为溥斌拥有，怕也是没有好下场。

载敦袭爵后，倒也很受重用，只可惜资质不足，能力较差，虽担任多项要职，但未留下什么值得夸耀的业绩，咱这里也略过不表。

话说载敦去世后，袭爵的乃是其长子溥静，溥静本人在政治方面亦没有什么天分，偏偏又想搞点儿动作，是十足的政治投机分子。

第六代怡亲王载敦

光绪二十六年（1900），义和团运动期间，端王载漪首倡“剿夷”，怡亲王溥静与庄亲王载勋、辅国公载澜、贝勒载濂、载滢群起响应，一时，利用义和团来抵御洋人入侵成为朝廷主流声音。溥静身在其中，不遗余力。胞弟溥耀劝他，借义和团之力灭洋犹如饮鸩止渴，必酿大乱，应抽身而出，免遭其祸。溥静哪里听得进去，依然故我，且更为积极。

义和团入城，端亲王、庄亲王在府内设拳坛招待团民，只希望他们多杀洋人，保卫大清王朝，怡亲王溥静也不愿落在后面，拖了宗室的后腿，打开怡王府大门，凡进府之团民，一律管吃管住。团民都是北方人，喜爱面食，溥静投其所好，大做面条，并从中汲取了灵感，为团民制定了通俗易懂的战斗口号：

吃面不搁酱，炮打江民巷！

吃面不搁卤，炮打将军府！

吃面不搁醋，炮打西什库！

……

溥静干劲儿十足，想着借此机会，说不定可以升官发财，大赚一笔。哪料想，不几天时间，风向发生变化，慈禧看大势不妙，宣布停战，并派兵保护教堂和使馆，镇压义和团。载漪、刚毅、溥静等人还没回过神儿来，就成为慈禧的替罪羊，等待他们的，是严厉的惩罚。

八国联军打进北京城，号称“刀枪不入”的义和团哪里是洋枪洋炮之对手，被打得溃不成军。面对不利形势，慈禧仓皇带光绪帝出逃，并派李鸿章等人与洋人谈判议和。

关于溥静的结局，有两种说法：一种说法是，他弃府逃走，路上因病而死；另一种说法是，他被德国兵抓去，受辱而亡。

李鸿章与八国谈判，八国提出的首要条件便是严惩祸首。作为“祸首”之一，溥静当然无法逃脱，慈禧以“纵庇拳匪启衅”罪名下旨革其爵位。只不过，较其他“祸首”幸运的是，他人已经先死了，再不用承受肉体的折磨。

第九位怡亲王叫毓麒，亦是末代怡亲王，毓麒是溥静之弟溥耀的儿子，溥耀先前因阻止溥静参与招抚义和团而获得慈禧的好感，慈禧便革了溥静的爵，转赏给其刚满两周岁的侄子毓麒，毓麒两岁得封亲王，算是大清历史上以最小年纪获封的亲王了。

毓麒于中华民国三十七年（1948）九月去世，终年四十八岁。

曾为昭忠祠　毁于战火中

王府档案

王府主人：廉亲王胤禩及其后代

王府特色：不详

王府现址：北京市东城区台基厂

王府变迁

● 雍正即位后，封胤禩为廉亲王，始有廉亲王府。

● 雍正四年（1726），夺胤禩爵位，廉亲王府被改为昭忠祠的一部分。

● 昭忠祠在庚子事变中被毁，此后成为使馆区。

王府秘史

胤禩：原来四哥最嫉妒

胤禩，康熙第八子，其母卫氏，满洲正黄旗包衣人、宫内管领阿布鼐之女。宫内管领乃五品文官，但因其系辛者库出身，地位却是十分低贱。在“子以母贵”为传统的清代宫廷中，胤禩因母亲的出身而为人所看不起。母亲的出身，当是胤禩心底的一个隐痛，对他未来的个性形成影响深远。

“辛者库”系满语“辛者库特勒阿哈”之简称，意为“管领下食口粮人”，即内务府管辖的奴仆。八旗官员得罪后，本人及家属被编入辛者库，成为戴罪奴仆，以示惩处。应是卫氏先人有过类似经历，才获此辛者库罪籍。在大清朝历代受封妃嫔中，卫氏母家地位堪称最低。以她的出身，仅能充当宫女，干些粗重活计，鲜有与皇帝接触的机会。卫氏能被康熙相中，肯定是她身上的某些特质打动了康熙，比如聪明，比如美貌，或者可爱，并令康熙对她一见钟情。数年后，低微出身的卫氏被封为良妃，足见康熙对其喜欢程度。

胤禩无法出头，或与其母出身低微有关

胤禩出生后，因其母亲身份低贱，康

熙将他交由大阿哥胤禔之母慧妃教养，故胤禩与慧妃及大阿哥胤禔关系甚好，这也奠定了之后兄弟二人合作的基础，康熙末年，在九嫡夺位的激烈斗争中，胤禩与胤禔兄弟通力合作，并极有可能取得成功，只因胤祉的告发而功亏一篑。雍正继位之后，因胤禩声望高过自己，遂找各种理由时时予以打压，终于使其郁郁而终。

胤禩自幼聪明，洞悉人情世故，待人亲切随和，深得周围人的喜欢，连康熙皇帝亦不例外。六岁时，胤禩入上书房读书，成绩甚佳，但写字是其弱项，康熙为此不满，令书法家何焯为其侍读，并要求胤禩每日写十幅字呈览，督促甚勤。有优秀的师傅教育，有严厉的父亲训导，胤禩进步很快。

胤禩少年早慧，颇得康熙器重，是其重点亲近的几位皇子之一。胤禩又凭着随和的个性，深得不少兄弟喜欢，朝内的王公大臣亦乐于与之交往。他的伯父裕亲王福全曾当着康熙的面，对胤禩不吝夸奖，称其聪明能干，品行端正，宜为储君。

胤禩这般优秀，令其他皇子黯然失色，康熙不会不知道这点。但康熙一直不为所动，或许与胤禩母亲卫氏的出身不无关系。终康熙一朝，胤禩只被封为贝子，离亲王尚远，直到雍正即位后，为了笼络人心他才有机会被封为廉亲王。

身为康熙的众多皇子之一，胤禩或被动或主动地参与到九嫡夺位当中，亦正因如此，注定了其一生的悲剧命运。

话说康熙废除皇太子胤礽，非但未对其他皇子形成威慑，反而加剧了彼此间对皇位的争夺。觊觎储位已久的皇长子胤禔，立马展开了毛躁的行动，欲谋太子之位，大有舍我其谁之势。康熙知悉情形，对其严加斥责，直称胤禔“秉性躁急愚钝，岂可立为皇太子”，一句话将他的前途埋葬。胤禔绝望之下，遂大力向皇父推荐胤禩，且称相面人张明德认为胤禩必然大贵，这一番冒失的言论，并未帮胤禩争得任何一点儿好处，却使胤禩陷入前所未有的尴尬当中，康

胤禟为人，慷慨大方、重情义，因支持胤禩，为雍正忌恨

熙大怒，将张明德交刑部审问，并于当日召集诸皇子，再次痛斥胤禔："朕思胤禔为人凶顽愚昧，不知义理，倘果同胤禩聚集党羽，杀害胤礽，其时但知逞其凶恶，岂暇计及于朕躬有碍否耶？似此不谙君臣大义，不念父子至情之人，洵为乱臣贼子，天理国法皆所不容也。"

或许康熙原本并不觉得胤禩有此狼子野心，却因为胤禔这番言论，不得不重新审视八子胤禩，对其处处设防。

几天之后，康熙批评胤禩，称其"到处妄博虚名，人皆称之"，不过是想当皇太子而已。康熙甚至堂而皇之地威胁胤禩，"如有一人称道汝好，朕即斩之"。

为阻止皇子们进一步争夺储位，康熙欲拿胤禩开刀，遂召集诸皇子，再次批评胤禩，大有杀鸡骇猴之意，他说"胤禩柔奸成性，妄蓄大志"，其党羽早就试图谋害胤礽，而现今阴谋完全败露。并将胤禩锁拿，交与议政处审理。

皇九子胤禟为八阿哥抱不平，邀皇十四子胤祯带着毒药去劝谏，并为胤禩作保。康熙对二子大加斥责，称他们想要胤禩做皇太子，登基后好封他们做亲王。

胤祯言语之间，对康熙多有顶撞，康熙哪里受得了这气，怒气更加不可抑制，当场拔出小刀要刺死胤祯，幸好皇五子胤祺跪抱劝住，众皇子亦叩首恳求，康熙方才收刀，命诸皇子将胤祯责打二十板。

之后又有胤祉举报胤禔利用魇术谋害胤礽之事。（详情见诚亲王府一章）

经一段时间查证，事实基本弄清，张明德案及魇术谋害案当中，胤禔乃是真正的主谋，胤禩基本上连从谋也算不上。胤禔听说张明德武功高强，加以收买，打算行刺太子，当他得知张明德曾劝说胤禩刺杀太子而被胤禩赶走，遂在太子被废后向康熙报告，欲将祸水引至胤禩。康熙查明白一切后，便革去胤禔爵位，将其幽禁于其府内。

于是，胤禩与父亲的关系大大和解，这亦不难理解；一方面，纵使胤禩被指为胤禔同党，但至少证据不足，胤禩更有被胤禔利用的可能；另一方面，胤禩对太子之位或有幻想，但他并未亲自参与争夺。

而之后的又一出“百官保举”，却使这对父子的关系重新跌到冰点。

真相大白之后，康熙对废太子胤礽多予同情，仍有复立之意，与大臣的交谈中，亦不时流露出这一想法。便有一日，召集文武大臣，令众人从诸皇子中择立一人为新太子：“众议谁属，朕即从之。”

哪料想，事实与他设想的大相径庭，佟国维、马齐、阿灵阿、鄂伦岱、揆叙、王鸿绪等朝中重臣联名保奏声望甚佳的胤禩为储君，一时令康熙大感意外，乱了方寸，不得不下谕：“立皇太子之事关系甚大，尔等各宜尽心详议，八阿哥未曾更事，近又罹罪，且其母家亦甚微贱，尔等其再思之。”不立胤禩的理由有三：一是年轻，历练少；二是在张明德案件中知情不报；三是母家出身低贱。其实，康熙最想说的是：你们这些大臣太不识抬举了，复立胤礽才是朕想要的结果。

第二天，康熙复召众臣，多次提及梦中见到孝庄文皇后和孝诚仁皇后，二皇后脸色不悦，因而备感不安。而废太子胤礽经过多日调治，疯疾已除，本性痊复。各种明示暗示，非复立胤礽不可。都说到这一地步，皇帝的意思大家都已明白，只得称是。

哪料，几个月后，康熙旧事重提，追问众臣一致举荐胤禩为皇太子事，并重责佟国维、马齐等人："今马齐、佟国维与胤禩为党，倡言欲立胤禩为皇太子，殊属可恨！朕于此不胜忿恚。况胤禩乃缧绁罪人，其母又系贱族，今尔诸臣乃扶同偏徇，保奏胤禩为皇太子，不知何意？"

尔后，胤礽被重立为太子。为缓解矛盾，减少诸子争夺，康熙大封诸子，或为亲王，或为郡王，或为贝子。

只是胤礽不争气，惹康熙再次废掉他。此后立太子之事搁置许久，朝中大臣纷纷呼吁，应再立太子，胤祉、胤禛、胤禩呼声为高，被伤透心的康熙，绝口不提此事。此前触目惊心的争斗，令他一时还回不过神来。

胤禩因此前的事件，亦表现得更加谨慎小心。但此后发生的一件事，正应验了"智者千虑，必有一失"的道理，也正是这件事，葬送了胤禩的大好前程。

话说康熙帝往热河巡视，胤禩本该随侍，但正值其母良妃去世两周年祭日，他去母亲坟上祭奠，未能随侍，派太监去跟康熙说明缘由。为表示对父皇的关心，他还特地让太监带了两只老鹰送给康熙。康熙愤怒异常，只因为那两只老鹰已奄奄一息。康熙认为胤禩在诅咒自己早死，当即召集皇子，极力责骂胤禩，并历数其种种罪状，并称"自此朕与胤禩，父子之恩绝矣"。胤禩确实冤枉，因为送了两只鹰，将前途彻底断送。

康熙却是说到做到，父子恩断情绝，除不时找茬儿，对胤禩大加打击之外，便是漠不关心。

即便是受到康熙冷遇，胤禩仍是最有号召力的皇子，在朝臣中威信甚高，他的好人缘以及才华确实令人印象深刻。

康熙去世，坐上皇帝宝座的却是不显山不露水的皇四子胤禛，是为雍正帝。关于胤禛承继大统，乃清朝最大的公案之一，至今仍无定论。

争储之事就此结束，但对胤禩而言，注定会有更大的暴风雨等着他来迎接。胤禩声望愈高，对雍正形成的压力愈大。大到一定程度，雍正必欲除之，以加强自己的权力。

雍正上台后，并未急着打压诸兄弟，就胤禩而言，先行笼络之能事，令他与胤祥、马齐、隆科多三人总理事务，之后加封和硕廉亲王，授理藩院尚书，之后又负责工部事务。如此优待，按说应该高兴才对，而胤禩却是忧心忡忡：雍正之为人，他当然再清楚不过，如今落到胤禛手里，自己不过是待宰的羔羊。

雍正优待胤禩的同时，对于与其亲近的胤禟、胤䄉、胤祯、鄂伦岱、苏努等人，或者发往边疆任职，或者贬职，或者革爵，想尽各种办法，尽力打击。胤禩独在京师，成了孤家寡人，再无实力，雍正此招，不可谓不阴险。

胤禩的好日子也不持久，雍正隔三差五开始找他的茬儿，但凡一点小事，都能成为他责罚胤禩的借口。雍正二年（1724）四月初七，更是谕诸王大臣：

圣祖生前，因胤禩种种妄行，致皇考暮年愤懑，“肌体清瘦，血气衰耗”，伊等毫无爱恋之心，仍“固结党援，希图侥幸”，朕即位后，将胤禩优封亲王，任以总理事务，理应痛改前非，输其诚悃，乃不以事君、事兄为重，以胤禟、胤祯曾为伊出力，怀挟私心。诸凡事务，有意毁废，奏事并不亲到，敬且草率付之他人。

①	②

① 胤䄉

② 胤禔和福晋

言下之意是，看我待你这么好，你还不听我的话，处处应付我。实则是要给胤禩下马威，好叫他老老实实。

雍正二年（1724）五月二十日，雍正谕责胤禩之亲信七十、马尔齐哈、常明等皆夤缘妄乱之人，为廉亲王胤禩之党，命将七十革职，六月二十一日，将七十连同妻子发往三姓地方（注：即清代黑龙江下游、松花江下游、乌苏里江流域的广大地区）。

雍正二年八月二十二日，雍正因言嗣统事，责胤禩、胤禟、胤禵。

雍正二年十月二十二日，裕亲王保泰因“迎合廉亲王”，被革去亲王爵。

雍正二年十一月初二日，因胤禩凡事减省，出门时不用引观，雍正谕责其诡诈。

雍正二年十一月十三日，胤禩因管理理藩院时，不给来京的科尔沁台吉等人盘费之事，再受谕责。

雍正二年十一月十四日，因胤禩等议陵寝所用红土，折银发往当地采买，可省运费事，雍正谕工部：此特胤禩存心阴险，欲加朕以轻陵工、重财物之名也。

雍正二年十二月二十二日，因汝福为胤禩之党，其伯父、宗室佛格任尚书、都统时，雍正以“凡事舛错”为由，将佛格、汝福均交宗人府监禁。

雍正三年二月十四日，谕责胤禩“怀挟私心，遇事播弄，希动摇众志，搅扰朕之心思，阻挠朕之政事”。

雍正三年二月二十九日，再责胤禩、胤禟、胤䄉、胤禵；本日谕中又责阿灵阿、鄂伦岱二人乃胤禩等之党首，罪恶至重，命将鄂伦岱发往奉天，与阿尔松阿一同居住，使其远离京师，不致煽惑朝政。

雍正三年三月二十三日，宗人府议革退胤禩王爵。

雍正三年三月二十七日，议总理事务王大臣功过，胤禩无功有罪。

雍正三年四月十六日，因工部所制阿尔泰军用之兵器粗陋，谕责掌管工部事务的胤禩。

……

雍正上台后的三四年间，动辄问罪于胤禩，其实大多是“欲加之罪，何患无辞”，雍正大耍两面手法，恩威并施，对胤禩等人极力打击，其着意点仍是树立个人之权威，加强自身之权力。

雍正四年（1726）五月十七日，雍正终于忍不住，要将胤禩治罪了。他召见诸王大臣，以长篇谕旨历数胤禩、胤禟、胤禵等罪；六月初一日，雍正将胤禩、胤禟、胤禵之罪状颁示全国，议胤禩罪状四十款，议胤禟罪状二十八款，议胤禵罪状十四款。

胤禩共有罪状四十款，主要包括：

欲谋杀胤礽，希图储位；

与胤禵暗蓄刺客，谋为不轨；

诡托矫廉，用胤禟之财收买人心；

擅自销毁圣祖朱批折子，悖逆不敬；

晋封亲王，出言怨诽；

蒙恩委任，挟私怀诈，遇事播弄；

庇护私人，谋集党羽，逆理昏乱，肆意刑赏；

含刀发誓，显系诅咒；

拘禁宗人府，全无恐惧，反有不愿全尸之语。

雍正四年（1726）九月初八，胤禩亦因呕病卒于监所。这个天生多灾多难的皇子，在皇权斗争中，成为一颗过早陨落的星辰，享年四十五岁。

原府早不存　花园规模大

王府档案

王府主人：康熙帝十七子胤礼及其后代

王府特色：占地广，花园规模大

王府现址：西城区平安里大街路北

王府变迁

● 雍正元年（1723），康熙帝第十七子胤礼被封为郡王；雍正六年（1728），胤礼被封为果亲王，始有果亲王府。

● 乾隆三年（1738），胤礼卒，无子嗣，以雍正第六子弘瞻袭继其王位。其后，因夺民产和倒卖人参，弘瞻被降为贝勒，乾隆三十年（1765）临终前被恢复为郡王。

● 嘉庆十一年（1806），瑞亲王分府选中此地，果亲王后人迁出。

王府秘史

胤礼：多情多感仍多病？

胤礼系康熙十七子，雍正的异母弟，庶妃陈氏（纯裕勤妃）所出，热翻剧集《甄嬛传》中的果郡王所依照的原型，就是胤礼，剧中的他，英俊潇洒，才貌双全，颇是惹得一众女性粉丝为之疯狂！

胤礼少年早熟，顾大局，识大体，在康熙诸子间激烈的皇位争夺战中，完全置身于事外，不参与皇位之争，避免了如多位皇兄一般的凄惨下场，成功把握了自己的命运。后来，四阿哥胤禛通过一系列巧妙的政治运作，从竞争中脱颖而出，取得皇位，是为雍正帝。此后，胤礼被重用，数掌要职，历经两朝，政绩斐然。不管对雍正还是对乾隆，这位颇具雄才大略的人物，无异于他们的左膀右臂，也难怪胤礼去世后，乾隆怅然若失，犹如没了股肱一般。

胤礼生于康熙三十六年（1697），比雍正小十九岁。康熙四十四年（1705），他随父亲巡狩塞外，以后历次偕从，由此可见，胤礼自小便获康熙喜爱。但令人奇怪的是，至康熙过世时，胤礼却一直未被封王，个中原因，实难琢磨。

胤礼幼学于沈德潜，关于这对师生之间的关系，史载无多，但并不妨碍我们推断：沈氏在胤礼成长的过程中，有着非常重要的影响。沈德潜早年家贫，承父业授徒教馆为生，其自幼刻苦攻读，满腹才学，屡试科第，考了十七次，历经四十余年，全都不中，直到乾隆四年（1739），六十七岁的沈德潜才中进士，但他从此平步青云，备受朝廷恩宠，从翰林院编修起步，一直做到礼部尚书。沈德潜曾为父母乞诰命，乾隆给三代封典，并赐诗，其中有句云：

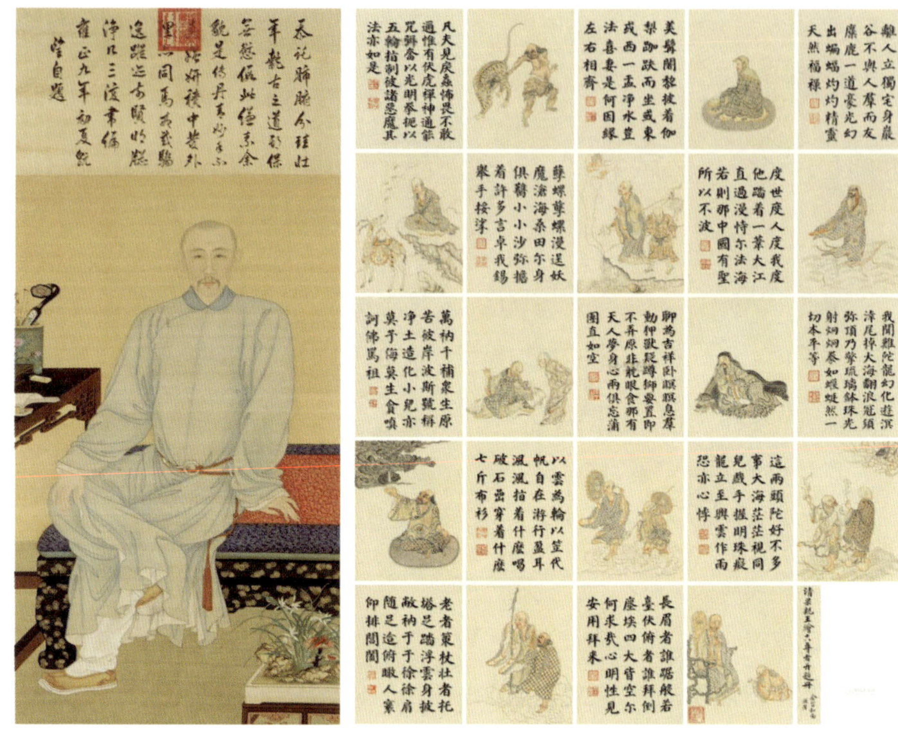

①	②

① 胤礼未参与储位之争，避免了悲剧命运
② 果亲王书法

“我爱沈德潜，淳风挹古福。”侍郎钱陈群在旁唱和：“帝爱沈德潜，我羡归愚归。”二诗中巧妙地嵌入沈德潜的名“德潜”及号“归愚”，一时被传为艺林佳话。沈氏七十岁时，乾隆皇帝召其讨论历代诗源，沈氏对答如流，乾隆赏识，称之为“江南老名士”，并对大臣们说：我和沈德潜的友谊，是从诗开始的，也以诗终。乾隆还为其《归愚诗文钞》作序。七十七岁时，沈氏辞官归里，著书立说，并任苏州紫阳书院主讲，颇得赞誉。乾隆三十四年（1769），沈德潜去世，终年九十七岁，被追封为太子太师，入贤良祠祭祀。乾隆还为其写了挽诗，将钱（陈群）沈二人并称“东南二老”。

有如此古朴渊博的老先生教授，胤礼自是得益匪浅，凭其聪慧，哪怕只得老先生的一部分真传，也能练就一身诗文功夫，以及洞察为人处世的道理。

话说雍正继位之后，重用胤祥，而胤祥亦不负圣望，尽职尽责，其重要的成绩之一，便是广揽人才。在康熙朝的皇子纷争中，胤禛一度视胤礼为胤禩同党，得大位后，命胤礼看守陵寝，不予重用。而胤祥则以为，十七弟“居心端方，乃忠君亲上、深明大义之人”，奏请起用。雍正接受其意见，晋封胤礼为果郡王，掌管理藩院，总理边疆少数民族事务，此为雍正元年（1723）四月事。三年（1725），以“实心为国，操守清廉”，特命食亲王俸，班在顺承郡王上。六年（1728）时，雍正特别发布上谕：

果郡王为人直朴谨慎，品行卓然。朕即位以来，命王办理理藩院及三旗事务数年，王矢志忠诚，毫不顾及己私，执持正理，概不瞻徇，赞襄朕躬，允称笃敬。王微有弱疾，虽偶尔在家调养，而一切交办事件仍然尽心料理。今承我圣祖皇考六十余年至圣至神，化洽宇宙之恩，普天共享生平，固无庸似者年诸王效力于其间。朕以为若能尽心为国，备极忠诚，恪守臣子恭顺之道。其人为尤甚，其事为尤难，着将王晋封亲王，为朕之子弟及世世子孙之表范。

大清国国书

①

②

① 胤礼画的雍正

② 胤祯因康熙末年受重视而为雍正忌妒

由此果郡王晋身为果亲王。胤礼先后管理理藩院、工部、户部、宗人府，皆有突出政绩。雍正十二年（1734），胤礼奉命前往泰宁，送达赖七世格桑嘉措进藏，并沿途检校各省的军队及防务。回返后，管理苗疆事务。

及至乾隆即位，即赐胤礼亲王双俸，并发布上谕，令庄亲王胤禄、果亲王胤礼免去跪拜之礼，极为礼遇。历雍正、乾隆两朝，胤礼皆受重用，在一众亲王中着实不多见，雍正生性猜忌，多行剪除异己之事，众多兄弟当中，有的被处死，有的被革职，有的被流放外地，纵观雍正一朝，被其信任且重用者，不过怡亲王胤祥、庄亲王胤禄与果亲王胤礼而已。史载，雍正住圆明园时，特命胤礼为护卫，信任程度可见一斑。而胤礼在雍正朝任职期间，恪尽职守，多有密折或建议，对雍正一朝的稳定和发展做出很多贡献。至乾隆时，胤礼奏请免去江南诸省百姓所欠漕粮、芦课、学租、杂税，得到批准，并因此被乾隆赞为“秉性忠厚”。

胤礼的人生履历大抵如此，虽不如胤祥那般卓著辉煌，却也颇有政绩。

热播剧《甄环传》中，胤礼不但英俊

潇洒，气宇轩昂，而且生性多情，热恋甄嬛，但碍于身份，终不能有情人成眷属，令不少粉丝为之泪奔。事实果真如此吗？

事实上，史上并无甄嬛其人，但想找原型，却并不难。

电视剧中甄嬛的人物原型系雍正孝圣宪皇后，钮祜禄氏，即乾隆帝的亲妈。 她十三岁时，入侍雍和宫邸，最初在雍亲王府为妾。十余年间，身份一直低微，直到生下弘历，地位才得改变。雍正即位初，封为熹妃，居景仁宫。地位次于乌拉那拉皇后、年贵妃，雍正九年（1731）始摄六宫事。雍正十三年（1735），儿子弘历即位，是为乾隆帝，尊为“圣母皇太后”，上徽号曰“崇庆皇太后”。

要说果郡王与嫂子私通，此事发生的概率近乎为零，皇妃深居后宫，而后宫并非臣下随随便便进出之地，若非皇帝召见，自是难有机会。以此情形推而论之，果郡王与嫂子是否认识都很难说。

即便果郡王能够自由进出后宫，但以其谨慎的个性，也断难做出越轨之事。

胤礼是否多情多感，难有证据。但有一点可以肯定的是，其多病是实有其事。雍正一度特别允许他不用上朝，在家办公，就是因为多病的原因。另，他去世时年仅四十二岁，大概跟生病也不无关系。

弘瞻：圆明园阿哥爱敛财？

弘瞻是雍正帝第六子，生母系贵人刘氏，后晋为谦妃。雍正帝死时，弘瞻尚是刚刚三岁的黄口小儿。乾隆三年（1738），庄亲王胤禄奏请，将六岁的弘瞻过继给果亲王胤礼为后，乾隆准奏，并命其承袭果亲王。其幼时常住在圆明园，人称“圆明园阿哥”。

各种证据表明，对这位幼弟，乾隆倍加疼爱。

比如，弘瞻入学时，乾隆找来名师沈德潜教导他。在沈先生的着力栽培下，弘瞻亦成为宗室子弟中不可多得的才具之士，博学多闻，善诗词，爱藏书，家中收藏之丰，有书近万卷，其藏书之所自得阁，几乎堪与怡王府的明善堂相媲美。

比如，随着弘瞻年纪的增长，乾隆愈发委以重任：刚满十八岁，就让他管理武英殿、圆明园八旗护军营、御书处、药事房；二十岁时，又让他负责管理造办处事务。

弘瞻若按皇兄安排的路走下来，前途自是不可限量，但他因为贪财，终铸成大错，改变了自己的人生走向。

按说弘瞻所袭的果亲王，拿双份亲王薪，实是丰厚，并不缺钱花，只能说，敛财是其人生中至为重要的乐趣。弘瞻敛财，手段多样：一是强占，将别人产业据为己有，仗着宗室身份，谅对方也不敢怎样；二是节约，平时省吃俭用，将钱都攒起来；三是做生意，开办煤窑，售卖人参；等等。

对于幼弟的作为，乾隆心知肚明，一忍再忍，到乾隆二十八年（1763），他终于无法忍下去了，决定借机会惩罚一下弘瞻。

当时爆发一案，形势大大不利于弘瞻。两淮盐政高恒替京师王公大臣贩卖人参，审理过程中，高恒供称，弘瞻因欠商人江起镨的钱，派王府护卫带江起镨到高恒处，托售人参，牟利以偿还欠债。不只如此，经进一步查证，又发现弘瞻的更多恶行，他曾购买蟒袍、朝衣、刺绣、古玩以及优伶，却只给很少的价钱。

仅这两件事已令乾隆不悦，而另一件事，则令他彻底恼火。朝廷选拔官吏，弘瞻让阿里衮用自己的门下私人，还好阿里衮没有答应。乾隆极为恼火，斥责弘瞻干预朝政，竟放肆到如此地步。

眼看着兄弟间就要有一场暴风雨来袭，可粗心大意的弘瞻到这时竟没看出端倪，又不停惹怒皇兄。

如，弘瞻生母谦妃寿辰时，乾隆未加赐称祝。弘瞻甚为不满，向乾隆帝陈词，极尽讽刺之能事。乾隆气愤反驳："你这么多财产，只供奉母妃一点儿，反常向母妃索取财物，你就是这样做儿子的吗？"

圆明园失火，诸王纷纷进园救火，而住处离其最近的弘瞻却来得最晚，并且来后非但没立即投入救火当中，反而和皇子们嬉笑。

乾隆忍无可忍，终下了旨意，来教训下这个不懂事的小兄弟。他给予弘瞻最严厉的惩戒：罚银一万两，降为贝勒，罢免所有官职。弘昼亦受牵连，因于皇太后前"跪坐无状"，被罚俸三年。

遭此惩罚，弘瞻大受打击，从此闭门不出，一病不起。

其病危之时，乾隆亲临视疾，弘瞻在衾褥间叩首谢罪。乾隆动了手足之情，失声痛哭，他拉着幼弟的手说，我因你年少，故稍加处分，以改变你的脾性，想不到你得这样重的病。乾隆下令恢复弘瞻果郡王的封爵，想以此给弘瞻以心灵上的安慰。但弘瞻命薄，还是病死了，时年三十三岁。

还真是叫人可惜。

弘瞻，人称"圆明园阿哥"

主人走马灯　曾为总统府

王府档案

王府主人：和亲王弘昼及其后代

王府特色：情况不明

王府现址：北京东城区张自忠路东口路北

王府变迁

● 原为康熙第九子胤禟的贝子府。康熙朝末年，胤禟因协助皇八子胤禩与胤禛(雍正帝)争夺皇位，于雍正三年(1725)被削夺爵位。

● 雍正十一年（1733），雍正封其第五子弘昼为和亲王，将原先胤禟的府第赐予弘昼居住，是为和亲王府之始。

● 光绪三十二年（1906），王府大殿拆除，兴建东西两组巴洛克式砖木结构楼房，西部为陆军部，东部为陆军部所属的贵胄学堂。光绪三十三年（1907），清政府重建海军部，后将贵胄学堂改为海军部。

● 1912 年 8 月 24 日，孙中山抵北京，为表示“尊敬”，袁世凯将自己的大总统办公地点迎宾馆让给孙中山居住，自己迁往铁狮子胡同陆军部，将其充当临时总统府。

● 1924 年，段祺瑞将其临时执政府设于此。1926 年 3 月

18 日下午，北京学生举行抗议游行，在执政府门口，军警开枪镇压，死 47 人，伤 200 余人，是为“三一八惨案”。

● 1928 年，这里成为北平卫戍区司令部所在地。

● 1937 年日军侵占华北，于此设立日本华北驻军总司令部。

● 抗战胜利后，国民党接管，改为十一战区长官司令部、国民党北平警备司令部。

● 新中国成立后，为中国人民大学清史研究所、中国社会科学院国际研究所等单位占用。

● 1984 年，被列为北京市文物保护单位。

王府秘史

弘昼：糊涂王爷装大蒜？

弘昼是雍正帝第五子。

雍正总共育有十子四女，养大成年的，却只有四子一女，四子分别是弘时、弘历、弘昼、弘瞻。四子之中，弘时自幼不为爷爷康熙所喜，又被父亲严厉管教，逆反心理作用下，父子间矛盾日渐激化。弘时甚至不顾叔叔胤禩是父亲的政敌，而与他来往甚密，这叫雍正无法忍受，终于以“年少放纵，行事不谨”的罪名将弘时逐出，过继给胤禩为子，后又罢黜其宗室身份。弘瞻则过继给果亲王胤礼，后袭果亲王爵。

四子当中，只剩下弘昼和弘历，雍正心中是何滋味？

身居帝王之位，自有享受不尽的荣华富贵，但亦有一般人不能理解的酸楚：兄弟反目成仇，父子翻脸为敌，亲情这般稀缺！

对剩下的两个宝贝儿子，他自然会倾注更多的爱吧。

弘历比弘昼大三个月，两人同受爷爷康熙宠爱，同在南书房读书，同受封亲王爵，弘历封宝亲王，弘昼封和亲王，自幼相处融洽，关系之亲密非其他兄弟可比，所以，待弘历承继大统成为乾隆帝之后，他对自己的这位弟弟宠爱有加，多予照顾。为表示对弘昼的偏爱，乾隆将父亲的雍亲王旧府及财物全部赏给弘昼，因这笔丰厚的赠品，弘昼一跃而成王爷中的首富。

只馈赠财物还不够，乾隆对弘昼所作所为也甚是放任。亦正因为他这不负责任的放任，令弘昼渐渐养成了一身坏毛病，对人跋扈狂妄，有时还敢冒犯哥哥的龙颜。

某次上朝，弘昼因事与军机大臣讷亲发生争执，不料争辩几句之后，弘昼竟当着满朝文武的面，奋力殴打讷亲，致其鼻青脸肿，狼狈不堪。现场目睹了事情经过的乾隆，既不阻止，也不怪罪，任由其殴打当朝大臣，这成何体统？

有此一不良示范在先，自此之后，文武百官无人敢惹弘昼，大家远远地躲避。终于，连乾隆也尝到了放任弘昼所造成的苦果。

乾隆与弘昼曾在正大光明殿监考八旗子弟，天色已晚，弘昼让乾隆先回宫吃饭，乾隆不允。弘昼也不过脑子，就问："你疑心我受贿行私吗？"乾隆不答。第二天，乾隆见弘昼，说："昨天若我当众回答你，你已经成为肉泥了。"言下之意是，你那话真的惹到哥了。

都到了这地步，乾隆对弟弟还是一如当初。

弘昼还有个怪癖，便是"好言丧事"。说其他事情都没兴趣，一提到丧事，弘昼便可以滔滔不绝，别人没兴趣听，他却讲得高兴，告诉人家："没有人可以活到百年不死，这事儿没啥好忌讳的。"

他可不是光说说，而且有实际行动，动不动就给自己办葬礼。他坐在放棺材的地方，让家人祭奠他，哭的声音越大，他便越高兴，还吃着给自己准备的祭品，以此为乐。

陆军学堂同学合影

这人得有多无聊啊！

有史学家指出，弘昼所以这么做，乃是出于自保的原因，实为韬光养晦，免得被牵扯进皇位之争，宁愿得一“荒唐”名，也不想做了刀下鬼。

是真是假，还真是不好说。不过，弘昼有首诗，倒真有点韬光养晦的意思：

世事无常耽金樽，杯杯台郎醉红尘。

人生难得一知己，推杯换盏话古今。

语极直白，借以表明自己与世无争，但愿每日里喝着小酒，闲谈古今，绝无半点争夺皇位之意，因而有人称他这诗叫“救命诗”。

实际上，因有名师指点，弘昼的诗写得还是不错的，比如这一首《山庄》，颇有些意境，算得上佳作：

路接西山辟小庄，柴门过雨静年芳。

不容人到花垂地，偶卷帘高燕在梁。

野草远分流水碧，夕阳残照乱峰黄。

萝荫是处堪延履，肯数蓝田华子冈。

弘昼骄横惯了，终于开罪了乾隆帝。某次，在向皇太后请安时，弘昼根本没在意自己应该跪在为王公大臣准备的垫子上，而是直接跪到了皇帝专用的垫子上，为此，乾隆大怒，当场痛斥这位平时备加爱护的弟弟“仪节僭妄”。弘昼因其鲁莽的举动，被罚俸三年。之后，乾隆对弘昼又有处罚，但都不严重，只是警醒。

经过哥哥的教训，弘昼的个性渐起变化，不再像从前那般嚣张无礼，对政事的兴趣也已降低，他把大部分时间投注到自己的爱好上：一是教伶人唱戏；二是研究丧葬；三是习字。弘昼还算有才华的王族，在三方面各有成绩。

乾隆三十五年（1770）七月十三日，弘昼去世，年六十岁。

弘昼的后人，著名书法家启功先生讲，据说弘昼病重时，乾隆曾去看望他，弘昼挣扎着爬起来在床上给乾隆磕头，一边磕，一边用两手围在头上，比划出帽子样，意思是希望乾隆把自己的和亲王爵永远赏给子孙，像“铁帽子王”那样永远世袭罔替。不知乾隆真不明白还是假不明白，他摘下自己的帽子，交给弘昼：“你想要我的帽子啊？”这一来不要紧，反让弘昼的愿望落了空。

和亲王不是“铁帽子王”，但他死后，乾隆仍让其子永璧袭和亲王爵，本应降爵的永璧幸运地又做了一代和亲王，这亦算乾隆对弟弟和侄子的特别优待了。

第一佳山水　决胜冠皇都

王府档案

王府主人：恭亲王奕訢及其后代

王府特色：规模宏大，风格庄重、大气、讲究、排场

王府现址：西城区柳荫街甲 14 号

王府变迁

● 本系和珅宅院，1776 年开始建造，紧邻什刹海，位置优越，规模宏大。

● 嘉庆皇帝抄和珅家后，将宅院赐予胞弟永璘。嫁给和珅儿子丰绅殷德的和孝公主（乾隆之女）仍居在此宅中。

● 1851 年，恭亲王奕訢成为这所宅院的新主人，从此改名恭王府。

● 民国之初，恭王府被奕訢的孙子溥伟以四十万大洋卖给教会，后辅仁大学以一百零八根金条赎回，用作女生学堂。

● 1949 年以后，恭王府曾被公安部、风机厂、音乐学院等多家单位使用过。

● 1982 年，国务院将恭王府列为全国重点文物保护单位，此后，原占用花园的单位陆续迁出，同时国家对花园部分按原貌进行了整体修缮。

● 1988 年，恭王府花园对社会开放。

王府秘史

前传：和珅的爱与哀愁

恭王府的前身本系和珅府邸，要说恭王府，当然绕不过和大人。

和珅无疑是一个巨大的传奇：从地位低微的文生员一路升到军机大臣、翰林院首席大学士以及身兼数职主持朝政的首辅宰相，可谓权倾朝野，无人能比；从以身许国的青年才俊到清代第一巨贪，当政二十余年，积累家财无数，个人资产相当于大清帝国年收入的二十倍、法国皇帝路易十四家产的四十倍，更被今人称为“18世纪世界首富”；和珅与妻子冯氏恩爱有加，却也可以与几位小妾平安相处，并拥有多个情人……也难怪文艺作品动辄拿和大人说事，实在是他的人生太传奇，编成故事当然引人入胜。

关于和珅的为官经历以及各路野史传说，人们说得够多了，电视剧里也演绎过不少，咱这里只说和珅的家庭。

和珅十八岁时，娶妻冯霁雯。自此，苦孩子和珅一举甩掉“屌丝”标签，过起幸福欢乐的小生活。和珅自幼父母双亡，与弟弟相依为命，饱尝过人间冷暖，更懂得家庭之可贵，向往完美之婚姻。终于，他做到了，娇妻不但貌美如花，还知书达理，心下当是温暖无比。

这位冯氏并非普通人家的女儿，可是大有来头，她爷爷冯英廉，乃汉人大学士，曾担任刑部尚书、直隶总督、太子少保，乃朝廷大员，看冯氏出身，可谓是标准的“白富美”。只可惜，老天对冯霁雯不公，她父母年纪轻轻相继身亡，只留下她与爷爷相依为命。由是，冯英廉对孙女疼惜有加，呵护备至，将全部的爱都倾注到孙女身上，悉心培养，待她年龄稍长，又开始为她婚事着急，时时留意身边的大好青年，想要为孙女招个东床快婿。

冯英廉经过一段时间观察，终于注意到咸安宫官学里读书的和珅。冯老爷子发现，这个满族小伙儿不但帅气英俊，精气神儿十足，而且聪明机智，老成持重，将来定能大有作为。冯英廉认定和珅，就赶紧下手，怕被别人家抢去，因此早早就把孙女与和珅的婚事定下，只等和珅年满十八，把孙女嫁过去。

与冯家联姻，使和珅一跃由穷书生迈进上流社会。诸位，绝不可小看这次联姻，以冯老先生深厚的背景和人脉，足能为和珅提供一个更高的平台来展示他的才华。

正是凭借这层关系，和珅终有机会接触乾隆，并尽情地发挥自己的才华，终于赢得乾隆的好感，而跻身于大臣之列，而后一步一步，成为乾隆朝最大的权臣。和珅所以讨得皇帝的欢心，并非只有一身阿谀奉承的功夫，人家可是有真材实料的。史载，和珅不仅长相英俊帅气，十分讨巧，还聪明果决、办事利落、多才多艺，且吟得一首首好诗，极投乾隆胃口。当然，眼力见儿也重要，但凡乾隆一举一动，和珅都能揣摩出他的心意。身边有一个这样的人，哪个皇帝不喜欢？

① 乾隆的放纵，是令和珅成为巨贪的原因之一

② 和珅才貌双全，虽出身贫寒却善于察言观色，一路爬上高位

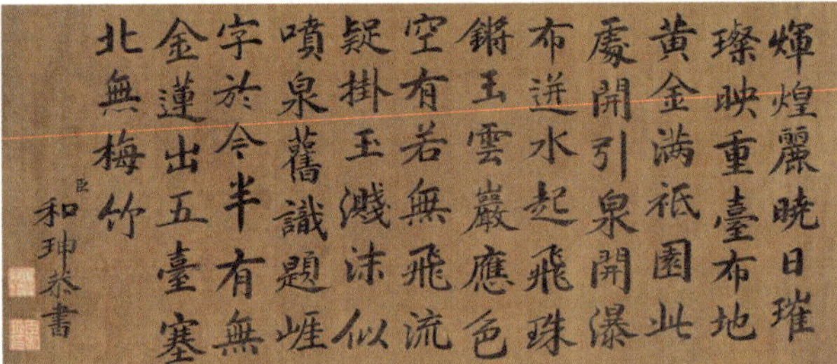

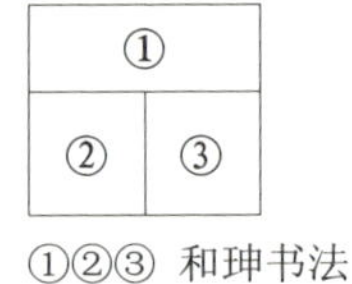

①②③ 和珅书法

就这样，一步一步，和珅登上权力的巅峰。

尽管没有足够的证据说明，和大人与冯氏拥有“完美的婚姻”，但从零星的史料里，我们依然可以断定：两口子关系融洽，感情良好，家庭和睦。

第一个证据是，和珅殚精竭虑，尽一切所能，想方设法为妻治病。和珅小儿子夭折后，冯氏因丧子之痛，一病不起，和珅为此焦虑万分，广寻名医为妻治病却求治无果。万般无奈之下，只得求助于鬼神，先是在七夕时祈拜牛郎织女，后又在七月十五鬼节求阎王爷从花名册上勾去冯氏姓名。

或许是和珅的一片诚心起了作用，重病的冯氏勉力支撑，竟然活到了中秋节。当天，全家团圆，儿子丰绅殷德、儿媳和孝公主等人到病房向冯氏跪拜，冯氏气色略有好转，与家人有说有笑。和珅眼见夫人精神焕发，心情也跟着愉悦起来，便大赏奴仆。但就是在这个中秋夜，冯氏突然身亡，只留下伤心欲绝的和珅。

第二个证据是，冯氏离世，对和珅的打击相当之大。冯氏去世后，和珅痛苦无处抒发，作《悼亡诗》六首，字字情真意切，催人泪下。如这首：

夫妻辅车倚，唇亡则齿寒。
春来一齿落，便知非吉端。
哀哉亡子逝，可怜形影单。
记得去春时，携手凭栏杆。

第三个证据是，冯氏所居的寿椿楼，内中一切设施皆按原样摆设，不让别人居住。和珅和丰绅殷德父子时常前去凭吊、怀念。

第四个证据是，冯氏生前曾主动劝说和珅纳妾。

接下来说和珅的小妾。

和珅宠爱的另一个女人，名叫长二姑，人称“二夫人”。 长二姑也是苦孩子出身，其父原系正蓝旗的放马人，家境贫寒。长二姑十一岁时，被送到刑部曹司员家做奴婢。这位长二姑不但人长得漂亮，而且好学，在曹司员家中，她学会了管家理财，吟诗作赋，甚至琴棋书画也略通一二。几年后，长二姑被曹司员纳为小妾。过不久，曹司员听说刑部秋审处有空缺，为弄到这个肥缺，便把长二姑送给了和珅。想想这古代女人还真是不幸，常沦为他人利益交换的工具。

和珅对冰雪聪明的长二姑喜爱有加，亦非常信任。长二姑擅理财，和珅便让她负责和府上下所有财务。长二姑对人对事有主意，和珅遇到麻烦，还可以与她商量，久而久之，竟成和珅左膀右臂，更难能可贵的是，长二姑还是文艺女青年，擅吟诗作赋，懂琴棋书画，两人亦是心灵之伴侣。

和珅引帛自尽后，长二姑伤心欲绝，写诗挽和珅：

白练一条君自了，愁肠万缕妾何如？

可怜最是黄昏后，梦里相逢醒也无。

果真是情真意切的奇女子！

和珅有一位小妾叫吴卿怜。吴氏系苏州女子，出身贫寒，逼不得已为歌女，十五岁时被苏州知府王亶望纳而为妾。后王亶望因虚报旱灾，被劾诛死，吴卿怜流落到戟门侍郎蒋锡棨家，蒋氏便将这女子献与和珅。

吴氏到了和府，才算有了真正归宿，对她而言，这里不但是个家，还有个心意相通的和大人。吴卿怜与长二姑一样，亦是色艺双绝，人长得小巧精致，诗也作得漂亮出彩。和珅入狱后，她写绝句八章，诉说心内苦痛，词句一样深情动人。这里选一首来欣赏：

冷夜痴儿掩泪题，他年应变杜鹃啼。

啼时休向漳河畔，铜爵春深燕子栖。

和珅自尽两天后，吴卿怜亦追随而去，时年只有三十岁。

和珅还有一名小妾名叫豆蔻，亦是风姿绰约多才多艺之女子。和珅随乾隆皇帝下江南时，扬州名商汪如龙进献给乾隆许多美女，顺便献豆蔻作为给和珅的“礼物”。和珅对豆蔻十分宠爱，豆蔻对和珅也很依恋。当豆蔻得知和珅自杀的消息，亦纵身跳楼身亡。

和珅另有一名相好叫纳兰，纳兰名义上是和珅干女儿，实为和珅之情人。

纳兰的父亲叫苏凌阿，时在江西饶广做道台，梦想到京城做官，由此巴结上了和珅，叫纳兰拜和珅做干爹。苏凌阿从江西调到京城，先做了吏部侍郎，后做到宰相。和珅本想把纳兰娶进门，但一时改不了口，又怕人说三道四，就一直以干女儿相待。

还有个黑玫瑰亦值得一说，正是这名女子，后来成为朝廷查处和珅的罪证之一。黑玫瑰本是和珅陪乾隆下江南选送给皇帝的美女，待乾隆年迈，遣众女子出宫，和珅想方设法，拐了几个弯才把黑玫瑰接到府中。

另，和珅还有数个情人及小妾，其中包括西方美女玛丽……据说玛丽金发碧眼，漂亮非常。

不得不感慨，和大人的胃口还真挺大。

综上，我们可以看出：

其一，和珅与发妻感情深厚，是情深义重的男人；

其二，和珅挑选小妾的标准至少有两个：一是漂亮出众，二是才艺双绝。

其三，和珅是情场高手，长相英俊只是外在条件，能说会道、善解人意才是众女子为他殉情的重要原因。关键时候，为博取美人一笑，敢于下血本，亦是和大人无往而不胜的法宝。因此，和珅深爱小妾，亦获得她们芳心。

嘉庆四年（1799）正月初三，乾隆去世，仅五天之后，和珅惨遭革职下狱，列布和珅罪行，共有二十条：

一、当乾隆皇帝册立嘉庆皇帝颙琰为皇太子时，先期呈给颙琰如意，泄露机密以为拥戴之功。

二、在圆明园内骑马，直入左门，过正大光明殿，至寿山口，无父无君。

三、乘轿出入神武门，直进宫中，毫无忌惮。

四、娶宫女做妾。

五、川、楚教匪滋事，各路军营文书报告，延搁不报。

六、乾隆皇帝病重时，毫无忧戚之色，逢人谈笑自若。

七、乾隆皇帝批阅文件，字写错了，竟然说不如撕掉另拟。

八、管理吏、户、刑三部，一手遮天，变更成法，不许手下的人参议一个字。

九、西宁报贼匪聚众抢劫杀伤，将原摺驳回，隐匿不报。

十、朝廷有旨，蒙古王公未出痘者不必来京，却违背谕旨，无论出没出痘者，俱不令来。

十一、任人唯亲，与自己关系密切的吴省兰、李潢等人，俱保举提升。

十二、随意撤去军机处在册人员。

十三、私盖楠木房屋，奢侈豪华，超标准，超规格。

十四、其坟茔设立享殿，开置隧道，致使老百姓称之为“和陵”。

十五、所藏珍珠手串二百余串，比宫中多好几倍，其中的大珠比皇帝帽子上的还大。

十六、真宝石顶，不是他应该戴的，却藏数十顶。甚至还有不少宫里所没有的整块大宝石。

十七、家中银两衣饰等物，数逾千万。

十八、夹墙内藏赤金二万六千余两，私库赤金六千余两，地窖埋银百余万两。

十九、当铺钱铺资本十余万，与民争利。

二十、家人刘全资产亦二十余万，且有大珠及珍珠手串。

嘉庆四年（1799）正月十八日，嘉庆帝派大臣前往和珅囚禁处所，“赏赐”他白绫一条，令其自尽。从囚禁到赐死，仅仅隔了半个月，可见嘉庆有多心急了。

和珅与发妻冯氏育有二子，长子为丰绅殷德，次子则半路夭折。

丰绅殷德形似乃父，亦是美男子，他自小乖巧可爱，五岁时得乾隆帝喜欢，赐名“丰绅殷德”，并将自己最小的女儿和孝公主许配给他，由此，和珅与乾隆帝结成儿女亲家。乾隆五十四年（1789），两人举行大婚，婚礼相当隆重，排场之至，和孝公主的嫁妆也极丰盛，堪称空前绝后，其嫁妆清单至今仍完整保存在中国第一历史档案馆，看过这份清单，任何土豪都只有叹惜自己财富何其之少的份了！

红宝石朝帽顶一个，嵌二等东珠十颗。

金凤五只，嵌五等东珠二十五颗，内无光七颗，碎小正珠一百二十颗，内乌拉正珠二颗，共重十六两五钱。

金翟鸟一只，嵌碟子一块，碎小正珠十九颗，随金镶青桃花重挂一件，嵌色暗惊纹小正珠八颗，穿色暗惊纹小正珠一百八十八颗，珊瑚坠角三个，连翟鸟共重五两三钱。

帽前金佛一尊，嵌二等东珠二颗。

帽后金花二枝，嵌五等东珠二颗。

金镶珊瑚头箍一围，嵌二等东珠七颗，重四两七钱。

金镶青金方胜垂挂一件，嵌色暗惊纹小正珠二十四颗，穿碎小正珠二百四十九颗，珊瑚坠角三个重四两五钱五分。

金镶珊瑚顶圈一围，嵌二等东珠二颗，重五两四钱。

鹅黄辫二条，檀石背云二个，珊瑚坠角四个，加间三等正珠四颗，四等正珠四颗。

双正珠坠一幅，计大正珠六颗，二等正珠六颗，加间碎小正珠六颗，金钩重一两七钱五分。

金手镯四对，重三十五两。

金荷连螃蟹簪一对，嵌无光东珠六颗，小正珠二颗，湖珠二十颗，米珠四颗，红宝石九块，蓝宝石两块，碟子一块，重二两一钱。

金松灵祝寿簪一对，嵌无光东珠二颗、碎小正珠二颗，米珠十颗，碟子二块，红宝石四块，蓝宝石二块，碧牙玹二块，重二两。

金莲花盆景簪一对，嵌暴皮三等正珠一颗，湖珠一颗，无光东珠六颗，红宝石十二块，碟子一块，重一两五钱。

碎小正珠小朝珠一盘，计珠一百八颗，珊瑚佛光塔、记念，银镶珠背云，嵌小正珠一颗、米珠四颗，小正珠大坠角，碎小正珠小坠角，加间米珠四颗，金圈八个，连绦结共重一两八钱五分。

珊瑚朝珠一盘，青金佛头塔，金镶绿碧牙玹背云，碧牙玹大坠角，松石记念，碧牙玹黄蓝宝石小坠角，加间色暗暴皮五等正珠四颗。

珊瑚朝珠一盘，催生石佛头塔、铜镶宝石背云，嵌倮子一块，绿晶一块，松石记念，红宝石大坠角，红宝石小坠角二个，蓝宝石小坠角一个，加间无光东珠一颗，小正珠三颗，饭块小正珠十四颗，珊瑚蝠二个。

青石朝珠一盘，珊瑚佛头塔、记念，铜镶嵌背云，红宝石四块，碧牙玹一块，蓝宝石二块，碧牙玹大坠角，红宝石小坠角，加间假珠四颗。

催生石朝珠一盘，珊瑚佛头塔，记念，松石背云，黄宝石大坠角，碧牙小坠角，加间饭块小正珠一颗，碎小正珠三颗。

松石朝珠一盘。碧牙玹佛头塔，背云，黄碧牙玹大坠角，珊瑚记念，红宝石碧牙玹小坠角，加间变色小正珠一颗，饭块小正珠三颗。

松石朝珠一盘，碧牙玹佛头塔，蓝宝石背云，红宝石大坠角，珊瑚记念，红蓝宝石碧牙玹小坠角，加间碎小珠四颗。

蜜腊朝珠一盘，碧牙玹佛头塔，背云，记念，坠角，加间碎小正珠四颗。

蜜腊朝珠一盘，碧牙玹佛头塔，背云，记念，小坠角，红宝石大坠角，加间碎小正珠三颗，假珠一颗。

酱色缎貂皮袍二件、青缎天马皮袍一件。

酱色缎灰鼠皮袍一件、酱色羊皮袍一件。

酱色细羊皮袍一件、酱色缎上身羊皮，下接银鼠皮袍一件、青缎貂皮褂二件、石青缎貂皮褂一件，石青缎绣八团金龙貂膆皮褂一件、石青缎绣八团白狐膆皮褂一件、青石缎四团夔龙银鼠皮褂一件、青缎灰鼠皮褂二件。以上俱换面改作。

绣五彩缎金龙袍料五匹、绣五彩缎蟒袍料二十三匹、绣五彩纱蟒袍料二匹、织五彩缎八团金龙褂十八匹、绣五彩纱龙袍料三匹、片金二十匹、蟒缎二十匹、大卷闪缎三匹、小卷闪缎三十二匹、洋绒三十卷、妆缎三十匹、上用金寿字缎二匹，大卷八丝缎一百六十四匹、上用缎六匹、大卷宫绸二十五匹、大卷纱二十二匹、大卷五丝缎一百六十匹。小卷五丝缎七十五匹、潞绸八十匹、宫纱二十匹、绫一百匹、纺绸一百匹，共九百四十匹。

金镶玉草筋二双、商银痰盒二件，每件重两八钱、银粉妆盒一对，重三十八两一件，三十七两一件，银执壶一对，每件重二十一两、银茶壶一对，每件重三十两五钱、银盆二件，重九两七钱一件，重十两三钱、银盒一对，重七两五钱一件，重七两四钱一件、商银小碟一对，重二两五钱一件、一两七钱一件、镀金盒一对，重三两一钱一件、三两二钱一件、银杯盘十分，共重三十二两五钱、银壶四把，重十三两二件、银匙上把，每件重六钱、玉杯八件。

象牙木梳十匣、黄杨木梳二十匣、篦子十二匣、大抿二十匣、刷刷一匣、刷牙刮舌十二匣。

摆紫檀格子（即多宝格）用：青汉玉笔筒一件，紫檀座、青玉杠头筒一件，紫檀座、青玉执壶一件，紫檀座、汉玉仙山一件，乌木商丝座、汉玉鹅一件，紫檀座，擅紫漆案用、汉玉壁磬一件，紫檀架随玉半壁一件、汉玉半壁一件，紫檀座、汉玉磬一样，紫檀商丝架随玉龙一件、汉玉璧一件，紫檀座、青玉瓶一件，紫檀座、摆黑漆笔砚桌用、汉玉笔架一件，紫檀座、汉玉水盛一件，紫檀座、紫檀画玻璃五屏峰（风）简妆二座（每座随玻璃镜一面）。红雕漆长屉匣十对，雕紫檀长方匣六对、红填漆菊花式捧盒二对。

是不是看得有点眼晕？

乾隆嫁小女儿，当真是下了血本，可见他对和孝公主的宠爱程度。

和孝公主是乾隆六十五岁所生，亦是其最小的女儿，长相与乾隆神似，因而最得宠爱，十三岁时破格册封为固伦公主。虽自幼娇生惯养，但和孝公主未养成什么坏毛病，她性格刚毅，能执刀弯弓，小时候便曾着男装随父皇打猎，有英武之气。待嫁入和府，公主还经常与丰绅殷德一起打猎，“不爱红妆爱武装”，也算是皇家少见的奇女子。

和珅与乾隆结成儿女亲家，固然是乾隆喜欢丰绅殷德而许下的娃娃亲，但因其父特殊的身份和地位，它更是一桩政治婚姻。好在，和孝公主与丰绅殷德郎才女貌，又有相通的志趣和爱好，才避免了一般政治婚姻的悲剧下场。可以说，和绅被赐死前，夫妻俩生活还算是幸福的。

婚后的和孝公主，时时促丈夫积极进取，她希望丰绅殷德可以靠自己的努力去获得地位，而非靠父亲的权势以及额驸的身份。

话说冬季某日，下过一场大雪后，童心未泯的丈夫想起小时候玩雪的场景，忍不住玩雪嬉戏，和孝公主对此非常生气，责备丰绅殷德说：“你已经二十多了，怎么还玩这种小孩子的游戏？”丰绅殷德见公主生气，忙赔礼道歉，请公主原谅，公主才转怒为喜：“你不要玩小孩子游戏了，咱们一起读书去。”在公主督促之下，丰绅殷德亦积极追求上进，公公和珅看在眼里，喜在心头。

和孝公主亦是个有远见的女子，婚后发现公公和珅有贪赃枉法之迹象，便预感和珅不会有好下场，她曾对丈夫说：“你父亲受我皇父恩宠，不但无以

①②今日恭王府

为报，贪心却重，如此下去，怕有一天身家不保，我也会受到连累啊。”和珅事发，锒铛入狱，还真是应了公主的预言。关键时刻，身为儿媳的公主义不容辞，多次向皇兄嘉庆求情，从而为公公和珅求得全尸。

和孝公主与丰绅殷德婚后育有一子，三口之家其乐融融。只可惜好景不长，儿子夭折，夫妻为此悲痛难当。此后，公主未再生育。为使和家不致绝后，深明大义的公主提出，丰绅殷德应该讨几房小妾，皆被丰绅殷德拒绝，后经公主再三请求，亦为和家接续香火考虑，丰绅殷德才纳了几房小妾。

和家被抄，和珅自尽，和府被嘉庆帝赐给自己胞弟永璘，因和孝公主尚居于宅中，永璘只得到一半的府邸。

因受父亲的连累，丰绅殷德也被抓去审讯。好在他身份特别，是公主的丈夫，相对会得到些优待。公主又是嘉庆所疼爱的妹妹，做哥哥的自然不忍心看着妹妹受苦，终于放了丰绅殷德一条生路。

原本欢声笑语的小夫妻，自此生活在一片凄风苦雨当中，再也少见笑容。夫妻相对，时常陷入沉默当中。

没几年，丰绅殷德又遇到大麻烦。

公主府长史奎福因为私怨，向朝廷举报，称丰绅殷德有心造反，而且对公主不敬。本来就觉得妹妹命苦的嘉庆，闻此消息，勃然大怒，下令彻查。结果发现，丰绅殷德造反纯属诬陷，对公主不忠却是事实，丰绅殷德曾在国丧期间，与公主分房而居，却去宠幸某个侍妾，将她偷偷藏起来，并生下了一个女儿。

即便丰绅殷德没有造反，但以如此态度对待公主，国丧期间做如此之事，仍令嘉庆愤怒，他下旨，革去丰绅殷德公衔及所管职任，在家圈禁，闭门思过。但之后又有封赏：嘉庆十一年（1806）四月，以头等侍卫为正白旗蒙古副都统，赴蒙哥乌里雅苏台任职。嘉庆十二年（1807）正月，调为镶蓝旗满洲副都统。十二月，赏给伯爵衔，离京赴乌里雅苏台军中任职。

嘉庆十五年（1810）二月，丰绅殷德回京养病。四月，加恩赏给公爵衔。五月十七日，于病中去世，年仅三十六，公主自此成为寡妇。

道光三年（1823）九月，和孝公主在寂寞中告别了人世，享年四十八岁。

恭亲王：叔嫂连心，其利断金

后来，恭亲王奕訢成为这所宅院的新主人，从此才有“恭王府”之名号。

奕訢是道光帝第六子，才华过人的他，本有机会被立为皇太子，只因道光的优柔寡断，一变再变，才使得奕訢错失掉坐上皇位的大好机会。一句话说，这就是命。世上不只有坑爹的儿，也有不少坑儿的爹。

又或者，皇子之间竞争太子，亦是一场阳谋与阴谋的大较量，光有才华还远远不够。面对远不如自己的奕詝，奕訢计策失当，有过于轻敌之嫌。

奕訢自小天资聪颖，进步神速，读书几年后，不但熟知经史，能吟诗作文，还练就了一身过硬的武功，可谓是文武双全，深得道光帝喜欢。看起来，大清朝的皇位，正在向这位小伙子招手。

有清一朝，彻底改变了中国传统立长为储的做法，自雍正帝始，开始采用“秘密建储法”，由在位的皇帝对所有皇子进行长期观察和考验，暗中拟定一人为皇太子，并以朱笔亲书其名，一式两份，放在大小两个建储匣内密封，大匣置于乾清宫匾后，小匣则由皇帝收藏。只等紧要时刻，由御前重臣共同拆启锦匣，当众宣布、传阅。

雍正所以发明此一方法，乃是汲取此前的教训，避免兄弟间自相残杀的悲剧。

进入道光二十六年（1846），皇帝已经变得老迈，身体与精力都大不如前，到了必须立储的关键时候。与奕訢竞争的，是他的两个哥哥，四哥奕詝和五哥奕誴，而奕誴在此年正月已过继给嘉庆帝第三子和硕惇恪亲王为嗣子，帝位就自然归于皇四子奕詝和皇六子奕訢中的一个了。

事实上，奕詝和奕訢的关系，是所有皇太子之间最亲密的。奕詝的生母孝

励精图志的恭亲王奕訢，他以一己之力，挽狂澜于既倒

全成皇后去世时，奕詝仅有十岁，尚是贪玩孩童，道光帝便把他托付给奕訢生母静贵妃抚养，自此皇四子与皇六子成为“一母同胞”，关系越发亲密。

从道光帝的角度看，四子与六子竞争，奕訢无疑拥有更大的优势，他天资聪颖，文武双全，才华过人，而且也继承了祖宗过硬的骑射功夫，无论从哪个方面衡量，奕訢都高过奕詝一筹，皇位非他莫属。

然而，最终取得皇位的却是奕詝。这事颇值得推敲。

有一个隐秘的线索不得不提，奕詝生母孝全成皇后离世时，年仅三十二岁，乃突然暴崩身亡，关于其离世的真正原因，至今仍然是谜，人们推测，孝全成皇后极可能是与道光帝的母亲孝和睿皇太后产生矛盾，致婆媳关系不和，才酿成此一悲剧。爱妻离世，道光帝深感悲伤，但碍于母后情面，只得把痛苦压在心底。

由是有人推断：道光帝乃出于补偿心理，从而立奕詝为太子，以此来告慰爱妻。

奕詝与奕訢兄弟二人，采用不同的策略来争夺储位。

简单总结，在奕詝而言，就是“避实就虚”；在奕訢而言，则是“以己之长攻敌之短”。

某年春日，道光帝命诸子随己校猎于南苑，奕訢擅长围猎，这正是他露脸的大好机会。无论如何，奕詝都不可能是他对手。

结果亦如预料，一天下来，. 众皇子中以奕訢获取的猎物最多。

奕詝自知无法与六弟匹敌，便问计于师傅杜受田。杜受田，山东滨州人，道光三年（1823）进士，会试第一，选庶吉士，授编修。十五年（1835），入直上书房，教奕詝读书，后升为上书房总师傅。杜受田教导奕詝，倾注了大量心血。史载：“受田朝夕教诲，必以正道，历十余年。”

杜氏授以密计，要他放弃捕猎，但观他人骑射，若皇帝问起，就对答“时方春和，鸟兽孕育，不忍伤生，以干天和，且不想以弓马一技之长与诸弟竞争也”，奕詝依计行事，藏拙示仁。

奕詝走的是妙招，也是险招，但道光就吃这一套。

又一次，内侍来上书房传旨，召皇四子和皇六子以对。两人不敢怠慢，分别向自己的师傅求教，奕詝的师傅杜受田出的还是前招“藏拙示仁”，他分析，若“条陈时政”，奕詝自不是对手，“惟有一策，皇上若自言老病，将不久于此位。阿哥惟伏地流涕，以表孺慕之诚而已。”奕訢的师傅卓秉恬则要奕訢凸显才华，“上如有所垂询，当知无不言，言无不尽”。这位卓师傅也不是一般人，大有来头。卓秉恬，嘉庆七年（1802）进士，殿试位列三甲第七十三名，选翰林院庶吉士，散馆授翰林院检讨；嘉庆十八年（1813）任山东道监察御史，次年改吏科给事中；历升工科掌印给事中、鸿胪寺少卿、顺天府府丞、奉天府府丞、太仆寺少卿、大理寺少卿、太仆寺卿、太常寺卿等职；道光十四年（1834）由内阁学士兼礼部侍郎；道光十八年（1838）任兵部尚书，历任户部、吏部尚书，都察院左都御史，协办大学士；道光二十四年（1844），拜文渊阁大学士；道光三十年（1850），晋武英殿大学士。仕嘉庆、道光、咸丰三朝，垂五十余年，未尝外任，为官清正严谨，作风敢言。

但无论怎样，其实都已经无法改变一个事实：道光帝下定决心，要立奕詝为太子，但又舍不得天资过人的奕訢，所以他的锦匣里，竟装着两道谕旨：第一谕是“立皇四子奕詝为皇太子”，第二谕是“立皇六子奕訢为亲王”。一匣两谕，实是道光矛盾心境的写照，亦是对不能立奕訢为储的某种变相的补偿。在道光而言，这可能是他能想出的最好办法了。

奕詝继位，是为咸丰帝。

帝位竞争失利，奕訢固然难过，但也只得接受现实，扮演起“亲王”之角色，与咸丰帝密切合作，尽人臣之职，为大清王朝贡献一份力量。自此之后，这个著名的皇族，逐渐开始施加他之于中国历史的广泛影响。其中，奕訢与慈禧皇太后的密切合作，成为他人生中最为传奇的部分。

话说咸丰帝坐上皇位，对六弟仍有不少忌惮。在他执政之初，一直未曾重用奕訢，只给他一些闲差。直到咸丰三年（1853）九月，太平军攻入直隶省，在迫不得已的情形之下，才不得不起用奕訢，任命他为领侍卫内大臣，负责京师巡防事务，一个月后，又任命为军机上行走。二十岁的奕訢，由此才真正步入大清王朝的最高决策层，开始展现他非凡的军事和政治天赋。

在奕訢强有力的领导之下，京师防务由混乱变得条理。他与另几位军机大臣紧密协作，商定退敌之策，最终决定采纳“四面合攻”之策，为此，他极力

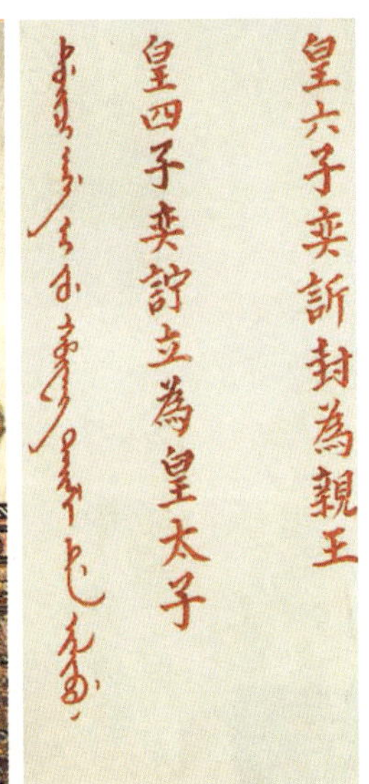
皇六子奕訢封為親王
皇四子奕詝立為皇太子

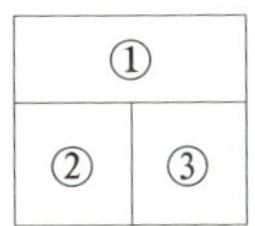

① 道光合家欢
② 道光像
③ 道光帝秘密立储的诏书

协调僧格林沁和胜保两大主力军之矛盾，并从各地调兵遣将，对太平军形成合围之势，最终将其北伐部队彻底歼灭。岌岌可危的清王朝，借此机会得以苟延残喘。

奕訢灭敌有功，声望与官位节节高升，咸丰对他亦不免高看。只不过一个多月之后，奕訢就被罢免一切职务。这又是为何？

一切皆因奕訢为母请封招致。奕訢生母博尔济吉特氏，初入宫时封静贵人，之后又封静嫔、静妃，静贵妃。当年咸丰生母去世，道光将其交由静贵妃抚养成人，如今咸丰继位，有抚圣之功的静贵妃自然成为事实上的“皇太后”，咸丰给她上尊号“皇考康慈皇贵太妃”，并迁居寿康宫，并不时前往探望。

当皇太妃病危时，奕訢请咸丰帝封其为皇太后，在奕訢看来，生母被封皇太后合情合理，当年，老人家待咸丰如同己出，悉心照料，有抚圣之功。何况，现在她即将离世，让其在人生最后的时光，可以享受到皇太后之荣耀，也算尽做儿子的一番孝心。

宝鋆是奕訢的得力助手之一

咸丰帝到底是如何考虑这件事的，也颇值得探讨。

首先，皇太妃非其生母，封与不封全看他自己的拿捏。

其次，坚决不封皇太后，或者有暗示自己与奕訢出身有别的意思，内含警告之用意，要奕訢认清自己的地位，不可逾矩。或可能又有其他微妙的原因。

总之，一个爱母心切，追着讨封；一个紧闭双唇，死不答应。

咸丰五年（1855）七月，博尔济特皇太妃病危，咸丰帝闻讯急往探视，正好遇到奕訢，乃问病况。奕訢跪泣：“已笃！意似等待晋封号方能瞑目！”

“哦！哦！”咸丰一边答应一边进了皇太妃寝宫，显然，他还是不理这个茬儿。

要说奕訢聪明嘛，听咸丰帝这两声“哦！哦！”竟如获至宝，便认为是咸丰已答应，立即赶往军机处，传达咸丰帝旨意，礼部当天依礼制具奏，请尊封皇贵太妃为康兹皇太后。

咸丰随意含混的“哦！哦！”竟被当成圣旨，其恼怒之情可想而知。但事实已成，无可追回，收回是没有可能了，因为他自己真的讲了“哦！哦！”无奈只得准奏。心下想着遇到机会，定给奕訢些颜色好看。

九天后，康慈皇太后去世，咸丰即开始报复传他圣旨的奕訢，先是剥夺他为生母经办丧事的权利，之后又去除他一切职务，打回“原形”，令他回恭王府当清闲的王爷去了。

就像命中注定，奕訢总在关键时刻，充当大清王朝救命稻草的角色。所以，眼下的赋闲只是暂时，不会持续太久。

当英法联军带着坚船利炮强行与大清帝国开战时，奕訢的机会来了。

英法联军武器先进，致清兵节节败退，逢此时，“捻军”又起，内忧外患搅和到一块儿，让咸丰进退失据，惶惶然不知如何应对。紧要关头，咸丰想起六弟奕訢，这才再次起用奕訢，命他为全权大臣，督办和议。而咸丰帝自己，在此紧要关头，拍拍屁股，以养病的名义带着一群王公大臣及后宫家眷逃到热河行宫去了。

奕訢对英法之侵略，本是主战一派，但眼下，明知绝非敌方对手，只得审时度势，忍辱负重，全心议和，签订多个条约后，终于换来英法的停战，尽管主权多有损失，但总算保全了大清王朝。

奕訢在紧要关头，力挽狂澜于既倒，可谓居功至伟。但即便如此，咸丰并未领情，对他的信任也没有增加多少。最重要的证据是：当他临终之际，立唯一的儿子载淳为皇太子（即为后来的同治帝），册封肃顺等八人为顾命大臣，而奕訢竟不能名列其中。

正因咸丰临终托孤，将最高权力给予八位顾命大臣……才引来奕訢与慈禧的合作，一场叔嫂同心的好戏要开演了！

奕訢与慈禧一样，对肃顺等八大臣恨之入骨。在奕訢眼里，这帮人逢迎圣意，谎报形势，乃至阻止自己去热河与咸丰相见，致皇兄对自己产生诸多猜忌。不仅如此，肃顺等人还拉拢同党，排除异己，安插心腹，使清廷人人自危……种种迹象表明，肃顺集团是未来政治格局中自己最大的敌人。在慈禧言，咸丰帝身亡，儿子就是皇帝，自己是皇太后，她内心压抑已久的权力欲终于有机会彻底爆发出来，容不得有人在自己头上踩一脚，当然要除去这几位顾命大臣。

于这样的背景之下，奕訢与慈禧的联系逐渐密切，两个心思缜密的政治高手，联手导演了震惊中外的“辛酉政变”。叔嫂合力策划出演的这一出好戏，放在任何朝代，都堪称精彩。

先是两宫太后从热河派密使送信，约以共商大事。奕訢遂正式具文奏请“奔谒梓宫”，以为皇兄奔丧为理由，要求前往热河，奕訢的要求得到批准。俗语讲，不打无准备之仗，奕訢老谋深算，动身前，先确认党羽，并广泛寻求支持。他的师傅贾桢、岳父桂良、周祖培、赵光、郎宝鋆等人均值得信赖，军队方面，他得到胜保和僧格林沁的支持，这些都是奕訢看重的人物，有他们站在自己一边，当然心下踏实许多。

为防万一，他还必须获取外部势力的信任，为此，他专门派人打探英法对

①	②

① 慈安
② 慈禧
慈安与慈禧乃辛酉政变的女主角，政变之后，东西两宫共同垂帘

此的态度，一切如他所期望，英法表示支持。对这位恭亲王，英法都表达了由衷的好感和信任。

心里有了底，奕訢迅速行动，到热河后，先为皇兄奔丧，尔后接受两宫皇太后召见，为免肃顺等人疑心，主动邀请他们相陪，这招让肃顺等人失了警惕，奕訢得以单独与皇太后见面。

两宫太后与奕訢谈了啥？简单说，就两点：其一，历数肃顺等人独断专行，挑拨离间等种种罪行；其二，设法干掉八顾命大臣。

老成持重的奕訢也谈了两点意见：其一，要下手，此地不宜，非还京不可，并且要速归，他对京城的人心和部署有把握；其二，已搞定外国势力，政变不会受到干扰，请两宫皇太后放心。

奕訢与两宫皇太后的谈话，长达两个小时，致肃顺等人起了疑心，开始有所警惕，只不过恭亲王神色如常，越发令肃顺集团心里没底，但也没什么可疑的情形发生。

奕訢身在热河，如同进了狼窝，知道这地方惊险，需时时与肃顺等人周旋，确实不宜久留。他的五兄奕誴，乃道光第五子，性格粗直，在一次聚餐时，奕誴趁着酒劲儿，竟手提肃顺的大辫子喊："人家要杀你呢！"原来奕誴未能参加密谋，却又耳闻到一点儿风声，心下起了醋意，遂有此举动。面对此意外情况，奕訢不以为意，仍自若如常。肃顺也未在意，随口答："请杀，请杀。"想必奕訢的手心，早已冒了冷汗。

奕訢与太后的密谋极尽保密之能事，令肃顺等人一时感觉毫无异象，他们甚至乐观地以为，自己一方已占了上风，从而警惕性变得更差。

在政变前的准备阶段，奕訢展露了老辣的政治手腕。一方面，他先是广泛制造两宫皇太后即将垂帘听政的舆论。他人在热河，通过党羽的秘密通道将意见密传至京，由其支持者推动执行，借此直接触碰八大臣顾命制度的底线，亦使得八大臣与两宫皇太后的矛盾日益加剧；另一方面，为促使八大臣尽快回京，奕訢还制造京师内一切安稳的假象，坐等八大臣上钩。

一俟两宫太后及八大臣回到京师，奕訢即刻着手发动政变，宣布八大臣罪状，并分别予以轻重不同的处罚。麻痹大意的八大臣，还没明白过来究竟发生了什么事，就已成为案板上的鱼肉。奕訢兵不血刃，干净利落地完成这场宫廷政变。

说到底，这是一场贵族之间的最高权力的争夺战，双方最终目的都是获取对大清王朝的主导权。

两宫皇太后通过与小叔子的亲密合作，成功夺得大权，并由此开启垂帘听政的新局面。这次政变中的三个主角，慈安皇太后二十五岁，慈禧皇太后二十七岁，而奕訢，亦不满三十岁。三个年轻人，就这样改变了大清王朝的政治走向。

真可谓“叔嫂同心，其利断金”。

咸丰十一年（1861）十一月初一，同治奉慈安皇太后、慈禧皇太后御养心殿垂帘听政。垂帘听政之所设在大内养心殿东间，于同治帝御座后设一黄幔（初为黄屏风，后慈禧嫌碍眼换去），慈安与慈禧两太后并坐于后。恭亲王奕訢立于左，醇亲王奕譞立于右。引见大臣时，吏部堂官递绿头笺，恭亲王奕接后，呈放在御案上。

垂帘听政，在中国历史上算不上稀罕事，自战国以降，直到宋朝，皆有垂帘的例子。但慈禧与慈安两太后共同垂帘，则是头一遭，而从大清的祖制考量，它也是一种完全新鲜的创举，破坏了自努尔哈赤以来后宫不得干政的规矩。

为了处理政事，文化水平不佳的慈禧开始努力学习。两宫太后命南书房、上书房师傅编纂《治平宝鉴》，作为两宫太后的教科书，仿照经筵之例，派翁同龢等人定期进讲。

翁同龢，字叔平，号松禅，别署均斋、瓶笙、瓶庐居士、并眉居士等，别号天放闲人，晚号瓶庵居士。翁出身书香世家，其父翁心存，曾任礼部、户部、工部尚书、翰林院掌院学士、体仁阁大学士，充任上书房总师傅，授读恭亲王、谆郡王、惠郡王、锺郡王，晚年曾任同治皇帝师傅，是道光、咸丰两朝的重臣。翁同龢的母亲许氏，自幼通《诗》《易》，晓五经，好读史书。许氏婚后，由于翁心存长期在京为官，不常回家，全部家务由她一人操办。翁同龢有兄姊四人，各有所成：长兄同书，道光进士，官至安徽巡抚；次兄同爵，曾任陕西、湖北巡抚，署理湖广总督；大姊寿珠，聪明好学，诗书过目不忘。同治四年（1865），翁同龢与倭仁、李鸿藻、徐桐一起成为年仅十岁的同治皇帝的老师，翁氏父子两代，充当帝王之师，当是翁家无上的荣耀。翁同龢为小皇帝讲课，深入浅出，通俗易懂，深受同治的喜欢，也得两宫太后的信任。

现在为两宫太后授课，自然不敢怠慢。

翁同龢第一次进讲的题目是《宋孝宗与大臣陈俊卿论唐太宗能受忠言》，阐述君主虚怀纳谏、礼贤下士与国家利益之关系，其思路清晰、剖析精当，两宫皇太后及在场王公大臣无不感到满意。之后，他还进讲了关于宋、金、元、明四朝帝王政治事迹的十余课。翁同龢授课，与太后多有互动，两太后可随时提问，根据个人所见所闻，如实陈述，批评当朝弊政，并相应提出改正意见，其中许多意见后来被采纳。

慈禧虽然用功，无奈底子浅薄，虽也能达到批阅奏章的程度，只是多有语句不通之处及错别字，难免贻笑大方。

慈安和慈禧执政，当然要感谢政变的核心人物奕訢。若没有他大力相助，二人断不能实现垂帘听政。两宫皇太后发出的第一道委任令，便是授奕訢为议政王，并由他负责军机处，所有军机处诸大臣也概由他挑选确定。紧接着，奕訢又被授以宗人府宗令、总管内务府大臣，如此一来，奕訢集诸大权于一身，成为当朝最为显赫的人物。这还不算，为表达对奕訢的感激，两宫皇太后又为奕訢生母追封尊谥，配享太庙，晋封奕訢长女为固伦公主。

朝廷重新修订了中枢的办事程序，加大议政王和两宫皇太后的权力，议政王有议政和施政权，而两宫皇太后则拥有审核和裁决权。

垂帘体制的确立，实质上是“倒肃顺派”的联合执政：一派是两宫皇太后，慈禧主导，慈安被动参与。政变发生后，宅心仁厚的慈安，对执政兴趣仍然不大，她只是安守本分，做好自己的皇太后。慈禧倒是对政治表现出非凡的热情，但彼时的她还是个年轻的女人，对政事一窍不通，在很大程度上，还得依靠奕訢。另一派是恭亲王派，奕訢人多势重，朝中大员多数支持他，再加上和议功高，颇有威望。

垂帘之初，奕訢大权独揽。这是因为，两宫皇太后权力虽大，但孤家寡人不成气候，不得不依仗奕訢等人执行。即便如此，奕訢应该明白的是：最高权力掌握在皇太后手中，一旦太后势力大增，野心膨胀，再与她争权，就大为不妙了。

有皇太后信任，且权力在握，奕訢比此前任何时候都能够尽情地施展自己的能力。他先是恰当地处理了肃顺集团，不搞株连，使人心安定，不致人人思危；主持平反各种冤假错案，起用先前遭肃顺打压的翁心存等一批官员；大力整顿吏治，打击贪污腐败；广开选拔人才的途径，重用汉族官员如曾国藩等人；采用柔性的外交路线，主张与各国和睦相处……经奕訢之努力，新执政集团笼络了人心，消除了隐患，为大清王朝获得暂时的稳定。

奕訢在与洋人打交道的过程中，亲见对方船坚炮利，己方不堪一击，渐渐悟出现代化是国家强大必由之路，于是奕訢又着手中国历史上的第一次近代化运动：引进西式武器，制订西式练兵计划，组建海军舰队……不只如此，为培养外语人才，与西方国家做良好沟通，奕訢还奏请开办京师同文馆。他还清醒地意识到，中国若想要真正强大，必熟悉和了解西方，于是他派遣了第一个官方代表团赴欧考察。

奕訢头脑清醒，作风务实，有开放之心态，系大清帝国危难之际难得之人才。

正是奕訢与慈禧之间的通力合作，促成了“同治中兴”的新局面，得说，彼此之间的信任是促成这一局面的直接原因。

可为何慈禧与奕訢在同治四年（1865）突然闹掰？

世人说法不一，概括起来，有此几种：

其一，安德海挑拨。安氏系慈禧宠爱的大太监，经常向内务府索取物件，奕訢拒绝，安德海便向慈禧说奕訢坏话。

其二，政见不同。同治之初，奕訢大量起用汉族官员，慈禧对此多有不满，认为满人比重应该提升，以维护满人统治。

其三，权力之争。慈禧熟悉国事后，有意参与更多，奕訢揽权过重，有独断专行之作风。

不管怎样，二人矛盾越积越深是实情。

奕訢的个性，颇有不拘小节之处。他与两宫皇太后议政，有时太后声音小了点，奕訢就大声问，让太后重述一遍，偶有不同意见，往往高声抗辩。某次，慈禧与奕訢就使用汉人问题发生争执，慈禧一怒之下要革奕訢的职，哪想奕訢并不相让，称“臣是先皇第六子，你能革我职，不能革我皇子！”弄得慈禧下不了台。

同治四年三月，慈禧率先发难，抛出一份事先拟好的懿旨，指责奕訢徇情、贪墨、骄盈、揽权、趾高气扬、目无君上，欲削去其议政王身份，革去一切差事，不准干预公事。慈禧此谕，不过是“欲加之罪，何患无辞”，她所指责奕訢的诸理由，大多并无凭据，不过是自己翅膀硬了，想要独断专权，抛弃碍手碍脚的奕訢而已。

只不过，众王公大臣反对罢黜奕訢，一并向慈禧求情，才使得慈禧意识到，扳倒奕訢在时机上仍不成熟，他深得朝臣之心，现在去除，估计多有不服，再者，奕訢办理外交，已取得国际信任，现在若赶走他，怕是外国人也不答应。

奕訢凭借声望保全了自己，皇太后却也借此机会，将奕訢逐出军机处，夺其议政王，只保留总理各国事务衙门大臣一职。慈禧大大杀了一通奕訢的锐气，确立了自己的最高权威，她的潜台词是：别以为自己很牛，我说你牛你才牛。我不让你牛，你连牛的机会都没有。

奕訢胸怀大志，正想大干一番事业，借此振兴大清王朝，没权力怎么行？被罢黜纵然愤怒，但稍稍冷静下来之后，仍能够以大局为重。他暗中观察朝局，秘密布置行动，以图再掌大权，尽力挽救风雨飘摇的大清王朝。

奕訢先是安排内务府大臣文祥、宝鋆辞职。当初，奕訢为控制慈禧挥霍，将内务府大臣安排给文祥和宝鋆，现在二人辞职，慈禧可以肆意享乐了，当然开心。

继而，自己主动认错，坦承自己的错误，以求获得太后的原谅。认错不是目的，只是手段，纵内心委屈，但开罪太后，不认错肯定不行。于是，奕訢硬着头皮写了份请安折，主动承担下所有责任。

先后又有多位大臣轮番上阵为奕訢说情。

两宫皇太后见状，也借坡下驴，准奕訢重新掌握军机处，但未恢复议政王封号。经此一番折腾之后，恭亲王之前雷厉风行的工作风格不见了，开始变得小心翼翼，与先前判若两人。

此前，人们以为太后听政，奕訢议政，彼此协作，共同成就“同治中兴”，少有人敢公开反对奕訢，现在，议政王封号没有了，太后与奕訢之矛盾昭然若揭，对恭亲王改革不满的人结成反对派，意图反扑，阻止改革。从这点来看，奕訢失去的何止是一个封号？

奕訢此后施政，难免出现左摇右摆的情况。

同治八年（1869），又发生了一件事，令奕訢与慈禧的关系再一次紧张起来，那便是山东巡抚丁宝桢杀掉了大太监安德海。作为慈禧身边的红人，安德海连争辩的机会都没有，便被就地正法，有其复杂的政治背景。

大清嘉庆、道光两朝，一直承传祖训，因此太监无敢为非作歹者。直到咸丰末年，皇帝溺于声色，太监受宠，权力日甚。慈禧当年联合奕訢发动“辛酉政变”，曾命安德海从承德向身在北京的奕訢密传书信，立下大功，因而备

①	②

① 同治帝沉湎声色，乃慈禧傀儡，终年三十一岁
② 同治接见外国使节

受慈禧信赖，成为总管大太监。依仗慈禧宠爱，安德海越发猖獗，妄想干预朝政，而掌握军政大权的奕訢自成为其眼中钉。安德海常在慈禧太后面前说奕訢坏话，有观点认为同治四年三月那次针对奕訢的弹劾，正出自安德海的密谋。

更为荒唐的是，身为太监，安德海居然结婚成家，其嚣张程度可见一斑。同治七年（1868）冬，安德海在北京前门外天福堂大酒楼张灯结彩，大摆酒宴，娶徽班唱旦角的年方十九、艺名“九岁红”的马赛花为妻。慈禧太后非但不加以责怪，为表示宠爱，特赏赐白银一千两，绸缎一百匹，亦可见对其倚重之深。

安德海身为后宫太监，却广交朝臣，培植党羽，奕訢早看不了他这般跋扈，极为讨厌，一直想找机会，欲除之而后快。

哪料想，倒是安德海给他提供了机会，奕訢当然不会错失，根据同治与慈安的旨意，果断发布上谕，巧妙地借丁宝桢之手，将其除掉了事。

同治八年（1869），安德海借口预备同治大婚典礼，请求慈禧派他到江南置办婚礼所用之物，并获得许可。安德海带着一班随从，前呼后拥出京，极其张扬。殊不知，大清开国之初，顺治帝为防太监乱国，特地颁布上谕，对太监做出种种规定：

其一，非经差遣，不许擅出皇城；

其二，职司之外，不许干涉一事；

其三，不许招引外人；

其四，不许交接外官；

其五，不许使弟侄亲戚暗相交接；

其六，不许假借弟侄名置买田产，把持官府，扰害民人。

两年后，顺治帝更是命工部将严禁太监干政的上谕铸成铁牌，立于交泰殿门前，这道上谕便成为清室家法被严格执行，若有太监触犯，多会处以极刑。《钦定宫中现行则例》更有详细规定，太监级不过四品，非奉差遣，不许擅自出皇城，违者杀无赦。安德海仅是六品蓝翎太监，仅仗着慈禧宠爱，在未通知官方衙门的情况下，擅自出宫，还真是有恃无恐。

安德海虽号称钦差，大张旗鼓，随身却未携带任何公文。行经山东德州，知州赵新发现，安德海既是钦差，却无谕旨下达，也无军机处通知，忙报告山东巡抚丁宝桢，丁氏是清正刚直的人物，眼里揉不进沙子，先前看安德海作为，早已痛恨不已。接报后，立即拟定密折奏报朝廷，详述安德海种种不法行径，并特别强调，不得不截拿审办，理由充分。

丁宝桢派人捉拿安德海，押到济南。安德海见到丁巡抚，依然不改嚣张之态：“我奉皇太后之命，乃钦差大臣，谁敢犯我，那是死到临头了！”丁宝桢身为一省巡抚，为人刚直，根本不吃这一套，当场便要诛杀安德海，属下有人劝阻，毕竟事关重大，且等朝旨再说不迟，但丁宝桢铁定了心："太监私出，触犯祖制，他也没有任何公文，必诈无疑。"当即诛杀安德海及其同党二十余人。这嚣张至极风光无限的大太监，不明不白做了刀下鬼。

丁宝桢所以有此胆量，敢杀慈禧身边红人，是因奉有同治密谕。同治帝恨死了这个太监，早有除去安德海之心，他瞒着亲母慈禧，经由慈安同意，又与恭亲王等人商量，彻底下了杀安德海的决心。

同治的密谕是由军机处发出的，称："该太监擅离远出，并有种种不法情事，若不从严惩办，何以肃宫禁而儆效尤。著马新贻、张之万、丁日昌、丁宝桢迅速派委干员，于所属地方，将六品蓝翎安姓太监严密查拿，令随从人等指证确实，毋庸审问，即行就地正法，不准任其狡饰。如该太监闻风折回直境，或潜往河南、江苏等地，即著曾国藩饬属一体严拿正法。其随从人等，有迹近匪类者，并著严拿，分别惩办，毋庸再行请旨。"身为军机处领班大臣的奕訢，态度不言自明。

丁宝桢先斩后奏，将生米煮成熟饭，慈禧纵是异常气愤，也已无可奈何。更何况，安德海违反祖制，理亏在先，倘自己再加以辩白，反显得是她纵容安德海才至此一地步。就这样，慈禧生生吃了一个哑巴亏。

安德海被正法，人心大快，丁宝桢声望如日中天，深得百姓爱戴，举朝上下，无不赞誉。

奇怪的是，慈禧并没有怪罪丁宝桢，反将其调升为四川总督，此乃清朝九位最高级的封疆大吏之一。所以有此一结果，是因为坊间传说，正值盛年的慈禧与安德海关系暧昧，而丁宝桢法办安德海后，将其曝尸三天，证明其为真太监，这一举动，意外为慈禧洗刷了不白之冤。

同治十二年（1873）正月，同治皇帝亲政，两太后撤帘。权力交接对奕訢并无影响，但让一直大权独揽的慈禧从此两手空空，她多少还是显得不那么习惯，失落感止不住上涌。为转移太后注意力，同治准备大修圆明园，让太后安心享乐，颐养天年。慈禧喜欢浮华，爱好享乐，这当然符合她心意。

国家亏空，捉襟见肘，而重修圆明园无疑需一笔巨资，这与奕訢的节用思想完全背道而驰，但他并未立即提出反对，而是报销工程银两万两，想要借此引起朝臣注意。

果不然，接二连三地有大臣上疏，请停园工，同治刚刚执政，便为众臣反对，多少也显得没有面子。执拗劲儿上来了，九头牛也拉不回，他没有停工，而是坚持要将圆明园修下去。只是修园也就罢了，他还常借视察工程的名义，跑出皇宫，到外面的花花世界找乐子，一时闹得满城风雨。

带同治找乐子的，正是奕訢的儿子载澂。奕訢纵对皇帝不满，也不便直说，怪罪下来，儿子怕要承担责任，便鼓动其他大臣劝谏。

同治死性不改，任凭你说什么，他自有主张。奕訢情急之下，只得亲自出面。为引起足够重视，他联合了御前和军机大臣，以十重臣名义，共同上疏进谏，共言八事：停园工，戒微行，远宦寺，绝小人，警宴朝，开言路，惩夷患，去玩好，十重臣的意思很明确：劝同治好好做皇帝，认真治天下，国家多事之秋，更当有天子模样。

对此，同治仍不予理睬。没办法，奕訢同十重臣强烈要求皇帝召见。联名奏折递上，同治当场拆看，没读几行，气已不打一处来："我停工如何，尔等尚有何饶舌？"

奕訢也不管皇帝生了气，接过来折子，一条一条读出来，边读边讲。同治听了这些教训，已经忍无可忍，大喝一声："我这位子让给你怎么样？"十重臣均惊愕不止。

在同治眼里，叔叔处处与他作对，简直让自己无法下台，遂决定好好报复一下。

他以“恭亲王无人臣礼”为由，取消其世袭罔替称号，撤去军机领班大臣之职，开除一切差使，亏得诸大臣周旋，同治帝才勉强同意恢复奕訢的军机大臣职务。同治帝觉得仍不泄愤，还要治十重臣的罪。

没想到，同治还未及治奕訢和十重臣的罪，两宫皇太后先来见他和十重臣，慈禧说：“十年以来，无恭邸何以有今日？皇上少未更事，昨谕著即撤销。”“昨谕”即同治前一天晚上拟就的欲治十重臣罪的谕旨。

并非慈禧格外开恩，实是因为众多大臣对奕訢支持强烈，国难当头，若只以享乐为要义，怕是更要引起众怒。慈禧借此机会，算还了奕訢一个公道，也给自己一个台阶。

奕訢与慈禧叔嫂之间的关系，之所以时常反复，与慈禧的权力欲大有关系，当她把持朝政的野心膨胀到极致，奕訢的好日子就到头了。

光绪十年（1884）三月，又是慈禧一道谕旨，将奕訢以及以他为首的军机处大臣全部撤换，换上一帮更保守更听话的官员。政治家慈禧经过多年的训练之后更加老练，宫廷斗争的经验更加丰富，对朝政的操作更为谙熟，她想甩开膀子，为所欲为，总有奕訢掣肘，还真是不方便。

对这次罢黜，奕訢表现得十分坦然，他亦要步入老迈之年，对政治斗争亦不无厌倦之感。此时退下来，无官一身轻，倒也可以安下心来，享受难得的清闲。多年来，忙于处置军国大事，自己的爱好大多丢在一旁。自此，他有十年的时间可资利用，尽情享受生活……每日里习字、作画、听戏，端的是不亦乐乎！恭王府的戏楼高大雄伟，富丽堂皇，是玩乐的好地方。奕訢嗜酒，喜唱昆腔，身边近侍也都耳濡目染，精熟此道。每每小饮微醺，便乘兴而唱，有时与侍者对唱取乐。如此人生乐趣，又夫复何求？

但谁知道奕訢的内心深处的真实想法呢？对于志在振兴清室大业的恭亲王

来讲，十年时间，也或许是种漫长的煎熬。

他有时外出游山玩水，大多时间待在家里读书赋诗，倒也乐得清静自在。只是命运于奕訢太不眷顾，赋闲期间，身边亲朋好友相继故去几位，其中包括他的两个儿子，这对他又是怎样严重的打击。

光绪二十年（1894），中日甲午战争爆发，奕訢再次被推上前台，但此时的他已经垂垂老矣。大清帝国如同这位恭亲王一样，亦进入暮年，再无恢复元气的迹象。对于中日战争，奕訢认为国家贫弱，军力不济，无再战之力，与其主战，不如求和，应引进国际干预，最大化减小主权损失。可以说，在当时情况下，奕訢之作为，多为明智之举。谈判过程中，他适时地密告西方诸国日本人的领土要求，引起国际干涉。

当时情形下，主战派一度占了上风，又是奕訢力排众议，先说服光绪帝，又说服诸大臣，终于使清廷内部意见趋于统一。其实若从一开始就不应战，结果也不至于如此糟糕，这一次中日战争，是赔了夫人又折兵，也再一次验证“弱国无外交”之道理。

把这个烂摊子交给谁，都不好对付。老奕訢能做的，是尽量让这个烂摊子不再出新问题，维持现状就很不错了。

光绪二十四年（1898），奕訢结束了一生。

遗折中，他郑重叮嘱光绪帝，“经武整军，力图自强”，“恪遵成宪，维系人心”，他还特别强调，要与太后搞好关系，要有两三个能干的大臣处理好用人行政。此可谓一语成谶，光绪非但不能与太后搞好关系，而且发动“戊戌变法”，惹怒太后，而被软禁。

奕訢死后，清廷辍朝五日，慈禧皇太后与光绪帝亲往府上祭奠，丧礼与谥法都极为隆重，赐谥号“忠”，令配享太庙，并入京师贤良祠。

带着满腹心事和无法实现的理想，奕訢离开了人世，告别他多年的政治搭档慈禧。我们不知道，在那一刻，慈禧有怎样的心情，是兔死狐悲的忧伤，还是彻底扫除掉权力障碍的暗自庆幸？不管怎样，大清朝晚期最有作为的政治家去世了，这个朝代的气数也已然消耗殆尽。

奕訢算得上不可多得的老练成熟的政治家。作为清末政治舞台上的风云人物，他当然有其世故圆滑的一面，难得的是，奕訢也常常流露出许多真性情，比如他能够直言进谏，坚持己见，即使面对威权专断的慈禧也敢与之争论。他虽经常展现出王爷的权威，却也自有风趣幽默的一面。随手录两件趣事，来证明奕訢的可爱之处。

军机大臣宝鋆是奕訢的老部下，两人相处既久，常开玩笑。某日军机处将散值，宝鋆先往如厕，许久才返。奕訢嘲笑他："往何处撇宝去？""撇宝"是当时市井流传的玩笑话，与"如厕"同义。"撇宝"之"宝"与"宝鋆"的"宝"同字，奕訢借此嘲笑宝鋆。哪知宝鋆随口答："哪里，是出恭。"这"出恭"之"恭"与"恭亲王"之"恭"同字，宝鋆巧妙扳回一城。又一日，恭亲王自太庙出，指着庙碑下面的赑屃，对宝鋆说："你看这个宝贝。"宝鋆号佩蘅，而"贝"与"佩"谐音，奕訢以"宝贝"暗指宝鋆。宝鋆答："这也是龙生九子之一。"恭亲王兄弟正好九人。

由此可见，奕訢个性中自有诙谐的一面，这在正襟危坐的王爷当中，显得十分难得。

最后说说奕訢的子女。

奕訢尽管贵为恭亲王，一人之下，万人之上，但也有力不从心的时候，比如，面对儿女的早夭，他常常不知所措，只能任由忧伤和痛苦啃噬自己的心。奕訢育有四子：长子载澂，次子载滢，三子载濬，四子载潢。长子载澂不争气，多有胡作非为之事。次子载滢，过继给其弟弟钟郡王奕詥。三、四两子则双双早夭。

奕訢的第二女三岁上夭折。四个月后，他的第三子载濬出生。两年后，载濬又夭折，两子女的接连去世，令奕訢老泪纵横，情感上备受折磨。

咱来说说奕訢的长子载澂吧。人称“澂贝勒”的载澂天分高，又受到良好教育，年纪轻轻写得一手好诗。

文采非常不错，但载澂最为著名的，却不是文采，而是他的顽劣个性，他喜好拈花惹草，四处留情，惹是生非，这一件件一桩桩传出去，令奕訢脸面无光。

载澂自己人品差倒还不打紧，他还带坏了同治皇帝。同治与载澂是堂兄弟，年纪相仿，载澂自幼在宫内上书房伴读，二人气味相投。长大后，载澂经常出没于声色犬马之地，见多识广，常把遇到的奇闻趣事讲给小皇帝听。载淳亲政后，常与载澂微服出宫，与他到娼楼酒馆宵游夜宴，寻花问柳。奕訢虽知情，却不敢张扬，恐使皇帝蒙羞，当然也怕暴露自己的儿子。皇帝整日里寻花问柳，当是一国之不幸，大清气数，到同治已经尽了。

奕訢终于找了借口，下令将载澂关入宗人府，想要永久监禁。不料奕訢的福晋去世，载澂乘机向慈禧太后请求尽人子之礼，为已故福晋奔丧披孝。太后特旨放出，载澂又获自由，依然是先前的放荡公子哥形象示人。

载澂之诸般劣迹在身，竟令政治上呼风唤雨神通广大的父亲毫无办法，闹到最后，至父子翻脸之地步。载澂生病，奕訢不忧反喜，竟盼其早死。载澂果真很早就去世了，他死时年仅二十八岁。

不得不说，奕訢是老谋深算的政治家，却算不上一个好父亲，至少在教育子女问题上，他应该负有一定的责任，正所谓“子不教，父之过”，儿子所以养成顽劣的个性，与他的溺爱不无关系。

奕訢还有个著名的女儿，便是荣寿固伦公主，荣寿固伦公主本是奕訢的长女，同治初年，慈禧太后出于政治上的需要，进一步拉拢奕訢，而把奕訢十一岁的长女接进宫中教养，晋封为荣寿固伦公主。

按照清制，中宫皇后所生之女封固伦公主，嫔妃所生之女封和硕公主，亲王之女封郡主。非皇帝亲生之女而晋封为公主的，在整个大清朝历史上为数甚少。奕䜣长女获封固伦公主，是慈禧对奕䜣的一种特殊奖赏，拉拢奕䜣的一种手段。慈禧之老奸巨猾，玩弄政治权术甚有一套，这次封固伦公主亦不外乎是其诸般手段中之一种。

同治四年（1865），奕䜣被罢议政王和军机大臣，公主也受到牵连，其固伦公主的品级被撤销，直到光绪七年（1881）才恢复。

身为恭亲王的女儿，又受到太后的关爱，公主亦养成一身坏脾气。但凡她要出门，行人必须回避，车马必须停住给她让路。光绪初年，副都御史锡珍在路上遇到公主仪仗，躲避不及，车马冲犯了公主仪仗。公主大怒，将其连人带马押送协尉衙门，锡珍被迫跪在公主轿前叩头求饶，才被开释。

待年纪渐长，荣寿公主的坏脾气变好不少，对人不再霸道，而是广结善缘了。

后传：小恭王的断肠曲

奕䜣次子载滢之长子叫溥伟，是为小恭王。这溥伟沾了爷爷的光，天生富贵，九岁就被赏头品顶戴，十五岁由慈禧指婚，十八岁承袭爷爷爵位，是为第二代恭亲王。正是这位爷，愣把恭王府给卖了，人家可不是吃喝嫖财，为的是大清王朝基业。

小恭王袭爵后，一直做些个闲差，但也顺风顺水，未遇过什么挫折。到二十八岁，当上禁烟事务大臣及奉旨为崇文门正监督，这算有了重要的官职。若大清王朝四平八稳地延续下去，做个享尽清福的王爷还是有可能的。只可惜，这小恭王生不逢时，眼看着光绪和慈禧双双归天，大清王朝摇摇欲坠，他这皇室子弟又怎脱得了覆亡之命运？

三岁的溥仪继位，是为宣统皇帝，监国之责交由摄政王载沣和隆裕皇太后，这二位本无政治才能，也只能稀里糊涂地凑合。内忧外患的清政府，面对空前危机，无奈之下只得请袁世凯帮助维护局面。

溥伟虽未得载沣重用，但对清室依旧忠心耿耿，眼看着袁世凯胸怀攫取大清江山的野心，他实在有点儿坐不住了，主动找到载沣，说袁世凯老奸巨猾，堪称当代曹操，我们千万不可以走汉献帝的老路，将祖宗打下的江山交由这个老王八蛋。

两人聊得兴起，竟策划起干掉袁世凯的具体方案。溥伟称，可效法当年康熙帝除鳌之法，在龙案前摆张椅子，诱袁世凯坐下，从而治他失礼之罪。载沣连称不妥，首先这先帝的方法本系传闻，其实失礼之罪无非罚几个月俸禄而已。

一计不成，又生一计，这次稍微靠谱了点儿：溥伟手中有咸丰帝当年赐给爷爷奕訢的金桃皮鞘白虹刀，待袁世凯上朝时，用这把刀直接宰了他。载沣也没啥好主意，只得定了这个。但思前想后，他觉得慎重起见，有必要征求下张之洞的意见。张闻之大惊，劝他须慎之又慎，主要是老袁手握六镇，驻防直隶，拱守京畿，如果杀了袁世凯，六镇起兵造反，如何应对？载沣无言以对，此计划胎死腹中。

溥伟大失所望。错过杀掉袁世凯的好时机，岂能心甘？他四处散布言论，誓除袁世凯。由他鼓动，一时皇族众人悉数上折诛杀袁世凯。由此，老奸巨猾的袁世凯称病回乡养疴，终日里独自钓鱼，悠哉乐哉地过起了韬光养晦的时光。

武昌起义爆发，朝廷乱作一团，载沣急得百爪挠心，袁世凯亲信故交提出请袁主持大局的建议，载沣就是有一百个不情愿，也得接受现实，迎拥有兵力的袁世凯进京。回京之后的袁世凯，军政大权独揽，大玩两面派手法，一方面用武昌来要挟朝廷，玩弄朝廷于股掌之间；另一方面又利用北洋力量要挟武昌。

溥伟对袁世凯的仇恨，颇能代表一部分皇族的思想：大权旁落，心有不甘，面对现实却又无能为力。溥伟为反对袁世凯，挑头组织了“宗社党”，组织大清宗室、商量对策，赶走袁世凯，将权力收回来。事实上，这所谓的“宗社党”，不过一个松散组织，哥儿几个聊聊天，侃侃大山，出点馊主意而已。

载沣和隆裕太后召集众大臣开御前会议，商讨是否退位。奕劻力主退位，理由是，大清气数已尽，退位可使全国军民免于战火，况且还有优厚条件。

力图复辟清室的小恭王溥伟是悲剧性人物，理想未成

溥伟自听不得丧气话，对奕劻一阵痛批，那意思是：打死也不能退位，祖先打下的江山，可不能丢在我们手里。

话是这么说，可是手里没钱，军饷短缺，拿什么去打？

溥伟不死心，号召太后把自己的钱都拿出来，充当军饷，军心必然大振。

隆裕小算盘一打，觉得不靠谱，胜了当然好，败了连老底带优待条件都没了。

溥伟分析，所谓优待，不过骗子的把戏而已，哪怕它是真的，可朝廷屈尊接受臣民优待，岂不叫人笑掉大牙？

太后又一想，是啊，那怎么办？

溥伟提供的计谋是“拖”，给老袁回话，告诉他退不退位由国会决定。反正国会不知道何年才开，拖他一阵，说不定有新转机。太后依计而会。

人家袁世凯可是老狐狸，这点儿小伎俩还能瞒得住他？袁世凯回说，朝廷敬重国会决断，一片爱民之心，但到那时已无优待条件，纵是我也无法左右。

没主意的隆裕皇太后听老袁一说，立马又没了主意，好歹它是优待条件啊。

御前会议开得不成功，一部分主张共和，一部分仍坚持君主制，谁也说不服谁。溥伟的意见未受采纳，也没了积极性，只是慷慨地说了句：“有我溥伟在，大清不会亡！”话说得豪气，但也不顶事儿，袁世凯逼得更紧，直到清廷同意共和。

溥伟眼见大势已去，却不甘心就此沦为普通百姓，仍念念不忘自己的大清王朝，于是，想尽一切办法，实现自己的复辟梦想。

他先跑到青岛，寻求德国人的帮助，试图借助外国势力，帮他恢复大清朝，结果德国人没有接受他去德国考察的要求，他只得转而向日本人求助。经一位日本间谍搭线，他又从青岛跑到大连，由日本“满铁公司”接待。日本人觉得他有利用价值，帮他盖了座价值三万元的小楼，又打算扶植他在沈阳称帝，国号“明光帝国”。

只不过，“明光帝国”是“满铁公司”的主意，而军部则想要扶植溥仪建立伪满洲国，最终，军队占了上风，溥仪摇身一变，由逊位皇帝变成伪满洲国皇帝。这非但没打击到溥伟，反而使他更加狂热，时时准备为复辟大清贡献自己的一份光和热。

1925年初，溥仪被冯玉祥赶出紫禁城，之后又逃往天津，溥伟听到消息，立刻到天津给昔日的皇上请安，他跪在地上向溥仪行君臣大礼，泪水忍不住掉下来。他向逊帝表示，只要有溥伟在，大清就不会亡。但决心也只能是决心，大清已被裹挟进历史的灰尘当中，吹得没有影踪了。

伪满洲国成立后，溥仪感念这位忠诚的王爷，每年特拨一万元给溥伟作“王俸”，这让陷入经济危机当中的溥伟一度有了稳定的经济来源。

为完成复辟大业，溥伟多方筹措资金，但凡听闻有人为复辟大清缺钱时，他从不犹豫，果断伸手相助，也因此惹来了一堆骗子，而即便是真受骗，他也不以为意。如此痴迷于大清朝的皇族，还真是无多，若仅从人品来讲，溥伟还真算得上一条汉子。

为复辟支出大量财物，致使溥伟囊中日渐羞涩。没钱了，怎么办？一咬牙，一跺脚，把祖上的产业——恭王府给卖了。买家是辅仁大学，由此引起一桩官司：他的两个弟弟溥心畬、溥僡一纸诉状把辅仁大学给告了，因为，依民国法律，这二人也系恭王府的合法业主，辅仁大学并未与他们交涉便购买恭王府。大学方则言之凿凿，称从溥伟处购买恭王府，手续合法，购置款业已经交割，至于溥伟是否与兄弟商量，本大学不知情，也没有了解之义务。

法院的判决最有趣，土地归辅仁大学，地上建筑归二兄弟。

1936年8月，带着永远的遗憾，溥伟病逝于沈阳。溥仪特别发表“上谕”，赞扬其为大清鞠躬尽瘁的一生。

续传：一代名家溥心畬

小恭王溥伟有个弟弟，便是著名画家溥心畬，此君与张大千共执南北画坛之牛耳，号称“南张北溥”。“南张北溥”之提法的始作俑者为张大千的朋友画家于非闇，他以《南张北溥》为题写过一篇短文，文中称：“张八爷是写状野逸的，溥二爷是图绘华贵的。论入手，二爷高于八爷；论风流，八爷未必不如二爷。南张北溥，在晚近的画坛上，似乎比南陈北崔、南汤北戴还要高一点。”由此，“南张北溥”的说法便不胫而走。另有一说法，溥心畬不赞成“南张北溥”，他认为那是张大千为吹捧自己而做的宣传，自己成名比张早，年纪比张大，理应是“北溥南张”才对。而张大千自己，则谦虚地称自己不够格与溥心畬并列，称应是吴湖帆与溥心畬并称“南吴北溥”。

被徐悲鸿誉为“五百年来第一人”的张大千，对溥心畬可谓尊崇有加，晚年张氏在美国举办画展，自序中有“我仰溥心畬”之语。

溥心畬堪称神童，他四岁启蒙读《三字经》，五岁时拜见慈禧太后，能从容应答，慈禧赞之曰“本朝灵气都钟于此童”；六岁时受教；七岁能写诗；十岁学满文和英语；十一岁能作文；十五岁入贵胄法政学堂专攻西洋文学史；二十岁时，远赴德国留学，获生物学和天文学博士……出身于宗室的翩翩美少年，才华盖世，一时鲜有对手。

溥心畬和张大千在台湾，南张北溥合影，弥足珍贵

时人描绘溥心畬，极尽溢美之词：

①	②	③

溥心畬画作艺术造诣精湛，为一代执牛耳者
① 红梅双禽
② 练裙罗带
③ 纨扇少女

“溥氏年轻时，貌清秀而俊逸，为人诚恳真挚，见闻广博，而记诵精密，识见卓尔，思想活泼。在这短短的数次会晤之中，我觉得他真是一位彬彬有礼，雍容大度，与一般浮华矜持的王陵少年，大相径庭。”

留学归来，溥心畬并未从事与所学专业相关的工作，他最感兴趣的，居然是书画，他醉心其中，终成画坛一代大家。

据溥心畬交代，在画画方面，他没有师承，只因家里的古人名迹多，便把这些真迹取来临摹，再读书，再观察真山水真事物。他真正学画，从壮年开始，没有老师，遇到问题，只能靠自己慢慢领悟。凭着多思多想肯钻研的劲头，溥心畬一路自学成才。当然，这成才还真是需要环境，恭王府里的收藏，一向丰富无比，从小耳濡目染，再加上溥心畬与生俱来的天分，学习起来自然进步得快。

老恭王奕訢及次子载滢死后，恭王府所藏名贵字画被溥伟、溥心畬几兄弟分别收藏。后因王府败落，贴补家用，不少名画被卖掉，像唐代韩干的《照夜白》图，曾归溥心畬所有，1936年被外国收藏家买走，现藏于美国大都会艺术博物馆。

溥心畬还拥有另一件著名的藏品，那便是西晋陆机的《平复帖》。《平复帖》乃传世年代最早的名家法帖，也是历史上第一件流传有序的法帖墨迹，有“法帖之祖”的美誉。作者使用秃笔，写于麻纸之上，墨色微绿，笔意婉转，平淡质朴，端的是一代书法大作。

民国时，张伯驹一直想要收购《平复帖》，并请张大千从中说情，溥心畬听说是张伯驹想买，开口就是二十万，未能成交。直到1937年，溥心畬母亲项太夫人过世，无钱发丧，才以四万元的价格卖给张伯驹，这帖到了张氏手里，也算是找到了好归宿，张伯驹是收藏鉴赏大家，真真是善待了这帖。曾有日本人出高价收购，被张拒绝。新中国成立后，张伯驹将《平复帖》等文物一并捐献给故宫博物院，算是造福了后人，发扬了文化。

辛亥革命后，溥心畬随母项太夫人隐居北京西山戒台寺牡丹园十余年。他与四弟溥僡一起，终日读书，由经学入门，继而诸子百家、诗文古辞，在文史方面所下工夫尤深，亦临画习帖，深得丹青之妙。经此十余年训练，溥心畬学问精进，诗书画造诣日深。至1924年，全家搬回恭王府居住。

小恭王溥伟为筹措复辟大清经费，在未知会家人的情况下，独自将恭王府抵押给辅仁大学，项太夫人和两个儿子只得住进王府的后花园中。两年后，无奈的溥心畬兄弟，情急之下，将辅仁大学告上法庭。这官司一时轰动京城。

1926年，溥心畬在北京中山公园举办了首次书画展，其作品丰富、题材广泛，轰动画坛，并因而声名大噪。1928年，他应聘赴日本京都帝国大学执教，返国后执教于北平国立艺专，其后又与夫人罗清媛合办夫妻画展，再度名震丹青界，被公推为“北宗山水第一人”。有此先后两次展览，彻底奠定溥心畬在画坛之地位。

日本侵华之后，欲物色北京社会的上层人物加入敌伪政府，以装饰门面。溥心畬乃王公贵族，又系著名画家，自然成为日本人争取的对象。大特务头子土肥原亲自出马，多次拜访溥心畬，邀请其主持华北的文化工作，并许以高官厚禄，溥心畬一直没有答应。日本人不甘心，不断恐吓，但溥心畬终究没有屈服，在关键时刻保持了民族大节。为示决心，更与夫人搬入颐和园居住。彼时，园内住着许多过气名流，如袁世凯之子袁克定等人。张大千是园中常客，二人因此多有过往，此一时期，两人在艺术上都已至炉火纯青之境，想必彼此间的交流更有助于画艺之提升。

新中国成立不久，溥心畬从上海冒险偷渡至舟山群岛，又从舟山辗转赴台。途中，其字画损失甚多。

其到台后，谋得教职，从此在台湾生活十四年，并于1963年在台北过世。

接下来聊聊溥心畬的感情事。

溥心畬原配罗清媛，系曾任陕甘总督的升允之女，两人于1917年完婚。事实上，这是一桩政治婚姻。升允是溥伟复辟的得力助手，为了更好地开展工作，便经嫡母赫舍里氏安排，令二人结合。

虽系政治联姻，溥心畬与罗清媛两人却是情意相投。罗氏系出名门，亦善丹青，二人有共同的志趣和爱好，小日子自然过得惬意。夫妻互相切磋，为生

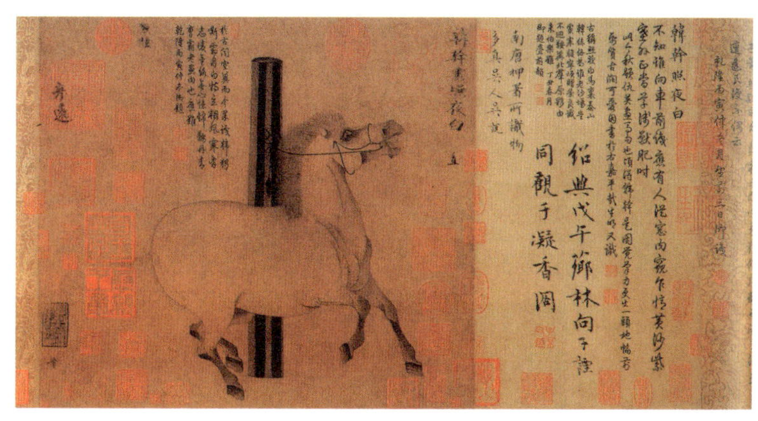

溥心畬所藏《照夜白图》（现藏于美国大都会艺术博物馆）

活添得不少快乐。罗清媛于1946年过世，时溥心畬五十一岁，中年丧偶，十分悲痛。此后的生活，由其妾墨云照顾，哪料想，他的后半辈子，基本上毁在这个女人手里。

墨云本是摄政王府的丫鬟，长得倒不算美，就是口齿伶俐，能说会道，善于揣摩主子的心思，但有一点令人讨厌，她爱搬弄是非，说长道短，后来为人发现，被摄政王府给辞退了，却找到恭王府里来，重又当了丫鬟。不久之后，墨云又露了马脚，被溥心畬的母亲项太夫人给赶了出来。

墨云不漂亮，却有几分妩媚，弄得溥心畬魂不守舍。墨云被赶出府，他还经常跑出去与其幽会，后来，干脆提出纳墨云为妾。项太夫人心疼儿子，答应下来，列墨云为侧室。墨云遂由丫鬟变主子，一步登了天。婚后的墨云，把持家中大小事务。家庭一切开支，竟要向墨云请示，连正室夫人罗清媛的开销，也要得其认可。及至罗氏去世，溥心畬想要大办丧事，墨云便说手头不甚宽裕来搪塞。

在家里，墨云逼迫溥心畬不停写字画画，将其当成挣钱机器；对待仆人丫鬟，则极尽克扣工钱之能事。最为过分的是，她还与荣宝斋伙计勾搭，被溥心畬长子抓到把柄。墨云死不认账，向溥心畬来个恶人先告状，致父子几乎反目。

溥心畬与墨云住在杭州时，墨云死性不改，又与陪同游览的章姓男子私通。到台后，章姓男子登堂入室，和溥心畬、墨云住到了一起，且以溥心畬经纪人自居，售卖溥氏书画。溥心畬作完书画，便为章姓男子偷去，或者到了画廊，或者到了收藏家手中。

由此可见，生活中的溥心畬，也是个十足的糊涂虫，他不但患有严重的“妻管严”，而且能容忍此等奸夫淫妇。

终于忍受不住时，他也向朋友诉苦：“昨晚，我梦见自己变成了缩头乌龟，据说是为了祈雨。我想，既然是祈雨，当乌龟就当乌龟吧！”

老先生到台湾后，受悍妻制约，终日苦闷。墨云之悍，简直是蛮不讲理。她把持着溥心畬的所有印章，溥心畬为人作画，无章可盖，买画人只得持画求章，墨云借机收钱，现金交易，概不赊欠，卖画得来的钱通通到了她的手里。

因为生活得憋屈，逆来顺受的溥心畬也偶有抗争之举。1955年，他与董作宾、朱家骅应邀赴韩日进行学术交流，定居日本的老朋友张大千出面接待，并大讲日本的好处，令溥心畬心下颇为向往。恰好有人邀请他留在东京教授画艺，鉴定书画，薪水待遇丰厚。有此摆脱悍妻的机会，溥心畬真是求之不得，忙不迭答应下来。

终于在东京享受到了自由的时光，尽管不满一年。

而后墨云由台湾飞到东京，将溥心畬给拉了回去。而这次，她依然没忘了收缴老先生的印章，这可是她赚钱的法宝啊！

最后铁帽府　京津分两地

王府档案

王府主人：庆亲王永璘及其后代

王府特色：府邸宽敞，建筑宏伟，共五进院落，房屋千间

王府现址：西城区定阜街西部路北

王府变迁

● 庆亲王府有二，一是永璘所住的府邸，即原来的和珅府，后来的恭王府（详情见恭王府一章），二是奕劻所居住的府邸，本章指后者。

● 该府原为道光朝大学士琦善的宅第，琦善因擅许割让香港获罪，被逮捕查办并籍没家产。其宅被没收后闲置。

● 咸丰年初，庆亲王永璘第六子绵性之子奕劻迁往该府居住。

● 光绪十年（1884），奕劻晋封庆郡王，称庆郡王府。

● 光绪二十年（1894），奕劻晋封庆亲王，始称庆亲王府。

● 1917 年 1 月，奕劻病逝，三子将庆亲王府一分为三。

● 1971 年 2 月，庆亲王府戏楼被烧毁，1976 年唐山大地震时，也遭受一定程度损毁。

● 现为军事单位驻地。

王府秘史

前传：琦善是个卖国贼？

同为钦差大臣，主战派的林则徐禁烟，成了民族英雄，而主和派的禁烟大臣琦善，却成了人人皆欲诛之的卖国贼，这便是历史的吊诡之处。

但有一点，林则徐和琦善却是殊途同归：都被严加惩罚，流放外地，成为朝廷罪臣，之后又都重新任职。

咱还是先看看琦善的身世。

琦善出身于满洲贵族，其祖上因投附有功，封一等侯爵，其父成德，官至热河都统。琦善十六岁时，以荫生（凭借上代余荫取得的监生资格）身份被发至刑部，由正五品的员外郎候补；十八岁时正式补官；二十九岁任河南巡抚；之后历任山东巡抚、两江总督、东河总督、成都将军等职。1831年为直隶总督，1836年被授为协办大学士，1838年，授文渊阁大学士，官居正一品。以其履历看，着实升迁迅速，是朝廷上炙手可热的重臣，是道光最为看重的四位大员之一。第一次鸦片战争发生时，琦善是文渊阁大学士、直隶总督、钦差大臣，可见朝廷属望甚深，倚之为股肱。

林则徐虎门禁烟，触动大英帝国利益，如日中天的大英帝国悍然出兵，发动战争。英军沿海北上，眼看要打到家门口了，道光惊慌失措，急派琦善前去议和，并惩办之前禁烟有功的林则徐。先前林则徐禁烟，道光多予嘉奖，现在英国鬼子打过来，林则徐则又变成道光帝的替罪羊，被发配新疆了事，由琦善接替林则徐任两广总督。

关于林则徐去职，蒋廷黻有一段精辟论断，颇值一读：

林则徐被罢是他的终身大幸事，而中国国运的大不幸。林不去，则必战，战则必败，败则他的声名或将与叶名琛相等。但林败则中国会速和，速和则损失可减少，中国的维新或可提早二十年。鸦片战争以后，中国毫无革新运动，主要原因在时人不明失败的理由。

琦善抵广州后，开始与英方谈判。他抱定“怀柔”主意，与英人进行交涉。琦善与英国代表义律谈判时，在赔偿烟价、开放口岸等问题上均可形成一致意见，当对方提出割让香港岛的无理要求时，多次予以断然拒绝。琦善照会义律：“因通商而转予之以地，无论于理不顺，亦复于情不协，且从未与他国，独能与贵国乎？”

因割让香港岛屡遭拒绝，英方十分不满，向琦善发出最后通牒：限一日内答复，如不满足割岛等要求，英国“将立即采取战争行动”。未等琦善回文到达，英军即对沙角、大角两炮台悍然发动进攻，予以摧毁、占领，并炸毁大清兵船十一艘，副将陈连升及其子陈长鹏阵亡，数百名官兵死伤。之后，英方再次提出中方停止备战、恢复广州商务、割让沙角等最后通牒式的要求，限琦善三日内答复，否则“将立即重新开战”。

英方提出割让沙角之要求，目的是以此为要挟，迫使琦善同意割让香港岛。沙角、大角两炮台地扼珠江咽喉，割让沙角，广州将失去屏障，琦善断不敢将沙角擅与英人。但如不对英国割地要求作出某种表示，英方必然“重新开战”。左右两难之际，琦善于英方的最后通牒期满之日，派属下持文前往英舰会见义律，表示中国不同意割让沙角，但在给予英人“外洋寄居一所”的事情上，他可以“代为奏恳”。琦善试图用模糊的说法过关，“外洋寄居一所”所指为何，并无交代，“代为奏恳”看起来更像托辞。

双方就割地问题交涉，全无相让，琦善坚守底线，从无割让之举。他所答应的条件，乃“泊舟寄居”。所谓《穿鼻草约》，不过是义律单方面宣布，琦

鸦片战争海战图

善并未同意。

就在双方谈判陷入胶着状态之时，道光帝突然变脸，要由“抚”转“剿”，且态度甚为强硬。他下令予琦善，断无再与英人议和之理，应相机而动，着力挞伐，只有痛剿，方能镇住贪得无厌的英人，否则后患无穷。即便接此命令，琦善依然没放弃和平解决问题的希望，与义律等人继续谈判，因双方就割让香港岛一事无法达成最终协议，此事不了了之。

不久，琦善即被解职，道光帝对其作为十分愤怒，斥琦善“与逆夷翻如莫逆”，简直“丧心病狂”，称其“甘受逆夷欺侮戏弄，迷而不返”，“代逆恳求……甘为此遗臭万年之事”，“无能不堪之至！”

道光帝以琦善“代逆乞恩，丧尽天良”，将其“革职锁拿来京，严行讯问”，并抄了琦善的家。向来多疑的道光皇帝，在下令锁拿琦善后的第三天，密谕靖逆将军奕山“密加查访”义律与琦善之间“有无私相馈赠之事”。奕山未能找到证据。

道光亲自审定的审讯琦善的罪状中，有一条是："琦善既与义律来说话，情意亲密，自天津以至广东，该夷馈送琦善物件若干？琦善回送是何物件？一一吐供，不准隐瞒！"

琦善一口否认，并辩称："伏查琦善与逆夷言语不通，不过为公事暂事羁縻，假意待之，岂肯收受馈送，自外生成。亦未给过该夷物件。不敢隐瞒。"

审讯琦善的同时，军机处还审讯了为琦善充当中英交涉联络员的鲍鹏，提出相同问题："琦善与义律情意亲密，有无彼此馈送情事？"鲍鹏对此问题，也是完全否认。

从琦善谈和以来的一系列表现来看，他所坚持的，不过是用最小的代价取得和议，并在和谈时，坚持不割地的底线。所以如此，委实是琦善知晓大清朝断非英人之对手，若继续战争，可能意味着更大的损失。事实证明，琦善之认知，有一定的前瞻性，待战争结束，清朝签订《南京条约》，损失何止数倍矣！

蒋廷黻先生对琦善亦有一段精辟论述，特录至此：

琦善与鸦片战争的关系，在军事方面，无可称赞，亦无可责备。在外交方面，他实在是远超时人，因为他审察中外强弱的形势和权衡利害的轻重，远在时人之上。虽然，琦善在中国历史上的地位不能算重要，宣宗以后又赦免了他，使他作了一任陕甘总督，一任云贵总督。他既知中国不如英国之强，他应该提倡自强如同治时代的奕訢、文祥及曾、左、李诸人，但他对于国家的自强竟不提及。林则徐虽同有此病，但林于中外的形势实不及琦善那样的明白。

弱国无外交，而在大清，臣子也无外交之权，琦善不幸成了道光的替罪羊而已。要说卖国，最大的卖国贼应该是道光帝本人吧？

永璘：不求权位要大宅

第一位庆亲王名永璘，是乾隆的十七子。生永璘的时候，乾隆爷已是五十五岁的高龄，可算是老来得子，不知何因，乾隆对自己的这位老儿子，完全是一副爱答不理的姿态，只封了个贝勒，此后再无下文。还好永璘幸运，一母同胞的哥哥颙琰当了皇帝，是为嘉庆。有这棵大树罩着，永璘自然好乘凉，过上了幸福安乐的小日子。

嘉庆承袭大统，恩封弟弟为庆郡王，后来查抄权臣和珅的府邸，将其府中的大部分财物一股脑儿赏给了永璘。

永璘所以获此大宅，还有一个典故需要交代。

还是在乾隆时期，几位阿哥一起聚会品茗，闲论时事。诸阿哥当中，唯永璘对皇位了无兴趣，他真诚地跟诸位阿哥说，即便皇位再多，也不可能轮得到我永璘，小弟此生只有一个心愿，希望诸位哥哥帮忙，将来皇位落到谁身上，希望能有一所像和珅府那样的宅邸让我居住。无意当中表白“不争”之心，从此再无皇子拿这位小弟当对手，在竞争激烈的皇位争夺战中，主动退出者当然赢得大家的好感，自此，皇子们从心底对永璘多了几分亲近。

嘉庆称帝，贵为天子，弟弟的这点小心愿，当然要予以满足。抄完了和珅的家，便将偌大和府一分为二：小部分给了和珅的儿媳妇固伦公主居住，大部分归到了永璘的名下。永璘得偿所愿，当然从心底里感激皇帝哥哥，从此，不可一世的权臣和珅之府邸成为过往，改称庆郡王府。

我们不太清楚嘉庆对永璘的感情到底如何，反正在很长一段时间内，永璘再未获得晋升的机会，一直都是庆郡王，直到二十年后，当永璘病重，快要离世时，嘉庆来看望弟弟，大约出于同情之心，才封永璘为庆亲王。可怜的永璘还没来得及享受亲王的待遇，就辞别了人世。

据史书载，永璘其人，身材高大，面目黧黑，不爱读书，只喜欢四处游玩，他常微服出宫，时不时有寻花问柳之举，端的是放荡。大概因这不羁的个性，讨不得哥哥嘉庆皇帝的欢心。又或者，嘉庆曾想要重用弟弟，但永璘自己不争气，纵有心也难为，只得放任其自生自灭，未让他担任过什么重要职务。永璘本就是逍遥派，乐得自由自在，没有官职，这一下反倒更遂心愿，整日里沉溺于声色犬马，兀自风流。

庆亲王永璘过世，袭爵的是其长子绵慜，不过降了一等，称郡王。绵慜也无福消受这郡王的福分，四十岁一命归西。之后，由第二代仪亲王绵志第五子奕彩袭爵，只是这奕彩胆大包天，竟然在太后大丧期间纳妾，从而惹怒道光，将其爵位收回。

奕彩被夺爵，令叔叔绵性看到机会，为得爵位，鬼迷心窍，竟然往宗人府送礼，试图通过贿赂获取。哪料想，这事被道光知晓，大怒。绵性非但没能袭爵，反给赶到外地去了。

这位绵性，亦有个著名的儿子，便是后来的庆亲王奕劻。

奕劻：清末首富铁帽子

奕劻乃乾隆帝十七子永璘之孙，绵性之子，奕劻没能从老爸那儿袭爵，却从五伯绵悌那儿得了好处。

永璘死后，爵位曾在几位后辈中承袭，一度将落入绵性之手，可他太心急，为获爵位，竟向宗人府行贿，因而被剥夺了袭爵的资格，爵位就阴差阳错转给了绵悌。绵悌是永璘第五子，袭爵被降，为不入八分镇国公，后犯事，又降为镇国将军。绵悌无嗣，奕劻被过继给五伯，他死后，由奕劻袭爵，兜兜转

① ②

① 奕劻是清末清朝贵族中极少数持开放姿态的人物，作风务实，但亦是个巨贪，疯狂聚敛财富

② 奕劻曾主持大清海军工作

转，奕劻总算把本属于他家的爵位给拿了回来，爵位再降一等，为辅国将军。

因级别不够，奕劻全家被道光帝从庆王府给赶了出来，转手将王府给了恭亲王奕訢，因此，这处和珅和大人的原宅摇身一变而成恭王府，奕劻则被安排进琦善原来的住宅。琦善因在鸦片战争中的表现为道光厌弃，故而被查抄家产，府邸被没收，奕劻便因此捡了个大便宜。

从爷爷永璘的庆亲王，一路掉到辅国将军，野心满满的奕劻当然不甘心于这等爵位，更将光大家室视为自己之责任。

奕劻自不是一般人，他心思缜密，善察言观色，所谓官场之道，观察之后了然于胸：讨好老佛爷，乃是升迁的不二法门。

奕劻最初住在西城方家园，与慈禧太后娘家为邻。奕劻能书擅画，经常替慈禧的弟弟照祥写信向太后问候，之后又与慈禧另一弟桂祥结为儿女亲家，有此一层关系，渐为太后所赏识。

有草船，又有东风，何愁借不到箭？早有准备的奕劻，一步一个脚印，向着飞黄腾达迈进。自同治六年（1867）起，奕劻先后任蒙古都统、满洲都统，汉军都统，宗人府左右宗正及宗正，并五获崇文门正监督这一肥缺。光绪十年（1884），奕劻出任总理各国事务衙门大臣，主持外交事务，待创办海军，奕劻会同奕譞办理海军事务，并充任过陆军的一系列要职。

奕劻讨好慈禧，走的是双重路线：一是拼着小命巴结太后宠幸的大太监李莲英，不停地送银子；二是通过自己的女儿四格格摸清老佛爷喜好，四格格得慈禧宠爱，经常陪在其身边，若慈禧常无意中透露出自己喜欢什么鞋子坎肩之类，不出三天，四格格自会奉上。有如此贴心之父女，奕劻想不官运亨通也难。

到光绪二十四年（1898），奕劻迎来自己人生中最精彩的华章，受封为庆亲王，世袭罔替，乃清一代第十二位“铁帽子王”，亦是最后一位。光绪二十九年（1903），奕劻出任军机处首席大臣，成为清末第一权臣。

你若以为奕劻只是个察言观色的主儿，便大错特错了。于清末的满洲贵族当中，奕劻乃极少数持开放姿态的人物。他与恭亲王奕訢一样，在清政府与强大的外国势力较量中，始终保持清醒的头脑，愿意采用更务实的方式，与西方列强处理关系，而非与之对抗，致政局到无法收拾之地步。

话说义和团运动兴起，清廷以“扶清灭洋”为口号，目标直指各地的洋人和教堂，各国使节视其为眼中钉，必欲除之方才安心，他们与总理各国事务衙门交涉，强烈要求清政府予以镇压。奕劻处于外交第一线，深知形势之严峻，若任由事态发展，必一发而不可收。为此，奕劻领衔上奏，请求严行查禁直隶、山东一带的义和团，清廷根据奕劻等人的奏请，发布上谕，“私立会名，

李鸿章是大清外交最为倚重的人物

皆属违禁犯法，务宜革除恶习，勉为良民”，直隶、山东地方政府接谕后，尽力贯彻旨意，无奈义和团发展迅猛，一时竟无法遏制。各国公使见状，遂对清政府进行军事恫吓，称若不尽力镇压，必对大清国动武。

有外交的巨大压力在身，决定了奕劻对待义和团的态度：尽力围剿，保护教堂和洋人。

而慈禧对义和团的政策，却一直处于模棱两可和变化当中，及至庚子年（1900）的六月，她召集众大臣密议对付义和团的策略，结果是主抚派占了上风，会议的结论是，不剿灭义和团，反利用其力量，以此来牵制洋人。慈禧打定了招抚的主意，令一向主剿的奕劻陷入极度尴尬、孤立无援的境地。以奕劻个性，当然不会和太后对着干，更不会犯颜直谏，只是眼下形势迫人，又不得不面对现实。他试着将俄国公使的函件，以奏折附件形式呈给慈禧，意在表明得罪列强的后果之严重程度，慈禧置之不理。奕劻碰了软钉子，被冷落一旁。自此之后的一段时间，他陷入沉默当中，静观时局变化。即便之后数次参加与义和团相关的御前会议，他也是一言不发。深谙官场生存之道的奕劻，在这般特殊情形之下，决不会自讨没趣。而袁昶等五大臣，则因为犯颜直谏，而被慈禧处死。

义和团进京后，大肆捕杀洋人，八国联军悍然出兵，致形势急转直下，慈禧与光绪仓皇西逃，于此紧急情形，奕劻临危受命，重被推向前台，与李鸿章一起，和列强进行交涉，最终签订《辛丑条约》，条约中最重要的一款，便是惩办“祸首”，主抚派诸大臣悉数获罪，或自尽，或流放。

与各国谈判时，奕劻尽力为慈禧辩护，令她躲掉“祸首”的罪名，逃脱过列强的惩罚。自此后，慈禧对奕劻更为信任；而谈判的结果，八国亦颇满意，庆亲王因而成为列强亲近的外交家。

奕劻处理政事，就能力而言，虽与恭王奕訢相差甚远，但在皇族当中，也算有识见的人物，比如，沈家本改革大清律法，与世界司法接轨，奕劻曾给予支持。

贵为最后的“铁帽子王”，奕劻权势显赫，当是清末第一权臣。他不只地位显赫，而且是清末首富，财产冠绝天下，纵然无法与世界首富的和珅和大人相比，但也肯定进得了全球富豪榜的榜单。别的不说，光他在汇丰银行的存款，就有一百二十万两白银之多。至于奕劻到底有

老外画笔下年轻时的慈禧

多少钱，谁也不知道。和珅巨额家产所以大白天下，乃因为被抄家，而奕劻无此经历，自然无人知道他财富的准确数字。

奕劻生财之道，大约有二：一是索贿受贿，给钱就要，来者不拒；二是巧立名目，什么名目？比如大办生日宴收取礼金等。

奕劻索贿受贿的主要手段是卖官鬻爵。大多是暗中偷卖，有时也明码标价。时人评论说：

庆王弈劻之贪婪庸恶，世皆知之，其卖官鬻爵之夥，至于不可胜数。人以其门如市也，戏称之曰“老庆记公司”。上海各新闻纸之牍尾，无不以此为滑稽好题目。盖前此之亲王、贝勒入军机当国者，未尝有赃污贪墨如此之甚者也。

即便到了辛亥革命前，大清马上面临亡国之际，“老庆记公司”依然没忘了做生意。曾有御史蒋式瑆弹劾奕劻，称其任军机大臣以来，“细大不捐，门庭如市”，“异常挥霍尚能积蓄巨款”。

陈夔龙本是荣禄眼前的红人，荣禄死后，失去靠山，夫人徐氏与奕劻的女儿们相熟，奕劻的福晋认她做了干女儿，自此与庆亲王搭上关系，仕途一路顺畅，升为直隶总督。陈夔龙每年送礼数万，银两之外，还有缎匹、食物、玩好，等等。奕劻对陈夔龙说：“你也太费心了，以后还须省事为是。”陈夔龙则敬对说：“儿婿区区之忱，尚烦大人过虑，何以自安。以后求大人莫管此等琐事。”能送礼孝敬您老人家，那是我陈某人的福分。

1911年，邮传部尚书一职空缺，奕劻放出口风，售银三十万两。盛宣怀率先联络，奕劻知其身家丰厚，“别人三十万可以，你就非六十万两不可”，这简直是敲竹杠。盛宣怀托人说情砍价，最终以三十万成交，奕劻提出的要求是“须交现金，不收他物”。

武昌起义后，原四川总督锡良曾自告奋勇率兵督陕，而一向卖官拢财的奕劻竟仍向其索贿八万两，锡良为之大怒：“生平不以一钱买官，况此时乎？”

①	②

① 袁世凯垂钓图。袁世凯韬光养晦，以到河南养病为名，试图东山再起

② 靠着与奕劻的亲密关系，袁世凯大肆出卖清廷

一般人向奕劻行贿，多为买官或者捞取好处，而袁世凯行贿，目标则直指大清江山，野心之大，堪称一世枭雄。袁氏不动声色，长期行贿，用实际行动俘获了奕劻的心，以至于最后，奕劻几乎要将大清江山整个儿送给袁世凯。

袁世凯任直隶总督，庆王府大小事项，全由直隶总督衙门代为开销。庆亲王领班军机处，袁世凯月有月规，节有节规，年有年规，遇庆王及福晋的生日唱戏请客，儿女成婚，皆由袁亲自布置，不花王府半两银子。其实，早在奕劻进军机处之前，庆王府就已收到袁家送来的十万两白银，来人传袁的话：“王爷就要有不少开销，请王爷别不赏脸。”送礼不久，奕劻出任军机处。由是，人们纷纷赞叹袁氏的先见之明。

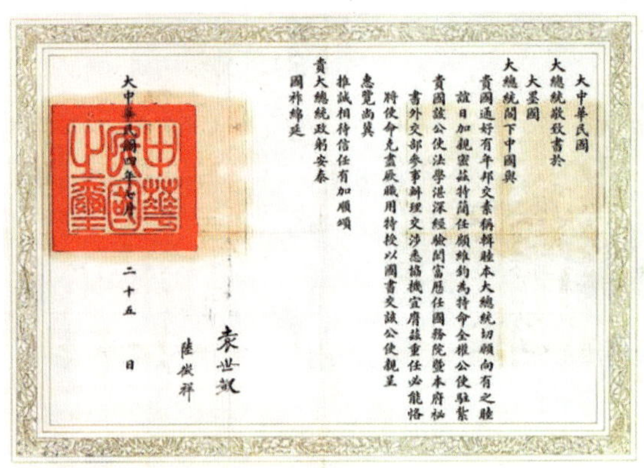

大中華民國
大總統敬致書於
大墨國
大總統閣下中國與
貴國通好有年邦交素稱輯睦本大總統切願向有之睦
誼日加親密茲特簡任顧維鈞為特命全權公使駐紮
貴國該公使法學湛深經驗閎富歷任國務院暨本府秘
書外交部參事辦理交涉悉協機宜膺茲重任必能恪
將使命克盡厥職用特授以國書交該公使覲呈
惠覽尚冀
推誠相待信任有加順頌
貴大總統政躬安泰
國祚綿延

袁世凱
陸徵祥

大中華民國四年七月二十五日

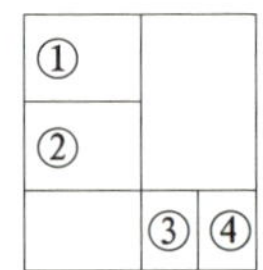

① 袁世凯与各国使节

② 中华民国国书

③ 袁世凯祭天称帝

④ 外国媒体刊登的袁世凯剪辫子图

自戊戌政变后，慈禧待袁世凯日隆，数度提拔，但对这个领导着北洋新军且擅长投机的人物，慈禧亦甚不放心，当听闻袁世凯老往奕劻家里送银子，愈发起了警惕之心，前思后想，下定决心要将奕劻开缺。她先向军机大臣瞿鸿禨透露了口风，哪知这位瞿大人毫无心机，竟将这等机密之事告诉了太太，太太有位亲戚在报馆任职，这事一下子传到外国记者那儿，没几天，英国《泰晤士报》刊发了消息，称大清庆亲王不久即将离职。英国驻北京公使去找外务部讯问，奏报到慈禧那儿，太后恼羞成怒，派铁良和鹿传霖追查，瞿鸿禨被革职。

倒奕劻不成，慈禧将目光瞄向袁世凯，调袁为外务部尚书，参加军机。明着是升官，实是趁机解除袁氏兵权。袁世凯倒是个聪明人，即刻主动交出北洋新军的最高统帅权。结果是令慈禧稍为安心，但她亦深知，调离袁氏，并不能立时解除他对北洋新军的实际控制，而袁世凯和奕劻的关系也不能立时斩断。

重病缠身的老佛爷，正打算一步筹划，却听闻到一个不祥的消息，说袁氏准备废光绪，推奕劻的儿子载振为帝。慈禧意识到，若果真如此，大清江山可能被袁世凯窃去，情势紧急，忙采取三项措施：将奕劻调去东陵查看工程；将北洋军段祺瑞的第六镇全部调出北京；把陆军部尚书铁良统辖的第一镇调进来接防。

慈禧先发制人，此三措施终令大局稳定。奕劻返京后，所有大事已定，

三岁的溥仪被扶上帝座，载沣被封为摄政王，大权已旁落他人之手。而为笼络住庆亲王，令其得世袭罔替的殊荣。擅长玩弄权术的慈禧，再次展示了其老辣的政治手腕。安排完这一切的第二天，1908年11月15日，慈禧与世长辞，享年七十四岁。

待后来辛亥革命爆发，形势一时紧张，袁世凯挟北洋新军自重，一方面支持共和，与革命军达成由其出任总统的协议；另一方面，袁世凯又通过奕劻等人对隆裕太后进行劝说、恫吓，最终逼迫清帝退位，成功将权力揽于一人之手。

也难怪摄政王载沣和溥仪对奕劻恨之入骨，在他们眼里，这庆亲王奕劻就是葬送大清朝的千古罪人。

以我们现代人的眼光，奕劻客观上顺应潮流，劝说清帝退位，着实是立了大功一件。

奕劻贪渎如此，整个庆王府上行下效，外人想要面见奕劻，没有“门包”那是打死也进不去的，不管你官职大小，顶戴品级，就算朝廷大员，不出点儿血，也根本没机会见庆亲王。这事传到了慈禧耳朵里，奕劻急忙在府门口张贴告示，严禁收受“门包”，违者自当严办。哪知这告示并无半点作用，“门包”照收不误。其实，若无王爷纵容，下人哪敢如此放肆？“门包”哪里只是“门包”，它还是庆王府潜规则的代名词，那意思就是：“没钱你别来！”

奕劻过七十大寿时，敛财之多，才真叫人咋舌。

1908年，逢奕劻七十诞辰，庆王府大开庆典。在此之前，庆王曾表示拒收贺礼，只置薄酒与亲友相酌，好一副清正廉洁模样。其实，这都是庆王的表面文章。

庆王寿诞，当然是官员借机结交的好时候，各地前来进献者络绎不绝，庆王府门前热闹无比，排起长队。庆王府早已暗里做好了四个册籍，分别称福、禄、寿、喜，将送礼者按众寡厚薄分为四级：

一级记入福字册，凡现金万金以上及礼物三万金以上者登记入册，另存其名于手折中；

二级禄字册，凡现金五千金以上及礼物值三千金以上者登记在册；

三级寿字册，凡千金以上及礼物值三千金以上者，记入此册；

四级喜字簿，凡现金百金以上及礼物值数百金者记入此册。

就是这一次生日，庆王府竟收寿礼价值一百万两以上，现金达五十万两之多。

有人统计，奕劻卖官受贿聚敛的家财在亿两之上，超出大清国年财政收入两千多万两。其贪渎之名，更远扬国外。1911年的《泰晤士报》曾刊文报道奕劻，称“彼之邸第在皇城外之北，北京大小官员，无一不奔走于其门者，盖即中国所云‘其门如市’也”。

奕劻父子利用贪渎得来的钱财，大量地购买不动产，除在全国众多地方购田外，还在北京、天津两地置办别墅多处，更在自己的王府里大兴土木，先后修建极为奢华的万字楼和大戏楼等建筑，将原来仅有一百六十间房屋的府邸，扩充成房屋一千多间、前后共五进院落的豪华大府，一时无人能敌。

贪得无厌之外，奕劻生活作风一样腐化不堪。

按清制，作为亲王的奕劻，只能纳福晋五人，而奕劻娶了六位。

奕劻还曾令一女仆怀孕，为不使事情败露，奕劻让自己的一位福晋把腹部用棉布垫起，假装怀孕，而把怀孕的女仆藏在东厢房内，后产一女，对外说是福晋所生，还在宗人府上了“户口”，这个女婴便是奕劻的大格格。后来，大格格嫁给蒙古亲王那彦图，这段内幕被其夫闻知，常遭冷嘲热讽，令大格格十分难堪。

载振：爵位却由总统封

① 奕劻之子载振
② 奕劻载振父子

1917年1月28日，八十岁的奕劻病死，葬于北京昌平庆王坟，关于奕劻的谥号选用何字，紫禁城里的小朝廷经好大一番争论后才定下来。对奕劻恨之入骨的末帝溥仪，本来准备了“谬”、“丑”、“幽”、“厉”四字，令王公们从中择一，可大伙儿商议，奕劻虽是可恨，弄丢了我大清王朝，但为皇室体面，又觉得不妥，最后，经摄政王载沣等人再三说服，才决定改用“密”字，有“追补前过”之意。

奕劻死后不久的三月，中华民国大总统黎元洪发布总统令：“清宗室庆亲王奕劻因病亡出缺，所遗之爵，本大总统依待遇清皇室条件第一项，以伊长子载振承袭世袭罔替。”黎大总统这次封赏，着实闹了个天大的笑话，其时已是民国，民主共和观念深入人心，身为中华民国的大总统，竟然为清宗室大封其王，于情于理都说不过去。而出此情况，身边的人不予提醒，亦是失职。

载振生于光绪二年（1876）三月，是奕劻长子，光绪十五年（1889）被赏给头品顶戴，二十年（1894）晋封二等镇国将军，二十七年（1901）又被赏加贝子衔；二十八年（1902）被派任出使英皇加冕典礼专使，并到法、比、美、日四国进行访问。这载振一肚子花花肠子，到国外也不老实。他到日本时，沉湎于歌寮妓院，整日里寻欢作乐，根本无暇考察，当地报纸报道说，载振考察完奈良，到神户去，身边竟带着奈良的四位歌舞伎，到神户后又有新欢。如此考察，丢人不说，要谈收获，怕是没可能了。

即便如此，也没影响载振升官发财。考察归来，头上的官衔接踵而至，先后出任商部尚书、御前大臣、农工商部尚书等，着实令载振过足了官瘾。其间，曾有御史张元奇弹劾载振，称其考察时宴集、召歌伎侑酒，但朝廷对处理

当时报纸刊载杨翠喜与载振绯闻，一时轰动

载振并不积极，只是发布上谕："当深加警惕，有则改之，无则加勉。"意思是说，臭小子，以后注意点，办坏事怎么能叫人知道？由慈禧把持的朝廷对载振之丑行如此偏袒包庇，其昏聩腐朽可见一斑。

倘若说考察期间花天酒地倘算小事一桩，之后发生的一件事，却是震动朝野的，让载振大大栽了一个跟头，也令庆王奕劻的脸面无光。

光绪三十二年（1906）九月，朝廷命时任农工商部尚书的载振与巡警部尚书徐世昌赴东北查勘边务。归途路过天津，直隶总督袁世凯留二人暂住，并派段芝贵热诚款待，段芝贵乃袁氏之心腹，擅长奉迎交际，为袁世凯所赏识。段氏对载振拍尽马屁，热情过头，唯恐招待不周。某日饮宴后，召梨园演戏，由杨翠喜唱《翠屏山》。

你道这杨翠喜何等人物？她本姓陈，小名二妞儿，原籍直隶北通州，幼年家贫，被卖给杨姓乐户，取名杨翠喜。杨氏十四五岁便出落得娇俏可人。她天生一副好嗓子，擅长淫靡冶荡的曲子，闻名津门。当时杨氏的追求者甚众，其中便有大名鼎鼎的李叔同，后来的弘一法师。李叔同每晚到杨翠喜唱戏的天仙园捧场，散戏后提灯笼送杨翠喜回家。据说，二人已发展到谈婚论嫁之地步。

话说杨翠喜登台，满堂喝彩。天生好色的载振，见此人间娇物，一时为之倾倒。

戏毕，段芝贵问载振戏演得如何？载振痴痴地答："杨翠喜甚好！"

段芝贵见状心领神会，即刻召杨翠喜进屋侍候。为进一步讨好载振，段氏不惜花一万二千金（一说万金）为杨翠喜脱籍，献于载振。心思缜密的段氏，又借银十万两作为庆亲王奕劻的寿礼。双箭齐发之下，载振自然感激，对段芝贵回报甚丰，不久之后，段氏署黑龙江巡抚，成为边疆大员。

但事情远没这么简单。

次年三月，御史赵启霖奏劾，矛头直指向当朝最具权势的庆王父子：

“（段芝贵）以一万二千金于天津大观园戏馆买歌妓杨翠喜，献之载振……复从天津商会王竹林措十万金，以为庆亲王奕劻寿礼，人言籍籍，道路喧传，奕劻、载振等因为之蒙蔽朝廷，遂得以署理黑龙江巡抚。”此言一出，举朝震惊，慈禧怒气冲冲，对站在一旁的奕劻大加指责：“东三省不得已而改置督抚，我破格用人，原为富国强兵，不意汝等如此狼心欺我！”说完，老佛爷竟然哭了起来。其实，对于庆王父子行事，太后早就知晓，只是此次为舆论所逼，又不得不做出公正的模样，遂命醇亲王载沣与大学士孙家鼐查办此事。

眼见大祸临头，庆亲王父子不免又惊又慌，载振亲赴天津向袁世凯求计。老谋深算的袁世凯以为，最佳方法莫过于令杨翠喜出京，暂避他人耳目，等朝廷派人查办时，已无确实证据。况且，无论派何人查办，到天津必先见袁，到时相机调停，定可以减免罪责。载振同意，袁世凯遂令心腹杨以德携杨翠喜来津。杨以德办事得力，至京后，先以骡车挟翠喜出城，夜行百里，至黄村，乘次日京奉车至天津。袁世凯又使人威胁利诱天津富商王益孙，指使其自认买杨翠喜为使女。此外，袁世凯又嘱商会会长王竹林，要他不承认与段芝贵有金钱往来。查访人员未到，一切都已安排妥当。

载沣与孙家鼐奉旨后，派恩志、润昌往天津查访。二人到津后，传杨翠喜到案。杨翠喜供称，她早已被王益孙买为使女，有身契可证，王益孙亦持是说，二人口供相符。王竹林根本不承认借钱给段芝贵，又加上载沣与孙家鼐本不想得罪庆亲王，因而最后的结论是，查无实据。此事不了了之。

不久后，朝廷发布上谕，御史赵启霖因“以毫无根据之词率行入奏，任意污蔑”，即行革职，段芝贵的巡抚之职亦被收回。

这件事让载振声名狼藉，亦让父亲广受诟病，备受打击的载振遂辞去官职，从此告别政坛。

溥仪逊位后，庆亲王奕劻和载振携眷避居天津，两年后又回北京。载振又在城内后海李广桥东购置一处别墅，取名“怡园”。园内曲径游廊，幽静典雅，花木竹石，亭台掩映，林木茂盛，别具情趣。奕劻死后，载振三兄弟将庆王府一分为三，各自居住。

1924年，溥仪被迫出宫。转年，载振率全家迁居天津，将英租界的两处住房卖出，购买了太监小德张在英租界的一幢别墅，号称“新庆亲王府”。

据载振后人回忆，天津的这座庆王府，占地七亩多，是一所中西合璧式的三层楼房，后又加盖一层，作为“影堂”（祖先堂），包括外围平房共有一百二十多间。中间为一大厅，四周一圈是正式住房，房外有围廊。全家二十多口，分住在一二楼，楼东有一大花园。楼外群房和地窖，由男女仆人及其家属约百人居住。室内布置富丽堂皇，一楼大罩棚是天井式方形大厅，面积约有四百平方米。大厅高顶的正中挂着一对西洋古典玻璃大吊灯。厅堂内摆有两个紫檀雕刻大长条案，四面摆置镶嵌螺甸八仙桌椅和日本七宝烧大瓶等。正中为紫檀雕刻大围屏一座，两旁分摆大红雕漆刻人物圆插屏一对，前面设有一座硬木雕花螺甸宝座，旁有一对宫灯，好似王府的银安殿。前面的客厅，过堂除摆设瓷器古董外，壁上挂有康熙和乾隆御笔的大条诗幅，还有盖有慈禧玉玺的“嘉祉”“福寿”大字书幅的镜框等。

虽然已是没落，但靠着先前积累的巨额财富，庆亲王府一样是锦衣玉食。载振在天津过得可谓自由自在。

他每天下午两点左右起床，洗漱后，到佛堂烧香拜佛，然后吃早点，食毕，吸食鸦片烟，天气好便到花园内闲逛，玩赏鱼鸟花草。载振养过龙睛鱼、金鱼、天鹅、野鸭、虎皮鹦哥等，特别喜爱养蛐蛐、金钟子，不惜重金选购，还买了很多精致的蝈蝈葫芦，有的是用象牙雕刻的盖，到了冬天还特制铜质的放葫芦的箱子。后来他还养了几十种热带鱼，雇有专人喂养。晚上九点吃饭，饭后喝牛奶、吃水果，然后再吸一次鸦片烟。

载振爱京剧，最爱尚小云、谭富英的戏，亦与众多梨园人士交好。尚小云每次到津，都到庆王府拜见载振，载振亦常有礼物相赠。尚、谭到津演出，载振全家几乎每晚都去看戏。中国大戏院落成后，每逢有名演员演出，载振家都固定订下头头、二头包厢各一。

看载振这小日子，过得还真是有品质。

本来呢，如果庆王府的银子省着点儿花，靠着先前巨额的财富，载振自当衣食无忧，但人有贪心，总不嫌钱多。经人劝说，他搞起了投资，入股天津劝业场和交通旅馆，刚开始还赚了点儿钱，后来却赔了不少。

载振本靠着存款和利息维持王府的巨大开支，但到日伪后期，存款贬值，物价飞涨，王府的运营越来越困难，弄到最后，只得靠变卖珠宝勉力支撑。王府经济困难，捉襟见肘。一向荣华富贵的载振哪受得了这个，脾气也跟着变坏，积忧成疾，终于在1947年冬天去世，终年七十一岁。

荣亲王府

太平湖边住　鸳鸯比翼飞

王府档案

王府主人：荣亲王永琪及其后代

王府特色："此园俱好，园林亦佳"（昭梿《啸亭杂录》）

王府现址：中央音乐学院

王府变迁

- 乾隆三十年（1765），乾隆封第五子永琪为荣亲王，始有此府。
- 永琪并未入住，此后其子绵亿袭爵，对该府进行大规模扩建后始入住。
- 咸丰九年（1859），醇郡王奕譞居住于此。
- 同治十一年（1872），奕譞晋醇亲王，始称醇亲王府。
- 之后具体情况可参看"醇亲王府"一章。

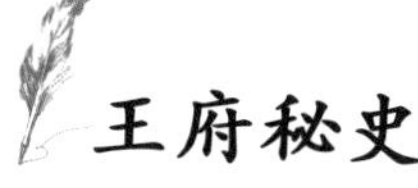

王府秘史

奕绘：娶妻当如顾太清

第一任荣亲王永琪，系乾隆帝第五子。自幼聪慧好学，文武双全，他不只擅长骑马射箭，还精通天文地理，能书善画，实乃皇子中的难得之才，一度被乾隆寄予厚望，只可惜天妒英才，二十六岁时便因病英年早逝。

永琪才华横溢，深得乾隆圣心，最可贵的是，这个儿子人品也极好。特别是圆明园九洲清晏殿火灾一事，更是令乾隆对永琪刮目相看。

九洲清晏殿系皇帝在圆明园居住时的寝宫，乾隆二十八年（1763）五月初五，九洲清宴殿突然发生火灾。危急之中，永琪亲自背起父皇乾隆逃出，令乾隆捡回一条命。从此，乾隆对此子愈加喜欢，并有意令永琪承继大统。

永琪去世，乾隆颇为伤心，每每提及永琪，总是赞不绝口。

乾隆五十八年（1793），英使马戈尔尼谒见乾隆，谈及诸皇子，乾隆说：“其时，朕视皇五子于诸子中更觉贵重，且汉文、满文、蒙古语、马步、射及算法等事，并皆娴习，颇属意于彼，而未明言，乃复因病旋逝。”

如此看来，永琪早逝，当是乾隆心中永远的痛。

之后，由乾隆第五子永琪之子绵亿袭爵，是为荣郡王。乾隆朝的皇孙中，以荣亲王永琪之子绵亿最具艺术天分。绵亿聪敏好学，擅长书法，他不仅才华出众，而且甚识大体。史书记载，嘉庆十八年（1813）秋，天理教起事，林清率教徒攻入皇宫，消息传到塞外，正在巡狩的嘉庆皇帝甚是吃惊。是时，绵亿正随扈行，见某些王公毫不在乎，甚是气愤：“皇上是吾辈何人？即便以亲谊论，也应当代上分忧，况万乘之尊乎？”请求嘉庆速速回京，以安定人心。嘉庆接纳建议，即日回銮。

此后，嘉庆帝对绵亿刮目相看，常说：“朕侄辈唯绵亿有骨肉情也。”

绵亿的儿子奕绘袭爵时，降到了贝勒。奕绘遗传了爷爷的才华，且风头不遑多让。他亦工书画，善诗词，成为有清一代颇有名气的诗人。最重要的是，他的侧福晋顾太清，是个卓尔不群的女子，容貌秀美不说，单论才华，堪称清代第一女词人，还写过小说《红楼梦影》，文采见识，别有境界。

清人论词，有语曰“男中成容若，女中太清春”，作为一名女子，能与清代著名词人纳兰性德相提并论，端的是厉害之至。

此处专说贝勒奕绘南游，在苏州邂逅顾太清之事。

顾太清，本是满族西林觉罗氏，其祖父是清代大学士鄂尔泰的侄子——甘肃巡抚鄂昌。鄂昌之子鄂实峰，娶香山富察氏女，生一子二女，长女即太清。鄂昌因诗狱株连，被抄家赐死。因而，太清一出生便是罪臣之后，为避忌和祖父鄂昌的关系，由祖母带到苏州养大，改姓顾。顾太清三四岁时，即由祖母教字，至六七岁，又开始学习文化，因是女流，不用参加考试，便专攻诗词歌赋。

① 奕绘才华横溢，有多种著作传世

② 顾太清才高八斗，乃有清一代最重要的词人之一

她自幼不缠足，时作男儿装，绝非寻常女儿家。

奕绘与顾太清在苏州相遇，大约可归于两人冥冥中的注定缘分，一个是英俊少年，一个是如花婵娟，两人才貌相当，着实般配。奕绘春心萌动，遂向顾太清表达爱慕之情。二人顺理成章地走到一起。因奕绘已经娶过嫡福晋，便由顾太清做了侧福晋。

婚后生活，夫唱妇随，甜蜜无比，小两口呼朋引伴，诗词唱和，过的是“只羡鸳鸯不羡仙”的快活日子。奕绘好风雅，自号“太素道人”，顾太清则以“太清”名之，可见夫妻间感情之融洽。

有此才貌双全之女子做终身伴侣，夫复何求？奕绘算是掉进了蜜罐里。

关于顾太清的美貌，清末著名学者冒鹤亭有妙语：“太清游西山，马上弹铁琵琶，手白如玉，琵琶黑如墨。见者谓是一幅王嫱出塞图也。”王嫱者，著名的四大美女之一王昭君也。

顾太清以其出众的才华，引人称诵不已。有人亦说她人品绝佳，“待人诚信，无骄矜习气”；有人说她才思敏捷，“唱和皆即席挥毫，不待铜钵声终，俱已脱稿”。优裕的生活环境，幸福的情感状态，融洽的创作氛围……这一切让她的灵感如黄河之水，一发而不可收。她的创作大都收于《子春集》，包括诗集《天游阁集》和词集《东海渔歌》，约有千首之多。《东海渔歌》与奕绘的《南谷樵唱》相配，南谷是奕绘在房山的一处别墅，太清死后，亦从奕绘葬于南谷。

此处随手选一首《早春怨·春夜》，与诸位共赏之：

杨柳风斜，黄昏人静，睡稳栖鸦。短烛烧残，长更坐尽，小篆添些。

红楼不闭窗纱，被一缕，春痕暗遮。淡淡轻烟，溶溶院落，月在梨花。

再来读一首《浪淘沙》：

顾太清小说作品《红楼梦影》

碧瓦指离宫，楼阁玲成，遥看草色有无中，最是一年春好处，烟柳空濛。

湖水自流东，桥影垂虹，三山秀气为谁钟？武帝旌旗都不见，郁郁蟠龙。

顾太清的才华何止于此！

她在写诗作词之外，还写得一手小说。晚年时，她以“云槎外史”为笔名，写作《红楼梦影》，并以此作成为中国历史上第一位女性小说家，殊为难得。自从曹雪芹《红楼梦》问世，有好事者纷纷写作续书，《红楼梦影》是品质较高的一部。其语言优美凝练，构思精巧，流传一时。

奕绘与顾太清夫妻，恰似清代文坛的双子星，耀眼一时。只可惜，奕绘四十岁那年溘然长逝，美满姻缘从此终结。

丈夫过世后，顾太清顿觉人生冷清，无所事事，精气神都大不如前。一年之后，她突然被卷进一桩绯闻——“丁香花公案”当中。

平抚完丈夫离世的伤痛，顾太清恢复了过去的生活，与一众文人雅士及眷属俱有往还，其中尤以杭州人为多，大诗人龚自珍即为之一。顾太清虽为满人，却好交往汉官内眷，其同游之女友有阮许云姜、许石珊枝、钱李纫兰、孙许云林、武沈湘佩、许项屏山……龚自珍夫人何宜人亦在其中。

“丁香花公案”的男女主人公中男方便是龚自珍，女方就是顾太清。两人被牵涉进这桩公案，则起自龚自珍的一首诗。

道光十九年（1839），龚自珍离京，是年有《己亥杂诗》315首问世，其中一首是：

空山徒倚倦游身，梦见城西阆苑春。

一骑传笺朱邸晚，临风递与缟衣人。

诗下自注：“忆宣武门内太平湖之丁香花一首。”

世人风传，龚自珍离京，与顾太清大有关系。其因和顾氏有染，为奕绘长子载钧所仇，龚自珍害怕被报复，遂狼狈南下。

是年龚自珍又有一诗《至冬再北上迎眷，乃不敢入国门》云：

任邱马首有筝琶，偶落吟鞭便驻车。

北望觚棱南望雁，七行狂草达京华。

诗下自注：“遣一仆入都迎眷属，自驻任邱县待之。”

又一诗云：

房山一角露峻赠，十二连桥夜有冰。

渐近城南天尺五，回灯不敢梦觚棱。

诗下自注："儿子书来，气稍稍北，乃进次于雄县。又请，乃又进次于固安县。"

更有人以此传谣，因有仇家足惮，龚自珍不敢进城。至道光二十一年（1841），龚自珍执教于丹阳云阳书院，以暴疾卒于丹阳县署，又有人称此系仇家毒之。

孟森先生考证，龚自珍所有与太平湖可能相关的诗中，唯第一首最叫人心生疑问。不但明指为太平湖，且明指为朱邸，那"丁香花"自然是贝勒府之花。"其曰缟衣人者，《诗》：缟衣綦巾，聊乐我员。谓贫家之妇，与朱邸之嫔相对照而言，盖必太清曾以此花折赠定公之妇，花为异种，故忆之也。"说到这里，真相大白，送花的是顾太清没错，而接受赠花的，非龚氏本人，而是他的夫人。

可见，诗人写诗，用典太深，亦可能造成过多误解和错读，给别人留下把柄。毕竟，并非人人都像孟森先生有此大学问。

苏雪林有一段考证，也精彩，值得一读。

定庵原配段宜人，为段玉裁的孙女。段玉裁本是定庵外祖父，是亲上结亲的。嘉庆十八年段宜人卒于徽州府署。二十年继佩何宜人来归。宜人字吉云，山阴人，安庆知府裕均之从女孙。她的学问虽不知如何，但道光六年定庵作《寒月吟》，慨念劳生，有偕隐之志。

诗序称"相喻以所怀，相勖以所尚"，又有"示君读书法，君慧肯三思"，可见何氏也是个志趣不凡，知书识字的妇女。她既然了解文墨，又以同籍关系，自然有资格，也有机会和同时居住北京的浙籍妇女往还，而至于和太清往还了。定庵之《丁香花诗》写内眷与太清的交谊，孟心史先生谓为不足怪，我极以为然。

龚自珍被卷入丁香花公案，成为顾太清的绯闻对象

一方是才华出众的龚自珍，一方是才艺双绝的顾太清，再加上一众文人穿凿附会，百姓喜闻乐见，清末最大的绯闻之一由此而生，此等重磅八卦，传播速度之快十分惊人，一时闹得满城风雨，令涉事双方百口莫辩。

其中一个传谣人，可能是奕绘之子载钧。

奕绘过世后，顾太清与袭贝子载钧不和。载钧传播流言蜚语，想借机将太清赶出王府也说不定。事实是，顾太清与她亲生的几个儿女一起搬离了太平湖，另寻住处。

关于这一段绯闻，苏雪林倾向于孟森先生的结论：确凿无疑并不存在。但苏雪林另有几条理由，也值一说，原文抄在这里：

第一，或谓定庵与太清发生恋爱，是因定庵职务上与太清丈夫有联带关系。太素曾管宗学，而定公又曾为宗人府主事，定公为其僚属，故得为入幕之宾，由此而得到与太清恋爱的机会。《孽海花》即作此说。但太素管理宗学在丙戌年（道光六年），道光十年，管理御书处及武英殿修书处，是年冬授正白旗汉都统。至道光十五年，他已罢官家居，享闲散之福去了。而考定公年谱，他之擢宗人府主事在乙未岁（道光十五年），那年绘贝勒早已不在宗人府了。

第二，假使太清的丈夫绘贝勒是个臃肿龙钟，尸居余气的老头子，或是个目不识丁，俗不可耐的纨袴儿，太清以丰才貌美，嫁了这样一个男人，则或不免有“燕婉之求，得此戚施”之感，而有与别人发生恋爱关系的可能。但事实告诉我们，太素与太清同年，而且也是十分爱好文学的人，与太清唱酬相得。集中提及太清必大称扬一番，对于她真可谓极敬爱之能事。太清对于丈夫爱情，亦非常专且笃，丈夫号太素，她即自号太清；丈夫别号幻园居士，她即自号云槎外史（此见铃木虎郎所见《东海渔歌》所署名）；丈夫全集名《明善堂集》，她的全集即号《天游阁集》；丈夫词集名《南谷樵唱》，她的词集即名《东海渔歌》。伉俪之爱外，又加上文学的同情，其家庭幸福，美满达于极点，太清又何必更有外慕？

第三，太清虽是个才调卓绝的女子，而从她的作品上看来，性格却是很方正的，而且还是个礼教观念很深的女性。集中虽有几句艳体诗，自己早标明“戏拟”。关于她爱人——她的丈夫——方面的作品，端庄亦较流丽为多，无论如何太清实说不上是个风流人物。说她有同别人恋爱的事，实是冤枉了她。况周颐《东海渔歌序》谓“末世言妖竞作，深文周内，宇内几无完人。太清之才之美，不得免于微云之滓，变乱黑白，流为丹青，虽在方闻之士，或亦乐其新艳，不加察而扬其波，亦或援据事实，钩考岁月，作为论说为之申辩者，余则谓言为心声，读太清词可决定太清之为人，无庸断断置辨也。”此语可谓实获我心，我这篇文字，其实可谓是多做的了。

其实，讨论“丁香花公案”不应忽略一个叫陈云伯的人，此人乃杭州风流文人，好趋炎附势，最崇尚袁枚，追随其作为，喜欢收闺阁女弟子，亦算是当时诗坛的一名人物，曾入选《乾嘉诗坛点将录》，称为“小李广陈云伯”。这位陈云伯，自命不凡，常以仙人自居，著有《碧城仙馆词抄》，中多绮语，更有女弟子十余人代为吹嘘。他曾托孙许云林以“莲花笺一卷，墨二锭见赠”，求顾太清诗一首，编入集子中以抬高身价。顾太清向来看不起陈云伯的为人，避而不受。孙许云林系诗人许周生之长女，与太清关系极好，孙许云林的表姐汪允庄又是陈云伯的儿媳，尽管有这一层关系，顾太清亦未题诗给陈云伯，可见鄙薄其为人，这令陈云伯脸面无光。

不料，陈云伯诗集刊行后，竟然有署名“西林太清”的《春明新咏》一首。原来是顾太清觉得荒唐可笑之至，用了“西林太清”的韵，写了一首诗：

含沙小技大冷成，野鹜安知澡雪鸿；
绮语永沉黑暗狱，庸夫空望上清宫。
碧城行列休添我，人海从来鄙此公；
任尔乱言成一笑，浮云不碍日头红。

诗中嘲讽之意跃然纸上，定让陈云伯羞得个面红耳赤。顾太清因其不肯附会的个性，得罪了一些人，以致卷入所谓“丁香花公案”——即可能是陈云伯之流所为。

惇亲王府

出过“浑王爷” 也有一皇子

王府档案

王府主人：惇亲王绵恺及其后代

王府特色：规模较小，院落促狭

王府现址：北京朝阳门西侧

王府变迁

- 原是康熙第五子恒亲王胤祺的府邸，时称恒亲王府。
- 嘉庆皇帝第三子绵恺封惇亲王，居住于此府中。
- 绵恺无嗣，道光帝将第五子奕誴过继之，袭惇亲王。
- 后惇亲王家道败落，子孙将院落分割出售。

王府秘史

奕誴："浑王爷"到底有多"浑"？

首任惇亲王绵恺是嘉庆帝的第三子，嘉庆十三年（1808），天理教起事，攻入紫禁城。绵恺同绵宁（后来的道光帝）一起杀敌，后得褒奖。他死后，袭爵者乃其养子奕誴。

奕誴是道光帝的第五子，其母钮祜禄氏，系郎中久福之女，初为贵人，后晋升为嫔，到道光四年（1824），晋升为妃，后又降为贵人。奕誴自小便不是什么"好孩子"，书不好好读，字不好好写，整日里吊儿郎当的。道光极不喜欢这个孩子，觉得他没出息，终于有一天，将他过继给绵恺，后袭爵为惇郡王。咸丰称帝，奕誴乃咸丰胞弟，又升为亲王。

奕誴个性粗枝大叶，书也读得不好。但这位王爷，质朴中透着可爱，又体恤百姓，是宗室中少见的性情之人。

奕誴从不摆王爷的架子。虽是高高在上的惇亲王，但他的姿态特别低，非常亲民，经常跻身于普通百姓当中，与他们打成一片。夏天里，惇亲王只穿一件粗葛布的短褂子，拿把大蒲扇，坐什刹海边上纳凉，熟不熟的人，都能聊几句。只要有他在，保准热闹。冬天里，裹件老羊皮袄，一个人悄悄溜到正阳楼去吃烤羊肉，甚至跑到"大酒缸"，跟脚夫轿班一起喝"二锅头"。

这些底层生活经验使惇亲王对老百姓的疾苦了如指掌，因此经常为民请命，请行仁政，甚有慈爱之心。

据说，这位"浑王爷"讨厌宫中烦琐的礼节，也不把礼节放在眼里，他身上有股子浑不吝的劲头儿，这劲头儿一上来，连慈禧太后也不得不让他几分。

《清史稿》载，奕誴“屡以失礼获谴”，虽没说具体原因，但可以想象，奕誴为人处世常常不拘小节。

光绪之初，慈禧太后得过一场大病。病情初愈，为替她消闷，内务府传唤“落子馆”的几个姑娘，在长春宫演唱“八角鼓”。别看奕誴不求上进，但人家也是大清宗室，知道以大局为重，认为慈禧光顾看戏，而误了军国大事，为此特别不满。恰好，某天，奕誴在内务府朝房喝酒之后，奉懿旨召见，这位亲王便穿一件葛布小褂，将辫子盘于顶上，哼着小调，徜徉入殿。李莲英都吓傻了，慈禧见是奕誴，心下不悦，但也没招儿，只得说一句：“五爷醉了！”命太监将他扶了出去。

又有一次，慈禧与众王爷一起赏戏，戏演到中间，只见这位惇王脱去朝服，光着膀子，挥舞着道具，登上舞台乱演一气。看戏的众王爷慌了神，不知如何是好。台上的演员也全愣在那里。慈禧看到这般景象，长叹一声，溜走了之。

几乎人人都知道，惇王是个不好惹的茬儿，偏偏有太监来招惹。惇王向太后进献黄花鱼，敬事房太监想要几个钱，否则不给送。于是，奕誴某次在召见时，亲自端了一盘鱼呈给慈禧。慈禧不免诧异，忙问何故，惇王板着脸说：“敬事房的太监要红包，不给不让送进来。臣没有钱，有钱也不能给他们，只好自己端了来。”慈禧大怒，将敬事房的太监交付内务府杖责。这下，太监们可晓得了这位王爷的厉害。

更有一件事，值得说道说道。

慈禧太后与恭亲王奕訢密谋发动“辛酉政变”时，两人的详细计划却被奕誴知晓。在承德的一次晚宴上，肃顺为众王爷备酒席以招待，席间，众人谈笑风生，仿佛没有任何事情一般。或是因为恭王的计划里没自己的份儿，心内的醋坛子一下子给打翻了，奕誴跑到肃顺跟前，一把拽住肃顺的辫子，嚷嚷道：“人家都要杀你的头了，你还有心思喝酒！”当场把个恭亲王奕訢吓出一身冷汗，若不是强装镇静，怕早已露出马脚，好在肃顺自己比较麻痹，以为五爷在跟他开玩笑，还把头伸出来，笑说：“请杀，请杀。”

若肃顺不那么大意，将惇王的话当成重要情报处理，说不定历史真的会改写。

溥儁：只差一步到皇帝

奕誴的次子，叫载漪。载漪的堂叔瑞郡王奕志过世，死后无子，载漪出继为嗣，并袭贝勒，三十八岁时，加封郡王，结果诏书上将原本的“瑞”写成“端”，这载漪就稀里糊涂地成了端郡王。有资料称，载漪娶了慈禧哥哥的女儿，是慈禧的侄女婿，似为不实。不过载漪的福晋聪明伶俐，常有机会接触慈禧，将慈禧伺候得舒服妥帖，因而得宠。载漪夫以妻贵，才得太后另眼相看。

载漪亦是朝中主张招抚义和团的代表人物。义和团运动发生时，他作为主抚派的中坚之一，力迎义和团进京并予以接待，是洋人深恨的若干个“祸首”中的一员。

光绪因主持“戊戌变法”为慈禧所不容，变法失败，光绪被囚禁。慈禧便与心腹荣禄商议，欲立端郡王载漪的儿子——年仅十五岁的溥儁为帝，废除不听话的光绪。光绪二十五年（1899），溥儁受诏入宫，被封为“大阿哥”，慈禧为其选定师傅，决心细加栽培。

此举已然表明慈禧废除光绪帝的用意，但顿遭各国公使反对。各国拒不承认这位大阿哥，皆因其父载漪与义和团有关，是支持义和团运动的幕后主使之一。消息传出，朝野上下，一时哗然，反对之声不绝于耳。慈禧迫于压力，只好停止此一计划，废除光绪之事就这样搁置下来。

光绪二十六年（1900），庚子事变，八国联军攻入北京，慈禧与光绪仓皇西逃，大阿哥亦在随行的队伍当中。

因逃得匆忙，未及做太多准备，慈禧等人，一路之上，甚为狼狈。顽劣无行的大阿哥溥儁，闷在驮轿里，真真要憋出病来。

过了怀来，实在忍不住，溥儁竟拉起二胡，光拉不过瘾啊，还跟着唱："头通鼓，战饭造；二通鼓，紧战袍；三通鼓，把锋交；上前个个俱有赏……"别看溥儁读书不怎么样，但自幼爱听戏，学得有模有样，颇有些名伶的架势。之后的路途中，耐不住寂寞的大阿哥，变着法儿玩新花样，一会儿吹唢呐，一会儿打手鼓。

光吹打不过瘾，大阿哥又养起小动物，养野兔，养狗，还买了几十只蝈蝈，每日里玩得不亦乐乎。十六岁的大阿哥，玩心尚未褪去，在亡国逃难的旅途中，除了觉得无聊他压根儿没有任何忧伤的意思。

据慈禧贴身宫女荣儿回忆："最让大阿哥高兴的，是在雁北的一次驻跸。那天，天时还早，小太监从外面买进几只鸽子来。大阿哥起初不太注意，后来仔细一看，竟然是乌头黑翅，这可是'铁翅乌'，大阿哥分外惊喜，因为北京当时还没有这个品种。后来，他又让小太监挎着篮子给我们看，告诉我们说：'这种鸽子飞起来好看，但并不善飞。'后来在北京

大阿哥溥儁

《辛丑条约》（清政府与各国分别签约，图为与法国所签）

曾流传一句话：‘十个鸟，九个赖，有了一个就不坏。’这也是大阿哥在西行路上为这种鸽子唱的，他有个嗜好，见什么，唱什么，足见大阿哥的聪明。”

说起来叫“玩物丧志”，但如果放现在，这大阿哥倒算个玩家，是真正懂生活的人，可惜他懂得太不是时候。

西逃路上，慈禧命李鸿章与诸国议和，签订《辛丑条约》，之后返京。

清廷与列强议和，条件之一便是惩办祸首，载漪作为“祸首”一分子，被慈禧治罪，流放新疆。而溥儁则以“纵容义和团，获罪祖宗”被废大阿哥之位，仍归宗载漪。只差一步到皇帝的溥儁，短短的政治生涯自此结束。

光绪二十八年（1902），清廷下令将载漪流放新疆，载漪没去新疆，中途逃到蒙古去了——他的侧福晋是蒙古阿拉善旗罗王之女。当时，岳父老罗王已死，在位的罗王是其侧福晋的兄长，也就是他的大舅子。

再说溥僡回到惇王府，惇亲王奕誴已病故。因其长子载濂、次子载漪、三子载澜均因庚子之变革爵，慈禧令其四子载瀛降袭贝勒，并承继惇亲王府，并占有府内八大殿堂及绝大部分地产。溥僡迁回，载瀛拨了王府东跨院二三十间房屋让他居住。

惇亲王府住了没多久，溥僡便接到父亲载漪从阿拉善旗罗王府来的信，说自己已投亲在罗王府，希望他来看看自己。困居于惇亲王府的溥僡，颇有寄人篱下之感，正巴不得离开，便跑到蒙古去省亲。

来到罗王府，溥僡见到了罗王女儿，为其容貌和气质所吸引，痴痴地眼神儿再也移不开。载漪知道儿子的心事后，托来罗王府做客的甘军统领董福祥向罗王夫妇提亲，对方答应下来。本来是一次探亲之旅，不想竟有意外收获，溥僡当然是喜不自禁。

溥僡完婚后，载漪想让儿子陪自己在罗王府常住，父子相伴，会少许多寂寞。但溥僡哪里会这么想，草原荒凉无边，既无京都之繁华，又没什么好玩的地方可去，住得稍久，不免厌倦。况且，父亲载漪答应将自己分得的一部分祖产留给自己，有此承诺，自己回去会过上安逸快活的日子，再不用过捉襟见肘的生活，因此决意携妻回京。临行前，载漪与罗王分别有重金相送，溥僡心里怕是乐开了花。

溥僡夫妇抵京，先住在京城的罗王府，几个月后，又搬回惇亲王府居住。有了钱，身板自是硬气了不少。

辛亥革命后，宣统退位，清室获得优待。溥僡摇身一变，成为总统府参议，没有实际工作，只是挂名，但每月能领五百大洋的薪俸，这在当时，是相当可观的一个数字。当时地位尊贵的大学教授，月薪资大约是二百到三百块大洋。一块大洋，可以带一帮朋友到饭店里点一桌可口的饭菜。

溥僩有了钱，天生爱玩的本性便彻底暴露出来，他与一帮狐朋狗友，常到戏园、酒楼里鬼混，大凡能凑热闹的地方，总能看到溥僩的身影。他还定制了一辆漂亮的洋包车，晚饭后，便坐上车到前门外看戏、听大鼓。溥僩还是个喜欢赶时髦的人，常常到洋菜馆里开荤，听人说抽大烟舒坦，便又学会了抽大烟。抽得上了瘾，干脆为他常去的大烟馆里一个绰号“小媳妇”的江南婢女赎了身，另租宅子，专门伺候自己抽烟。

端的是花天酒地的“幸福生活”。

但再有钱也架不住这般花，罗王格格看这日子没法过，就跟他吵架，吵得多了也烦，格格索性连丈夫的面也不见了。

好日子没几年，溥僩挂名的空饷取消了，父亲给的珍宝也卖得差不多了，眼看着日子又过不下去了。

1924年，冯玉祥发动“北京政变”，将逊帝宣统赶出紫禁城，把清室王公的土地以“缴价升课”方式“变旗地为民地”。所谓“缴价升课”，是由佃农按较低地价分期偿付后，该地即属佃农所有。这样几年下来，土地就没了，王府的地租自此断绝，坐吃山空的溥僩被逼上了绝路。

三年后，载漪去世，其长孙毓运交卸甘肃省景泰税务局局长，回北京看望母亲，见到四爷载瀛和叔叔溥僩。因载漪和毓运的父亲溥僎相继过世，载瀛便将分给端王一系的惇亲王府东跨院那部分房产交给了毓运，并正式办理了契税手续。这是载漪本答应给溥僩的产业，经由载瀛的主持，溥僩愣是没分到一片瓦，就因为载瀛知道，分给他迟早会被他挥霍掉。

好在侄子毓运通情达理，见溥僩如此穷困，当即将房契给了他。溥僩感动得不知如何是好：关键时刻，到底是这位大侄子最亲。

几个月后，溥僴找来毓运，诉说自己生活困难，想要把房产卖了。侄子通情达理，同意卖掉，溥僴共得数千块大洋。可这大洋一到手，他又觉得自己阔绰了，先前的毛病改不掉，吃喝无度，鸦片照抽，几千块哪禁得住花啊，才一段时间，又露了底裤。

话说载漪去世后，他的七福晋带着他留下的十几箱古董返京，打算卖掉，置办些产业安度晚年，找溥僴商量办法。走投无路的溥僴像见到了一根救命稻草，当然不肯放，吵闹着要和七福晋平分财产。福晋一看这茬儿不好惹，拿出小部分给了溥僴，赶紧头也不回地离了京。

溥僴自知无法谋生，又腆着脸让妻子向老罗王的儿子塔王求借。塔王塔旺布里贾拉当时担任蒙藏院总裁，见妹夫妹妹生活艰难，立即派人按月送钱接济，后来，还把夫妇俩接进塔王府居住。不久，塔王去世，这最后的救命稻草也没了。

寄人篱下，终要受白眼相待，更何况塔王侧福晋对溥僴早就看不惯，对小姑子也不满，她叫家中诸人对溥僴夫妇不必那么客气。溥僴哪里受过这般待遇？可又没有能力自谋生路，心情大受影响，终日闷闷不乐，不久积郁成疾，死在了塔王府。

溥雪斋：非正常死亡一种

溥雪斋是奕誴的孙子，其父载瀛，乃奕誴第四子。载瀛热爱画画，且是一把好手，他画的马，取法郎世宁，中西融合，精工细密，着实是下了真功夫。载瀛厉害的地方，不单是他自己以画闻名，还在他将儿子溥雪斋、溥毅斋、溥松窗、溥佐全培养成大画家，兄弟四人皆为中国画坛上名动一时的人物，号称“一门四杰”，对中国画的发展影响深远。

①	②

① 溥雪斋画作
② 溥毅斋画作

溥雪斋出生于光绪十九年（1893），五岁时，过继给道光第九子孚郡王奕譓为孙，封贝子，曾担任乾清宫行走、御前行走，奉命参与校定、整理宫廷书画，这一经历令他眼界大开，颇得古人精要，为日后成为大画家奠定了坚实基础。

1924年冬，溥雪斋与溥心畬（号松巢）、溥毅斋（号松邻）、关松房（号松房）、惠孝同（号松溪）等人，创立松风画会，溥雪斋以资历和年纪，担任画会首任掌门人，被人尊称“大爷”，一来他排行居首，二来他手头宽裕，常请大家吃饭。溥雪斋的钱，多来自他卖画的收入。溥雪斋是市场化的先锋，他能放得下王室的架子，在南纸店里挂笔单。所谓“挂笔单”，是指画家润笔的收费标准，由本人或友好拟定，写出各种不同规格的书画的润例，明码标价。顾客选择订货，书画家按时交件。溥雪斋的画，深受市场欢迎，价格较高，因而手头比别人宽裕甚多。

溥雪斋画出了名堂，被辅仁大学聘去当了教授，其创办了美术专科，专门教授美术。后美术专科改称美术系，溥雪斋又当了系主任。

新中国成立后，他曾任北京文史馆馆员、北京画院名誉画师、书法研究社社长、中国美术家协会北京分会副主席、中国美术家协会会员、中国文联常务理事、古琴研究会副会长、民族音乐研究所特约演奏员等职。

“文化大革命”中，溥雪斋受到批斗，与六女儿离家出走，从此再也没有回来，死因成谜。

王世襄先生有篇短文《怀念溥雪斋先生》，将溥雪斋的神韵和风采，描绘得淋漓尽致：

一九四二年，雪斋先生在辅仁大学艺术系（应为“美术系”）任教，拙编画论将脱稿，曾思趋谒求教。偶过其门，见家人护拥先生登车，颇具规仪，使我不敢再有拜见之想。

一九四五年自蜀返京，于伯驹先生座上识先生。时弓弦胡同常有押诗条之会，后或在先生家及舍间举行，论诗猜字，谈笑已无拘束。饭后忆先生为述往事。百年前太极宗师杨露禅在府护院时，绝技如何惊人。有异人入府，炫其术，桌上扣牌一副三十二张，任人翻看，张张是大天，被逐出。盲艺人代人守灵，忽闻谎报“诈尸”，惶恐中导致种种误会，令人发噱。单口相声有此段子，而先生娓娓道来，引人入胜，与相声雅俗迥异。一次宫中失火，飞骑往救。入宫门见院中白皮松被焚，树多油脂，火势甚炽。此时万万想不到先生竟喊出一句：“那个好看!”以从未见过如此壮丽之火树银花也。以上足见先生语言艺术造诣极高，诙谐可爱。

无量大人胡同距芳嘉园不远，先生有时徒步来访。入门即坐临大案，拈笔作书画。得意时频呼“独!”“独!”。“独”为伯驹先生口头语，意近今日之“酷”。今存小帧兰草、山水、行楷等皆先生当时所作。荃猷画鱼，亦曾即席为补水藻落花。先生之天真可爱又如此。

过从渐多，始知诗书画外，先生擅三弦，伴奏岔曲子弟书。曾从贾阔峰学琴，荒芜已久，而心实好之。知荃猷从管平湖先生学琴，烦为弹奏。不数月，平沙、良宵，先生已能脱谱，绰注无误。旋与查阜西先生、郑珉中兄游，琴大进。梅花、潇湘等曲，皆臻妙境。于此又见先生之音乐天才。

六七十年来，先生无时无刻不寄情于文化、艺术，深深融入其中，其乐无穷，而家境则日益式微。六十年代初，曾见先生命家人提电风扇出门，易得人民币拾元。为留愚夫妇共膳，命家人赊肉，并吩咐“熬白菜，多搁肉”。使我等不敢、亦不忍言去。而此时窥先生，仍怡如也。其旷达乐观又如此。先生实为平易天真，胸怀坦荡，不怨天，不尤人之真正艺术家。当年以仪表相人，大误!大误!

红卫兵猖狂时，先生携弱女出走，从此杳无消息，不知所终。一度欣闻无恙，谓先生匿身东陵，后知为讹传。

拨乱反正后，市文史馆为先生开会追悼，襄曾撰联：神龙见首不见尾，先生工画复工书。

殊不惬意，以先生书画早负盛名，尽人皆知，勿庸再及。顷以为不如易为“先生能富亦能贫”，但终不当意，以未能道出先生可敬、可爱之性情品格也。

多年来，愚夫妇以为平生交往中，先生实为最使人感到率真、愉快良师益友之一，至今仍不时想念。遇有赏心乐事，美景良辰，法书名画，妙曲佳音，甚至见到近日妄人俗子，荒诞离奇，弄姿作态，不堪入目之作，均不禁同时说出：“要是雪斋先生在，将作何表情，有何评论?”于是皤然一老，又呈现眼前。

雪斋先生，入我深矣!

府邸分南北　潜龙两叔侄

王府档案

王府主人：醇亲王奕譞及其后代

王府特色：共有南府和北府两处

王府现址：南府为今西城区鲍家街中央音乐学院，北府为今西城区后海北沿国家宗教事务局

王府变迁

● 原为荣亲王府，荣亲王永琪是乾隆第五子。

● 咸丰九年（1859），醇郡王奕譞入住。

● 同治十一年（1872），奕譞晋醇亲王，始称醇亲王府，俗称七爷府。

● 同治十三年（1874），同治去世，奕譞次子载湉嗣位，是为光绪帝。光绪十四年（1888），醇亲王府迁北府，慈禧太后拨十万两白银对北府进行整修。北府原为清初大学士纳兰明珠的府邸，后被乾隆赐予十一子成亲王永瑆。

● 民国年间，南府一度是中华大学校址，后改为民国大学。

● 南府现为中央音乐学院，北府现为国家宗教事务局办公地，北府的王府花园现为宋庆龄同志故居。

王府秘史

明珠：掌仪天下政

醇亲王的北府，其前身是纳兰明珠的府邸。那咱顺道儿说说明珠。

纳兰明珠（1635—1798），正黄旗满洲人，叶赫那拉氏，其父尼雅哈是努尔哈赤之降将。明珠的岳父倒是个赫赫有名的人物，即多尔衮之兄阿济格。阿济格因太过狂妄欲夺辅政大权，被郑亲王济尔哈朗等人所擒，几遭清算。身为阿济格女婿，明珠自然也跟着遭了殃，仕途尚未开始，就变得灰暗无比。

即便情形对明珠如此不利，他依然可以脱颖而出，甚至位居相国，“掌仪天下之政”，自然有其超出凡人之处。

明珠聪明伶俐，能言善辩，通晓满汉文学，又能察言观色，办事周全，屡被提攫。先从侍卫起步，继之迁内务府郎中、总管，再迁弘文院学士，再任都察院左都御史、经筵讲官、刑部尚书、兵部尚书、吏部尚书，之后任太子太傅、武英殿大学士兼礼部尚书等职，一时风头无两。在仕途上能取得如此骄人之成绩，断不是靠着小聪明就可以起家的，明珠自有他一身好本事。

明珠步步高升，深受康熙信任，而最终得宠，却是因为赞成撤藩。

康熙之初，南疆大定，留重兵镇守：平西王吴三桂驻云南，平南王尚可喜驻广东，靖南王耿精忠驻福建，三人拥兵割据，是为“三藩”。三藩之中，又以吴三桂实力最强，骄纵异常，乃康熙心腹大患。康熙在其亲政之初，将三藩与河务、漕运列为重中之重，是其重点处理的政事所在。亲政之后，康熙积极部署撤藩事宜，而明珠则为其得力助手。

①②醇亲王府北府，位于什刹海后海北沿，现为国家宗教局

康熙十二年（1673），尚可喜率先上疏，请求撤藩，归老辽东，由长子尚之信袭其王爵，留驻广东。吴三桂、耿精忠见势心虚，亦于次年奏请撤藩，借此试探朝廷。康熙召开议政王会议，商讨撤或不撤，意见分成两派：图海、索额图等人主张勿撤，免于激怒三藩，造成不可挽回之局势；而兵部尚书明珠、刑部尚书莫洛等认为要三藩并撤，否则定成大患。

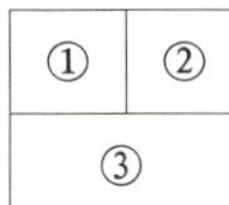

① 鳌拜

② 醇亲王府花园，现为宋庆龄同志故居

③ 醇亲王府马号

年轻的康熙帝，甚是英明果敢，在此问题上，他认为已未有转圜之余地，须当机立断："三桂等蓄谋久，不早除之将养痈成患。今日撤亦反，不撤亦反，不若先发。"遂做出三藩并撤决断。吴三桂在此进退两难的形势之下，打出"反清复明"之旗号，举兵叛变，耿精忠、尚之信二人继之，"三藩之乱"由此而始。

不料祸事连连，撤藩事刚有眉目，京城里杨起隆举事，北方察哈尔阿尔尼叛乱。人祸之外，又有天灾，京师先来了一场大地震，紧接着又有太和殿火灾，之后康熙帝孝诚仁皇后赫舍里氏崩逝。天灾人祸一并发生，仿佛要考验这年轻的康熙皇帝。京师之内，人心不安，各种小道消息流传，刚刚稳固下来的大清政权，面临着一次巨大危机。

索额图借机发难，要求康熙追究主张撤藩的明珠等人之责，并予诛杀。康熙当然不会杀明珠，对其信任反而与日俱增。倒是索额图自己，被康熙大加斥责。康熙撤藩之决心，由此可见一斑。

经八年苦战，终于削平三藩，大清政权彻底消除了隐患，从此稳固。之后，康熙再接再厉，决定武力统一台湾。在收复台湾的过程中，明珠居功至伟，正是他主张由施琅独自带兵，方使得施琅拥有独立作战之权力，免去了旁人掣肘之可能。在康熙看重的另一重要事项河务中，明珠亦积极参与，他推荐治河能手靳辅，使黄河复归安宁。

康熙朝之初，四大臣辅政，鳌拜独专大权，逼得康熙设计擒拿鳌拜，此中索额图居首功，从此开始索额图掌权的时代。康熙之所以扶植明珠，亦有对抗索额图的政治需求，对其进行牵制，而不致再形成昔时鳌拜独断之情形。

索额图与明珠，皆为朝中要臣，政治理念殊异，从而成为官场上的死对头。观二人处事方式，亦完全不同：索额图为人倨傲放肆，对于不依附自己的大臣多予斥责打击，对皇太子胤礽极尽奉迎拍马之能事；而明珠为人谦逊和气，轻财好施，喜欢拉拢新人，对于不依附自己的朝臣则阴谋构陷，对于奉迎皇太子的人从不接近。

两相比较，不难发现，明珠的政治谋略和远见显超索额图。只不过，波诡云谲的朝堂之上，一切皆有可能，但看两人最终的命运，颇值得玩味。

康熙二十六年（1687），御史郭琇弹劾明珠，细数其八大罪状，欲将明珠置于死地。在处理明珠的问题上，康熙帝“不忍遽行加罪大臣，且用兵之时，有效劳绩者”，故采取宽容的处理方式，革去明珠大学士职务，授为内大臣，明珠同党余国柱、科尔坤、佛伦等革职。

明珠之贪渎和勾结朋党，从某种程度说，乃是康熙放任之结果。他暗允明珠发展党羽，实出于牵制索额图势力之需要。但当其认为明珠势力过大，若不加约束，可能危急自身统治时，便开始着手予以整顿。也只有老奸巨猾的皇帝，才可以将众大臣玩弄于股掌之中，但这招使用不当，也会有副作用，正所谓“伤人八百，自损一千”。

康熙二十七年（1688），康熙下令革去明珠和勒德洪大学士职务，不久之后，又让明珠担任内阁大臣，依旧留在自己身边。自此明珠不再受宠，亦意味着其政治生命的终结，这难免令掌惯大权的明珠郁郁寡欢，直到病逝。而他的政治对手索额图，因为拉拢太子，广结党羽，而为康熙帝所诛杀。

值得一提的，纳兰明珠的贡献，不唯其政绩，还在于生养了一个叫纳兰性德的儿子，是为有清第一大词人，写出“人生若只如初见，何事秋风悲画扇”这般凄美词句，引得后世无数文艺青年争相引用，以为知音。更有好事者考证，《红楼梦》中贾宝玉之原型即为纳兰性德。

明珠还曾奉皇帝之命，以总裁之职参与重修《清太祖实录》《清太宗实录》，编纂太祖、太宗、世祖《三朝圣训》，以及《政治典训》《平定三逆方略》《大清会典》《大清一统志》《明史》等，所编之书大多为清朝首创，为历代所沿袭。其中《大清会典》是清朝康熙以前各项政治制度的集大成之作，是研究清史的宝贵资料。

奕譞：战战亦兢兢

奕譞，乃道光帝第七子，生母是道光贵妃乌雅氏。道光帝九子中，有三子最为闻名：第四子奕詝，继皇帝位，是为咸丰；第六子恭亲王奕訢，于同治、光绪年间，运用超人之手腕，力挽狂澜于既倒，亦是与洋人打交道的一把好手，民间送外号“鬼子六”；第七子醇亲王奕譞，民间亦有外号相送，人称“败家七”，政治上少有建树，但福气不浅，他家里出了两位皇帝，一是其儿子光绪，一是其孙子宣统，若非赶上大清既亡这当口，应为无上之盛事。

奕譞众兄弟中，数奕訢最有才华，德才兼备，文武双全，是晚清第一流的治国能手，其余大多不中用。再看看咸丰帝，在位十一年，无任何作为，凡遇大事，均表现得优柔寡断，束手无策，后人称 “四无”皇帝，即无远见、无胆识、无才能、无作为。而奕譞自小刻苦读书，能诗能文，但要说到治国，以其不求无功但求无过的个性，也断难成事，无数的事实证明了这一点。

道光去世后，奕訢与皇位失之交臂，皇位归了奕詝，十岁的奕譞受封为醇郡王。之后十余年，奕譞未曾获封，大部分时间是在上书房随师傅读书。奕譞六岁开始读书，师从朱凤标读书，上书房规矩颇多，师傅管束严苛，即便身为皇子，一旦犯错，也难免受责罚。奕譞读书，每日歇息不过一二次，每次不过一刻，且须征得师傅批准。若功课未完成，或罚读书，或罚习字，也有罚下榻站立诵读的。正是这般刻苦的读书生涯，令奕譞打下深厚的知识功底，亦深远地影响其性格的形成。师傅的严格要求，教他养成循规蹈矩的个性，从不逾越雷池半步。及至后来，奕譞做事，始终保持谨慎小心的风格，但凡存在对自己造成危害之可能，奕譞打死也不做。

正是这样的个性，令奕譞在晚清的政治格局中，始终能处于较为有利的地位，从未遭遇过大挫折，就这点来讲，他在仕途的经历，比奕訢顺遂太多。

①
②

① 醇亲王奕譞空有一番雄心，却也无力扭转大清灭亡之形势

② 奕譞和载湉

在很长一段时间之内，奕譞基本上默默无闻，直到“辛酉政变”发生，他参与其中，才开始真正地在政治格局中占有一席之地。奕譞之大福晋叶赫那拉•婉贞，乃慈禧太后之妹，如此一来，慈禧与奕譞便有了特别的关系：慈禧既是奕譞之嫂，又是妻姐，就是民间俗话说的大姨子，这一特殊关系成为其受重用的重要原因。

“辛酉政变”发生前，奕譞人在热河，他通过自己的大福晋，给同在热河的慈禧太后传递密信，又与身在北京的六哥恭亲王奕訢联系，奕譞之参与，亦是成功发动政变的原因之一。政变过程中，奕譞受命负责捉拿肃顺。半夜里，肃顺正拥着两妾酣睡，奕譞带着侍卫到其下榻的旅舍中，悄然动手，肃顺被弄醒，继之大声咆哮，却全然无济于事，最终不得不束手就擒。二十一岁的奕譞立此大功，常以此为傲，经常讲给子侄孙辈，借机炫耀过往。

溥仪《我的前半生》有记，某天，王府里演戏，演到《铡美案》最后一场，溥仪年幼的六叔载洵看见陈世美被铡得鲜血淋漓，吓得坐地大哭，奕譞立即声色俱厉地当众喝道：“太不像话！想我二十一岁时就亲手拿肃顺，像你这样，将来还能担当起国家大事吗？”

奕譞这辈子最值得炫耀的事，恐怕就是捉拿肃顺了。

“辛酉政变”成功，获益最多的当是慈禧太后。虽说是两宫垂帘，可宅心仁厚的慈安对权力不感兴趣，朝政多由慈禧把持。到后来，慈安患病暴亡，权柄更落到慈禧一人之手。慈安太后之死也成千古疑案，执着于追求真相的人们，没理由不怀疑是慈禧所为。

同治十一年（1872），奕譞获封醇亲王。同治十三年（1874），皇帝载淳病死，因其无嗣，按大清祖制，应从近支晚辈中选立皇太子。倘果真如此，慈禧就成为当朝太皇太后，从而失去垂帘之资格，权力欲极强的慈禧又怎能甘心？

载淳死去当夜，两宫太后召集恭亲王奕訢、醇亲王奕譞等二十余人商议立嗣事宜，有人提出在近支晚辈中择贤而立，亦有人建议选年纪稍长者继位。慈禧召他们前来，哪里是讨论继位之事，分明是宣布自己的决定，即由奕譞的四岁子载湉承袭帝位。立自己的外甥兼侄子继位，不过是慈禧继续把持朝政所布的棋局而已，而载湉则是慈禧的一颗棋子。

慈禧当即发布懿旨：“大行皇帝龙驭上宾，未有储贰，不得已以醇亲王之子承继文宗显皇帝为子，入承大统，为嗣皇帝，俟嗣皇帝生有皇子，即承继大行皇帝为嗣。”

奕譞听闻消息，当即晕倒，人事不省。倒不是意外中得大奖而激动过度，概因他深知，以慈禧之独断与野心，自己儿子当皇帝，亦只能听任摆布，还可能因此惹祸上身，这对于向来明哲保身的奕譞不啻于一场打击！另一方面，立载湉为帝，实际上破坏了大清祖制！这亦是令奕譞与众大臣一时无法接受之原因。

一个女人对权力的渴求和掌控，实际上已改变了大清朝的历史走向。影响深远，值得历史学家细细研究。

尚在懵懂之中的四岁小儿载湉，就这样戏剧性地被推上中国历史的前台，成为大清第一位非皇子而入继大统的皇帝，是为大清国的第十一位皇帝光绪。

载湉继位之后，奕譞借口生病，奏请免去一切职务。慈禧准奏，加封他“世袭罔替”，使之成为大清朝仅有十二位“铁帽子王”之一。对独断专行的妻姐，奕譞时时谨慎，事事周到，多予取信讨好，也难怪其仕途一帆风顺。

慈禧愈发独断，要进一步将朝政大权独揽怀中，故步步紧逼执掌议政大权的恭亲王奕訢，而奕譞在这时刻，又成为她对抗恭亲王的最好棋子。光绪七年（1881）三月，慈安太后离奇去世，垂帘的仅剩慈禧一人，最高权力在手，哪容得别人掣肘？奕訢自然成为其目标，必欲除之而后快。光绪十年（1884），慈禧终于忍耐不住，将奕訢赶出军机处，将奕譞推出，予其极大权力。早被六哥奕訢压抑数年的奕譞终于有了施展政治抱负的机会，也有跃跃欲试的决心，其志虽比天高，但才具太浅；权力虽大，却常畏惧太后之威，不敢有丝毫冒犯得罪，哪里可能做出政绩？

奕譞从政，只干了两件事：一是为大清朝组建海军；二是拼命讨好慈禧，为求其欢心，不惜挪用军饷，为其大修园林。国家危难之际，民族存亡之时，竟将个人享受凌驾于国家民族之上，真真寒了有志之士的心。

光绪十一年（1885），清政府成立总理海军事务衙门，奕譞总理其事，建成北洋水师，使之初具现代海军之规模。奕譞决心做事，给自己长脸，还真有些实际行动：花大手笔购买军舰；巡阅海军；支持李鸿章关于海军之改革；鼓励张之洞引进西方工业。凡此种种，无不显示奕譞并不甘心于寂寂无闻，有想要建功立业的豪情壮志。但在关键时刻，奕譞谨小慎微的性格弱点就会暴露出来。

面对独断专行的慈禧，甭说让醇王爷像奕訢那般据理力争，怕是慈禧的一

①	②
③	④

① 慈禧接见外国公使夫人

② 慈禧十分喜欢拍照

③ 奕譞（中）与李鸿章（右）、庆善（左）摄于天津海光寺行辕

④ 光绪帝励精图治，无奈力不从心

个小小眼神，也得让他揣摩半天。

性格如此，又怎能指望他放开手脚做事？所以，当奕譞置国难于不顾，挪

用海军军费为慈禧大修园囿时，一切也就没有什么可奇怪了。

早在同治十二年（1873），载淳就曾以“奉养两宫”的名义，打算重修被英法联军烧毁的圆明园，只是耗费甚巨，又遭奕訢等大臣反对，此事才不了了之。奕譞掌权之后，顺从和讨好是他获取慈禧信任的两大法宝。他先是为慈禧整修紫禁城内的西苑三海，接着，又为慈禧在西郊大修清漪园，就是著名的颐和园，为遮人耳目，则打起办海军的幌子，于昆明湖畔设水师学堂，每日出练水操。慈禧为个人享受，真是不计代价。修园子当然需要银子，本就贫乏的国库更加不堪，为筹措经费，奕譞以海军衙门名义四处张罗挪借，颇费周章。以海军军费修建园囿，恐怕是全世界也不多见！慈禧集全国之力，来满足自己奢靡的生活需求，当真可恶，而身为大清国重臣的奕譞，对此非但不予阻拦，反而投其所好，更是可恶！

奕譞性格谨小慎微，明哲保身，缺少成就一番事业的才具和头脑。但就本质来说，他这个人不贪婪，亦不糊涂，对于富贵和荣耀，多数时间内都保持着清醒的头脑。正如他留给子孙的这几句话：

财也大，产也大，后来子孙祸也大，若问此理是若何，子孙钱多胆也大，天样大事都不怕，不丧身家不肯罢；

财也小，产也小，后来子孙祸也小，若问此理是若何，子孙钱少胆也小，此微产业知自保，俭使俭用也过了。

话说得很有几分道理，堪称人生警句，奕譞算是皇亲贵族中少数能秉持恬淡态度的。

奕譞用一生的懦弱，换来个善始善终的结果。

光绪十六年（1890）冬，奕譞去世，享年五十一岁。谥号“贤”，且获“皇帝本生考（亲生父亲）”称号。

载沣：十八岁出使欧洲

载沣的身份有点特别，他是光绪的五弟，是末代皇帝溥仪的亲爹，是大清朝最后一个摄政王。

他的经历也特别，十八岁出使德国，“慎重外交，不辱使命”；逢民国共和大潮，他又主动顺应时代潮流，推动皇帝逊位；后与孙中山会晤，相谈甚欢；儿子溥仪投靠日本人，出任伪满洲国皇帝，他则坚决拒绝为日本人差使；他去世时是1951年，看到了新中国，死在了新时代，前后经历三朝转变。

载沣是醇亲王奕譞第五子，生于清光绪九年（1883），七岁时袭王爵，成为第二代醇亲王。载沣这个醇亲王，比他爹更难受，奕譞自己受点气，四处打点挪借，讨好慈禧一人也就足够，到载沣这儿，大清王朝已是强弩之末，濒死边缘，除了对付老太后，还得打点洋人，跟人家赔礼道歉，小小年纪，忍辱负重，扛起一个国家的屈辱和辛酸。

光绪二十七年（1901）四月十八日，远在西安的慈禧和光绪发布委任状，授载沣为头等专使大臣，前往德国。去德国干啥？谢罪！

庆亲王奕劻、李鸿章与各国大使签订的《辛丑条约》第一款规定：

一、大德国钦差男爵克大臣被戕害一事，前于西历本年六月初九日，即中，历四月二十三日奉谕旨（附件二），钦派醇亲王载沣为头等专使大臣赴大德国大皇帝前，代表大清国大皇帝暨国家惋惜之意。醇亲王已遵旨于西历本年七月十二日，即中历五月二十七日，自北京起程。

二、大清国国家业已声明，在遇害该处所，竖立铭志之碑，与克大臣品位相配，列叙大清国大皇帝惋惜凶事之旨，书以辣丁、德、汉各文。前于西历本年七月二十二日，即中历六月初七日，经大清国钦差全权大臣文致大德国钦差

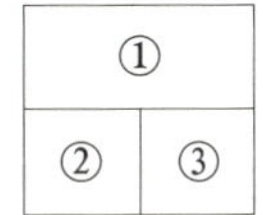

① 出现在大清银行兑换券上的载沣头像

② 最后的摄政王载沣

③ 摄政王载沣的家庙，原为大藏龙华寺。现为北海幼儿园

全权大臣（附件三），现于遇害处所，建立牌坊一座，足满衔衢，已于西历本年六月二十五日，即中历五月初十日兴工。

条约中提及的克大臣，即德国公使克林德。克氏出生于德国波茨坦的贵族之家，1881年进入外交部门，被派往中国，先后担任驻广州和天津等地领事，

1889年回国，之后辗转美国和墨西哥等地。1899年4月，克氏再至中国，任驻华公使。

1900年初，义和团团民即将入京，洋人和教徒成为被打击的重点，北京局势十分紧张。按国际惯例，清廷应负责使馆区的保安工作，但在混乱不堪的情形下，保安已无从谈起。各国使馆纷纷要求清廷批准本国派兵保护使馆区。紧急磋商之后，总理衙门批准各国可自带警卫，之后，八国士兵进入北京保护使馆区及西什库教堂。

团民进京，一时大乱，见洋人就杀，致冲突严重升级。6月14日，克林德曾命令德国士兵对路经使馆的义和团团民开枪，打死团民二十人。在此前后数日，另有数以百计的团民被列强卫队杀死。

6月16日，前门一带约千家（一说四千家）商铺被义和团烧成废墟。慈禧召开御前会议后，发布上谕，勒令解散团民。不料，翌日收到洋人出兵且要求她归政于光绪的假情报，慈禧态度由此发生一百八十度大转弯，遂向各国宣战。

6月19日，总理衙门照会各国驻华使节，“限二十四点钟内各国一切人等均需离京”。当晚，各国公使联名致函总理衙门，以路途安全无保障为由，要求延缓离京日期，并要求次日上午九时前给予答复。

20日上午，克林德带翻译柯达士乘轿从东交民巷使馆前往东单牌楼北大街东堂子胡同的总理衙门交涉。走到西总布胡同西口时，被正在巡逻的神机营霆字第八队章京恩海打死。此事成为八国联军攻战北京的直接导火索。

授载沣为头等专使大臣的目的，就是要他去德国当面跟人家谢罪。十八岁的少年郎，甫一从政，便是替老佛爷擦屁股，这还真不是什么好差使。但国家危难当头，载沣唯有挺身而出，勇敢西游。慈禧明令，谢罪是谢罪，但不能说“道歉”二字。都到这份儿上，架子还是放不下：载沣，你可听好了，万万不能叫咱大清国丢了尊严。我说老佛爷，您可真能耐，咱身为战败国，哪儿还有什么尊严？不管如何，事情到这个份儿，硬着头皮上呗，如有可能，相机行事。

载沣将要抵德国时，双方对谢罪仪式发生争执：德方要求，载沣见德皇须行三鞠躬礼，参赞随员行中国臣见君之跪拜礼；清驻德公使以为，此乃极大之侮辱，断断无法接受，与国内多番请示，又与德方据理力争。多次往返交涉后，德皇才放弃原议，决定俱行鞠躬礼。

载沣觐见德皇威廉二世，行三鞠躬礼，递呈国书，宣读致辞，极尽委婉之能事。载沣对道歉轻描淡写，更强调两国修好，冰释前嫌。威廉二世态度傲慢，坐受国书，发表答词时也未起立，对大清极为不满。无论如何，载沣以基本不伤尊严的方式，将所谓的谢罪给含混过去了，也算大功一件。

慈禧与光绪西逃，皇帝一度住在西安行宫。访德之后，载沣本计划访问其他国家，计划尚未实施，便接到西安行在的上谕，令他快速回国。有此结果，可能是慈禧怕载沣一行若再去他国，显得专程谢罪的诚意不足而使德国人不高兴。因此，载沣以身体不适和回国完婚为由，拒绝了其他国家的邀请，错过了更多了解世界的机会。

庚子事变回銮图

年轻的载沣通过此次出访，眼界一时大开，对欧洲了解愈加深刻。他少年早熟的形象，不但为欧洲所赞扬，亦获得国人之赞美。远在西安的老佛爷慈禧，对载沣之出行也表示十分满意。

这位少年亲王，通过“谢罪”之行，一举成名天下知。

光绪二十八年（1902）初，慈禧太后和光绪皇帝自西安回銮。到保定，慈禧下旨，将荣禄女儿瓜尔佳氏许配给十九岁的载沣。荣禄是太后亲信，是其最可靠的枪杆子。庚子事变后，正是荣禄前后照应，保护流亡中的太后与皇帝。老佛爷安排这一桩婚姻，真是绝妙不过，拉拢了荣禄，套牢了载沣。如果再往后看几年，会发现，正是因为这次联姻，才有了末代小皇帝溥仪。

不料，慈禧的指婚遭到了载沣生母，老醇亲王奕譞之侧福晋刘佳氏的反对。此前，由刘佳氏主持，载沣与希元之女订婚，已放了“大定”（注：“大定”，即拜女家。指男家择吉日聚宗族亲友同新婿往女家问名，女家亦聚亲友

①	②

① 宣统是大清国最后一位皇帝

② 溥仪和母亲瓜尔佳氏

等迎；男方入趋右位，年长者致词，表达欲聘之意；女家致谦词以谢；新婿入拜女家神位，再拜女家诸亲；最后，女家进茶，主宾易位，男家入趋左位坐，设酒宴祝贺）就差圆房了，按习俗已算夫妻，此时退婚等于休妻。希元早已过世，之前曾任吉林将军，希元的曾祖父是乾隆年间大名鼎鼎的蒙古族将领德楞泰。

据说，刘佳氏向慈禧多方求情，但太后态度坚定，毫无转圜余地。于是，个性刚烈的希元之女，遭退婚之后自杀身亡。

嫁给载沣的瓜尔佳氏不是什么省油的灯，她生性挥霍，颇能花钱，令载沣颇为头疼，想了许多办法治她，却不见效。清朝灭亡后，瓜尔佳氏还经常与太妃们变卖首饰，暗中支持复辟运动。

光绪三十二年（1906），瓜尔佳氏生了个儿子，便是日后的末代皇帝溥仪。溥仪出生两年后，老佛爷下旨，选溥仪为嗣皇帝，立即入宫交隆裕太后教养。眼见自己儿子将承大统，瓜尔佳氏喜不自胜，而载沣生母刘佳氏听此消息，一下子昏厥过去。醒来后，老福晋跟儿子交代了自己的心事："害了人家儿子又来害人家孙子，给个皇帝虚名实则监禁终生。"老太太是明眼人，一眼就看穿了老佛爷的把戏。儿子载湉被她害成那样，如今又要害自己孙子，也难怪老福晋会不省人事。

溥仪继位，是为宣统帝，载沣系皇帝父亲，被恩封为监国摄政王。儿子年幼无知，载沣成为实际的掌权者。大权在握的载沣，与其父奕譞一样，也有干一番事业的雄心，欲使大清朝在自己手里耳目一新，重振雄风。但这二十六岁的青年载沣，处理起政事来，因缺乏足够的经验和治理天下的能力，常有力不从心之感。尽管他每日到乾清宫听政并召见大臣，一切奏章，亲自批阅，甚至于还效仿雍正帝，于奏折上勤加朱批，却常常不得要领；又有亲贵从旁掣肘，意见屡有变化，给人反复无常之感；王公大臣入觐，经常对坐无言——不知道说什么好，遇到有人请示意见，则嗫嚅不能立断。

寄希望于载沣的王室皇族以及朝臣们，不免为之失望。

载沣纵是有心做事，确实无力回天。他为大清朝开的几剂药方，最终都以失败告终。

这第一剂，是打倒袁世凯。他担心袁世凯势力过大，想打发他回老家养病。

袁氏返回河南，最初隐居于辉县，后转至安阳。擅长玩弄权谋的老袁在此韬光养晦，暗地里仍关心政事，不过是要静待时机复出。袁世凯住在安阳的洹上村，每日里赋闲垂钓，怡然自得，为掩人耳目，还时常写诗，抒发心境，一副与世无争的派头，比如这首：

百年心事总悠悠，壮志当时苦未酬。

野老胸中负兵甲，钓翁眼底小王侯。

思量天下无磐石，叹息神州变缺瓯。

散发天涯从此去，烟蓑雨笠一渔舟。

袁世凯老谋深算，运筹帷幄，相机而动，一切只为重回权力核心。最终，他做到了，并利用革命力量将大清拉下马。

这第二剂，是把军权牢牢抓在自己人手里。由此，他大肆任用皇族，排除汉人，导致清政府内部分裂，矛盾激化。载沣紧抓军权，并安插大量满族亲贵担任重要职务，如此一来，大大激化了皇室与汉族将领和地方督抚之间的矛盾，本就虚弱的大清朝愈发不堪一击。

这第三剂，是改革政治，预备立宪。只不过，这“立宪”是骗人的假把戏，是为掩饰皇族集权的产物，是个怪胎。

1905年，清政府曾派五大臣出国“考察政治”；1907年9月宣布“预备仿行宪政”；12月6日，张謇、汤寿潜等人在上海成立预备立宪公会。之后，汤化龙、谭延闿、丘逢甲分别建起湖北宪政筹备会、湖南宪政公会、广东自治会等团体，梁启超等人也在日本东京建立政闻社。1908年8月，各团体因清政府并无实际行动，乃派代表联名上书，请求速开国会、颁布宪法。在社会各界强大的压力之下，清政府不得不摆出某种姿态。1909年，各省奉命设立咨议局，多由立宪派主持。次年，经张謇发起，十六省咨议局代表齐集北京，仍以速开国会为要求，接连发动三次大请愿。在社会各界强大的压力之下，清政府不得不采取某种动作。

1911年5月，载沣任命庆亲王奕劻为第一届内阁总理大臣，负责组织责任内阁。内阁人选宣布，舆论哗然：新内阁十三人中，汉族仅四人，满族九人，其中，皇族占七人，被舆论批评为“皇族内阁”。是真立宪还是假立宪，一目了然。这一“皇族内阁”，更令人们看明白清政府之面目，反清情绪一时高涨，并直接促成革命之爆发。

载沣的三剂方子不灵，非但救不了大清，反而将大清推向死亡的边缘。终于，辛亥革命的炮火将这老大难为的帝国，送进了历史的尘埃当中。

1911年10月10日，武昌起义爆发，一个多月内，先后有十三省宣布独立，倒向革命。清廷派陆军大臣荫昌讨伐，屡战屡败。在此情形之下，内阁总理大臣庆亲王奕劻、协理大臣那桐、徐世昌等人一齐向载沣保举袁世凯。众人皆以为，只有袁氏重新出山，方可挽救危局。载沣别无他法，只得同意。袁世凯回京，就任内阁总理大臣，迫使载沣辞去监国摄政王之位，将大清的军政大权统统收归己有。革命形势迅猛，又有袁世凯逼迫，载沣权衡利弊，万般无奈之下，交出监国大权。在一定程度上，载沣的退出，避免了流血的战争，保存了家族，获得了优待条件，也和平地解决了政权之移接。

当此之际，袁世凯大显一个政客的“两面派”手腕：一方面，与革命军协商，清帝退位后选自己当大总统；另一方面，又以革命势力逼清帝退位。

隆裕太后召开御前会议，抱着溥仪大哭："我悔不随先帝早走，免遭这般惨局。"诸王公贵族，主战主和皆有，达不成一致看法。不久，主战的良弼被革命党人彭家珍炸死，宗室亲贵闻风丧胆，纷纷逃避。

要求清帝退位的声浪一波高过一波，1912年2月12日，清廷颁布皇帝退位诏书，作统治之最后结束。由于溥仪当时年仅六岁，诏书以隆裕太后的名义发表，诏书起草人则为张謇，全文如下：

奉旨朕钦奉隆裕皇太后懿旨：

前因民军起事，各省响应，九夏沸腾，生灵涂炭，特命袁世凯遣员与民军代表讨论大局，议开国会，公决政体。两月以来，尚无确当办法，南北睽隔，彼此相持，商辍于途，士露于野，徒以国体一日不决，故民生一日不安。今全国人民心理，多倾向共和，南中各省既倡议于前，北方诸将亦主张于后，人心所向，天命可知，予亦何忍以一姓之尊荣，拂兆民之好恶。是用外观大势，内审舆情，特率皇帝，将统治权归诸全国，定为共和立宪国体，近慰海内厌乱望治之心，远协古圣天下为公之义。袁世凯前经资政院选举为总理大臣，当兹新旧代谢之际，宜有南北统一之方，即由袁世凯以全权组织临时共和政府，与民军协商统一办法，总期人民安堵，海宇乂安，仍合满、汉、蒙、回、藏五族完全领土，为一大中华民国，予与皇帝得以退处宽闲，优游岁月，长受国民之优礼，亲见郅治之告成，岂不懿欤。钦此。

退位诏书发表，载沣放下了心中的一块石头，对瓜尔佳氏说："从今我可以回家抱孩子了。"

无职一身轻，"退休"的载沣，再不为国家大事烦扰，每日里看书习字，端的是悠闲自在，正应了他府里的那副对联，"有书真富贵，无事小神仙"。

载沣也喜欢听戏，因跟名角相熟，而有更多方便。

1912年，孙中山到北京时，曾到醇亲王府访问。

孙中山对载沣赞赏有加。他说载沣当年出使德国，以御弟身份向人家赔礼道歉，处在十分尴尬和被动的地位，却能做到不卑不亢，国外评论不错，殊为难得；载沣身为皇帝生父和摄政王，在逊位问题上，能把国家和民族的利益放在第一位，把家族的利益摆在第二位，难能可贵，这是有益于革命、有政治远见的爱国行动。

据载沣的儿子溥任回忆，孙中山与载沣的会晤，气氛融洽，约有一个小时。孙中山告别载沣时，还特意将自己的一幅照片赠送给载沣，照片上有孙中山的亲笔题字："醇亲王惠存，孙文赠。"

19世纪20年代中，时局动荡，前朝显贵纷纷躲进天津租界，载沣也带全家到了天津，正在日租界的溥仪派人请家人与自己同住日租界，被载沣断然拒绝，实是不愿意与日本人打交道。住进英租界之后的载沣，保持了相当的低调，儿子女儿改姓金，去一所贵族学校读书。儿女们的同学，不乏名贵之后，人家放学后，全是汽车接送，独金氏兄妹由洋车拉送。载沣还嘱咐儿女，不可道出身世，不可显阔摆谱儿，不可串门闲聊，下课必须尽早回家。

载沣自己亦是深居浅出，大门不出，二门不迈，除必须见的人之外，尽量避免应酬。活得这般低调，在末世贵族中相当鲜见。君不见，多少王公贵族变卖自己的家产，到处风流快活。

后来，儿子溥仪就任伪满洲国皇帝。载沣趁去长春看儿子的机会，敲打他：别拿日本人当傻子，他们不傻。日本人不会打下江山让你坐，朝鲜就是个例子，石敬瑭也是个例子。当这个皇帝没意思，不如当个百姓，活得像个人。

似有隐衷的溥仪只是对父亲说，以后家人不要再出关，就是他请，也不要来。

在长春期间，日本人有意邀请载沣担任“日满文化协会”总裁，每月车马费一万，另有宅邸相送。载沣断然拒绝了，称身体不适，须回津疗养，因而离开了长春。

1939年，载沣回北京醇王府居住，又有日本人来请，想要将他送到长春。这一次，日本人同样吃了闭门羹。

闲来无事的醇亲王爷，喜欢自由无碍的生活，常去荷花市场逛，不是吃这家饭店的油酥饼，便是去那家茶馆里品茗，乐得一身真自在。

抗战胜利后，载沣办了一座学校，取名“竞业”，自任校董，聘任儿子溥任为校长，又找了几名教师任课。学校办得好，师资水平高，学费自便，有就绞，没有就免，一时轰动，成为新闻，引得学生争相报名。

1949年，新中国成立。载沣先遣散了下人，每人发一笔费用，接着整理了自己的藏书，捐给北京大学，把王府给卖掉了。

1951年2月，载沣告别了这个世界，还差几天就满六十八岁。

南北混搭系　僧王留威名

王府档案

王府主人：僧格林沁及其后人

王府特色：风格混搭，既有南方建筑，又有北方建筑

王府现址：东城区板厂胡同

王府变迁

● 先是僧格林沁叔父札萨克郡王特索纳木多布齐的住宅，札萨克郡王是嘉庆皇帝的三女婿，其死后，僧格林沁被道光皇帝指为其嗣子，承袭其爵位，当时其实是郡王府。

● 之后花巨资购买他人房产，与先前郡王府一起进行改造，成其规模。

● 咸丰五年（1855）正月，咸丰加封僧格林沁为博多勒噶台亲王，始称亲王府。四月，诏世袭罔替，俸银加倍，是为“铁帽子王”。

● 同治四年（1865）四月，僧格林沁在围剿捻军时战死沙场，其子袭爵。

● 民国年间，僧王最后一代袭封王入不敷出，将王府卖与他人，全家迁往地安门外帽儿胡同。

● 此后，僧王府东部转卖给西北军，中部卖给朱家溍先生家，西部改建成中学。

● 1954 年，原府西部成为某机关宿舍，东部从炒豆胡同 61 号至 71 号成为民居，已无法看到原貌。

● 2003 年，僧王府被列入北京市重点文物保护单位。

王府秘史

僧格林沁：将军百战死

僧格林沁是晚清名将，于众多腐朽没落的满蒙贵族中，他可谓一枝独秀，并与汉族将领曾国藩、李鸿章等人一起，为苟延残喘的大清王朝维持着最后一线生机。

纵观僧格林沁的人生履历，算得上丰富多彩：他一生戎马倥偬，身经百战，对内打击太平军、捻军，对外抵抗英法侵略者；凭借赫赫战功，晋封亲王，获世袭罔替，成为数量稀少的“铁帽子王”，却因为一次失败而跌至人生谷底；支持“辛酉政变”中的慈禧与恭亲王奕訢，改写了大清历史。

僧格林沁，科尔沁旗人，博尔济吉特氏，是成吉思汗之弟哈萨尔的第二十六世孙。虽出身于蒙古贵族，但到了他这代，家境早已败落。幼时他曾随父亲为富人放牧，在宽阔辽远的草原上，小小少年学就了一身本领，骑马、射箭、摔跤，样样精通，颇得赞誉。十二岁时，他被送进昌图老城文昌宫读书。

就是这个穷小子，却在十五岁时交上了好运气。道光五年（1825），僧格林沁的族叔索特纳木多布斋因病身亡。这位索特纳木多布斋，系科尔沁札萨克第九代多罗郡王，娶的可是嘉庆皇帝的三女儿，即道光的亲姐姐。由于郡王和

①	②

① 僧格林沁
② 僧格林沁之孙阿穆尔灵圭

公主无子，须另行选定继承人。九月，科尔沁入围选嗣的十六人抵京，由道光帝亲自挑选。道光挨个儿问话，让理藩院的一位蒙古王爷当翻译，一问更年，二问读书情况。一直问过十五人，才轮到僧格林沁，问其更年、读书情况时，僧格林沁用汉语回答："十五岁，属羊，念过两年多书"。道光皇帝颇高兴，指着僧格林沁说："就是他。""仪表非常"的僧格林沁，成为最幸运的那个少年，获袭郡王，并因公主之故成为道光的外甥，一脚跨进皇亲国戚的大门。

九年之后，朝廷授僧格林沁御前大臣，补正白旗领侍卫内大臣、正蓝旗蒙古都统，总理行营，调镶白旗满洲都统，出入禁闱，最被恩眷，一时风光无两。之后，他又娶了裕郡王的女儿，自此，僧格林沁与皇室的关系愈发密切。

先来说说僧格林沁在"辛酉政变"中的表现。

①	②

① 僧格林沁围猎图
② 僧王府花园中庭院

咸丰十一年（1861），咸丰帝病逝于热河，权力斗争因其去世而逐渐陷入白热化。斗争的双方，一边是两宫皇太后、恭亲王奕訢、醇亲王奕譞，另一边是赞襄政务大臣怡亲王载垣、郑亲王端华、宗室肃顺等人。一场为争夺最高统治权而你死我活的争斗正在上演。此前，因八里桥战败而使英法联军攻进北京，僧格林沁惨被夺爵；此时，已恢复郡王爵的僧格林沁手握重兵，是争斗双方拉拢的对象。

八月十七日，肃顺等八位赞襄政务王大臣致函僧格林沁，主动促使他具折奏请叩谒梓宫，想要借此机会，拉拢僧格林沁，并试探他对赞襄政务王大臣的态度。

哪料想，僧格林沁不吃这一套。他态度鲜明，拒绝了肃顺等人的“好意”，未听从他们的安排，却在另一奏捷折中故意写上“伏乞皇太后、皇上圣鉴”等语，言下之意是，我拥戴慈禧、慈安两宫太后，决不会听你们这帮家伙的。

八大臣深知，僧格林沁重兵在握，非拉拢不可。软的不行，就来硬的，又从热河发函，指责僧格林沁：“昨见捷奏，欣悉王爷懋着功勋，并蒙恩优奖，莫名欣贺。惟折内有‘伏乞皇太后、皇上圣鉴’等语，查内外臣工折报，均系奏闻皇上，不宜书写‘皇太后’字样。此后王爷奏折，自应一律，应请惟用‘皇上圣鉴’字样为荷。”去她的皇太后！八大臣现在才是掌握大权的人，希望你擦亮眼睛，免得自讨苦吃。

僧格林沁是直性子，并不吃这一套，对于八大臣的警告，他只当是耳边风，吹吹就散。写给八大臣的回信中，他以先前公函内有赞襄政务王大臣拟旨后须经皇太后、皇上钤盖“御赏”“同道堂”二图章方为有效为理由，拒绝接受载垣、肃顺等人企图专揽大权的行为，以此表明对皇太后的拥戴。

拥有重兵的僧格林沁的立场，极大地影响了争斗双方的力量平衡，使皇太后一方加重了胜利的砝码，僧格林沁的拥护也成为“辛酉政变”取得成功的重要原因之一。也难怪慈禧对这位忠臣相当喜欢和欣赏。

接下来咱说说僧格林沁的几场战役。

其一，击败太平天国北伐军，一举奠定地位。

咸丰三年（1853）五月初，太平天国派天官副丞相林凤祥、地官正丞相李开芳率军自扬州西进，会合自天京（今南京）出发的春官副丞相吉文元，全军两万余人，遵天王洪秀全之命，“师行间道，疾趋燕都，无贪攻城夺地糜时日”，由浦口北上，迅速入皖，连克滁州、临淮关、凤阳、怀远、蒙城、亳州等地，进入河南，败河南巡抚陆应穀部，之后克归德府（今商丘），后北上刘家口，拟于此渡黄河，取道山东北上。时清廷已了解太平军意图，调兵遣将，烧毁船只沿河防堵。太平军弃归德，循河西走，连克宁陵、睢州、杞县、陈留，十九日，全军至开封府城外，攻城未克，移营于朱仙镇；二十三日，撤离，经中牟、郑州、荥阳；二十六日，至汜水、巩县地区；二十八日，开始渡河；七月初，主力渡过黄河。担任阻击任务的数千名太平军被清军截断，未及渡河，折入巩县南下，转战于河南、湖北，损失大半，后于安徽并入西征军。

太平军渡过黄河后，攻破河南温县，七日，进围怀庆府（今沁阳）。怀庆知府余炳焘督率兵勇死守待援，太平军久攻不下。下旬，清军各路援军先后赶到，兵力达两万余人。太平军内攻坚城，外拒援敌，与清军相持五十余日。太平军九月一日，主动撤围，取道济源入山西，连克垣曲、绛县、曲沃、平阳（今临汾）、洪洞，转而东向，经屯留、潞城、黎城，复入河南，克涉县、武安（两地今属河北）。二十九日，间道突袭河南、直隶交界的临铭关，击败钦差大臣、直隶总督讷尔经额部万余人；乘胜北上，连破直隶沙河、任县、隆平（今隆尧）、柏乡、赵州（今赵县）、栾城、晋州、深州（今深县）等地；十月十三日，抵张登镇，距保定仅三十公里。太平军长驱直隶，震动京师。

咸丰帝将讷尔经额革职，命胜保为钦差大臣，惠亲王绵愉为奉命大将军，科尔沁郡王僧格林沁为参赞大臣，会同胜保“进剿”。十五日，僧格林沁领京营禁兵、蒙古马步军四千五百人屯扎涿州，屏蔽京师，并策应胜保军。林凤祥在深州休整后，于二十二日率军东进，克献县、交河、沧州等地；二十九日，占领天津西南静海县及所属独流镇，前锋抵达距天津城五公里的稍直口村。太平军占静海的当日，胜保即率军赶到，十一月五日入天津城。僧格林沁也移营天津西北的杨村（今武清），天津知府钱忻、知县谢子澄等率兵勇七千余人守天津，并破坏运河堤岸，引水环城，阻滞太平军行动。林凤祥等见前后临敌，且兵力不足，便未攻天津，于静海、独流筑垒挖壕，坚守待援。胜保、僧格林沁率两万清军，在天津各县地主武装二三万人的配合下围攻静海、独流。太平军凭坚固工事顽强抵抗，坚持近百天，但终因被困日久，援军不至，粮械匮乏，隆冬缺衣，不得已于次年二月五日自静海、独流，突围南走；六日，占据河间府束城镇及附近村庄，坚守一月，粮弹难以补充，乃于三月七日乘大雾再次突围南走，经献县，于九日抵阜城，旋又被清军包围；二十五日，吉文元战死，太平军处境更艰。此时，北伐援军已过黄河，清廷令胜保率万余清军赴山东防堵，方使阜城太平军压力减轻。太平天国原拟俟北伐军到达天津后即派援军北上，由于天京外围及西征战场吃紧，由夏官又正丞相曾立昌、夏官副丞相陈仕保、冬官副丞相许宗扬统率的北伐援军七千五百人，迟至咸丰四年（1854）二月四日才从安庆出发，经桐城、舒城、六安、正阳关、颍上、蒙城入河南永城、夏邑；三月十一日抵盘龙集，在江苏萧县包家楼、蔡家庄一带渡黄河；十九日占丰县，北入山东境，沿途吸收大批捻军、游民，队伍不断壮大。鲁西地区清军兵力空虚，北伐援军如入无人之境，连下金乡、巨野、郓城、阳谷、莘县、冠县；四月十二日克临清，因城中存粮军火被焚，未得补充且清军赶到，形势不利；二三日，曾立昌被迫下令放弃临清南撤至李官庄，二十五日退清水集。清军迅即追击，北伐援军旋又撤离冠县，新附之众大部溃散。曾立昌渡黄河时落水而死，陈仕保率余部退至安徽凤台县展沟集阵亡，许宗扬只身逃回天京。五月五日，阜城太平军突围东走，占领东光县连镇，坚守待援，旋由李开芳率骑兵千余人突围南下接应援军，至山东高唐后知其已败，遂据城固守。由此，太平军兵分两地，势更孤弱。连镇跨运河分东西两部，林凤祥率六七千人拒守。

僧格林沁率清军于其四周掘壕筑城围困，并进行诱降活动。太平军困兽犹斗，疲态尽现，先后出降三千余人。咸丰五年（1855）三月七日，清军总攻，连镇失守，林凤祥被俘。李开芳袭占高唐当天为胜保部所围。太平军依城固守，清军先后用云梯、吕公车攻城，挖地道埋地雷，均未得逞。连镇失守后，僧格林沁移师高唐助胜保一臂之力，令围城清军增至两万余人。李开芳得知林凤祥部覆没，决定突围南返。僧格林沁获悉情报，于十七日夜令南路清军故作疏防之势，诱太平军突围。李开芳中计，当日午夜突围，至距高唐约五十里的茌平县冯官屯，又掘壕立栅，严密防守。僧格林沁引运河水淹灌冯官屯，同时诱降。太平军坚守两月余，粮弹告罄，陷入绝境。李开芳见势难再守，于五月三十一日诈降突围，为清军俘获，六月十一日在北京被杀。

经前后三年坚苦之战争，清廷全力击退太平天国北伐军，亦大大打击了太平天国的实力。论功行赏，僧格林沁被晋封为亲王，后又加恩世袭罔替。由此，奠定了僧格林沁的地位，其大名不胫而走。

太平军被镇压，清军损失亦惨重。自连镇之战后，先后阵亡将士不下八千余人。

其二，大沽口战役，有胜有败。

镇压下太平军，还未及喘口粗气，就遭遇第二次鸦片战争，僧格林沁也真够忙的。

咸丰八年（1858）四月，英法联军进攻大沽口，守军战败，清廷与英、法等国签署《天津条约》。僧格林沁向咸丰帝奏请，撤回谈判代表，与敌决一死战。咸丰未采纳，只命他到天津督办大沽口和京东防务。僧格林沁修城安炮，构筑营垒，增设水师，整顿民团，筹饷制械，加强天津防务，并将大沽口一千六百余名陆兵增至三千名，抽调黑龙江、察哈尔、蒙古马队五千名增援，在大沽口南北岸各重建炮台三座。

咸丰九年（1859）五月，英法使者率舰队北上换约，英法舰队进攻大沽口，遇到清军顽强抵抗。英法舰队遭受重创，被击沉四艘、击伤六艘、俘虏两艘，余下的也竖起白旗，请求停战。经过一昼夜的激战，共毙伤英军四百六十四人，法军十四人，击毙英国军官五人，伤二十三人。舰队司令贺布也受了重伤。英法联军在美舰掩护下狼狈退走。

大沽口一役，清军获得重大胜利。战斗中，僧格林沁指挥有方，起到了重要作用。直隶总督恒福在战后上奏说："僧格林沁自上年奉旨办理海防以来，昼夜辛勤，殚诚竭虑。今年正月又亲至海口驻扎。与士卒誓同甘苦，风雨无间，劳瘁至今，其忠勇朴诚，实为奴才所不及。"

咸丰帝本来就认为《天津条约》过于苛刻，无意接受。见大沽口获胜，乃尽毁《天津条约》。他对僧格林沁和镇守大沽口的官兵大加封赏，上下沉浸在一片欢愉之中。事后来看，这次的小胜利仅是一次假象，却令咸丰寄予厚望，亦令欲扬大清国威的僧格林沁获得一时美名。

英法大沽口战败，并未停止军事行动。咸丰十年（1860）六月，庞大的英法远征军来华，共有约两万五千人，兵舰二百余艘。联军知大沽口防御坚固，由北塘登陆，洋枪洋炮同时出击，僧军虽顽强抵抗，终因武器落后而败退。

联军攻陷塘沽，进占天津。咸丰派钦差大臣桂良等赴天津谈判。英、法提出天津开埠、赔款等要求。桂良奏报，咸丰帝谕命先退兵后定约。此举正给英法联军以口实，借故谈判不成，向通州进军。

咸丰帝派怡亲王载垣、兵部尚书穆荫为钦差大臣，往通州议和。载垣接受英、法要求，但英、法又提出向皇帝亲递国书，被载垣拒绝，双方因是否行跪拜之礼产生争执，争辩既久，不欢而散。昏头的咸丰帝意令载垣传旨，命僧格林沁在张家湾将使节巴夏礼等人扣押。僧格林沁接到谕旨，即刻率部出动，截拿巴夏礼等英、法人员三十九人。至此，双方谈判全面破裂。

英法联军得知使节被押，与僧军大战于通州张家湾。僧军战败，退至八里桥。英法联军六千余人进犯八里桥。八里桥西距京城仅有三十里，乃防守的最后一道屏障。僧格林沁在已无退路的情形下，向皇帝起誓，要以死相拼，不惜生命也要护卫京城安全。

八月初七日，联军兵分三路，对八里桥守军发起猛烈攻击，僧格林沁命蒙古骑兵冲杀，一度冲到敌军指挥部附近，短兵相接，激战一时许。随后，南路法军动用大炮，令清军大量伤亡，守军与法军在桥边进行肉搏战。僧格林沁亲临前线，指挥作战。

发誓用生命护卫京城的僧格林沁，并未战死沙场，而是率部撤退。恼怒的咸丰下令，削去他的领侍卫内大臣和都统等职。

眼看着联军要打进来，咸丰令恭亲王奕訢为钦差大臣，办理和局，他自己则以“秋狝木兰”名义仓皇逃往热河。联军进入北京后，焚毁了举世闻名的圆明园。

咸丰帝还不解气，又下令革去僧格林沁王爵，只保留钦差大臣。

其三，与捻军作战，死于沙场。

咸丰十年（1860）十月，直隶、山东及河间府一带捻军蜂起，成为清廷心腹之患，便命僧格林沁率万余军赴山东征战捻军。几年中，僧格林沁调遣直、鲁、豫、鄂、皖五省兵马，并倚靠骑兵优势，在皖北、淮甸等地，多次打败捻军，大有一扫而光之趋势。同治三年（1864）十一月，清军在鄂东霍山黑石渡与捻军决一死战，僧格林沁采取剿抚两手策略，打散十几万捻军，亦收降十几万捻军，尽除捻军主力。

可是，捻军生命力顽强，他们有一套灵活多变的游击战术，经常流动作战，随聚随散，神出鬼没，让僧格林沁颇为头痛。同治四年（1865）春，僧格林沁率蒙古骑兵剿捻，一路穷追不舍，从河南追到山东，行程数千余里，连续长途奔袭，令大军疲惫不堪，一心灭捻的僧格林沁寝食俱废，喝口酒就当休息，继续追赶。手下爱将陈国瑞认为如此蛮干不合兵法，应调整战术，僧格林沁追敌心切，哪里肯听，眼看就要追上，当然要一鼓作气，传令继续追击。陈国瑞拉住僧格林沁的坐骑：“要去你去，老子不去。”僧王怒：“不去就不去，老子自己去。”陈国瑞见僧王一意孤行，没有办法，只得跟在后面一起追击。

僧格林沁对捻军一路穷追不舍，几十天几乎不离马鞍，疲劳得连马缰都握不住。

同治四年（1865）四月，僧格林沁率一万多兵力，追击东路捻军赖文光、张宗禹部，追至山东曹州府菏泽县高楼寨，陷入捻军伏击圈，全军覆没，僧格林沁阵亡。

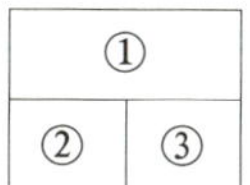

①②③昔日僧王府已成为普通民居，藏在寂寞深巷

关于僧格林沁之死，亦有几种不同的说法。

一说是马蹶而死。《清史稿》称，“夜半突围乱战，昏黑不辨行，至吴家店，从骑半没。僧格林沁抽佩刀当贼，马蹶遇害。”如此属实，当是意外。

一说是自杀而死。震钧《天咫偶闻》载：“王之殉节也，师少匪（捻军）众，匪围之数重，王乃下马踞坐于地，示诸军无退意，匪亦不知其王也，然围之甚急……王恐为贼所得，遂从容就义。”为免被敌人生擒，僧王主动自杀。

另一说，被一小孩子杀死。罗尔纲《太平天国史》称“捻军里一个十几岁的小孩张皮绠，拿着短刀在麦田里搜索，发现了躲藏的僧王，大声喝道：‘僧妖！你果有今天！’手起刀落，把他杀死。”

僧格林沁战殁的消息传到北京，朝廷上下为之震惊，同治皇帝更是号啕不止，急下诏令，一方面表彰僧格林沁战功赫赫，言其“军麾所至，众望允孚”，且“忠勇成性”；另一方面极尽抚慰，“著赏给陀罗经被，照阵亡例，以亲王饰终典礼，从优议恤，应得恤典，该衙门详查具奏。任内一切处分，悉予开复，准其入城治丧。其灵柩回旗时，著沿途地方官妥为照料，并派乾清门侍卫克兴阿、岳林、恩全、吉凌迅即驰驿前往该营迎护，赏给银五千两，由广储给发经理丧事，准其入祀‘昭忠祠’，其死事地方，及该亲王出师省分，均著建立专祠，生前事功宣付国史馆立传。伊子伯彦讷谟祜俟百日孝满后，即著承袭亲王。该衙门无庸带领引见。伯彦讷谟祜所遗贝勒，即著赏给伊孙那尔苏，以示笃念忠荩之至意”。同日再发谕旨，“着加恩配飨太庙，以示朝廷轸念勋臣之至意，叠朝三日赐恤如例，予谥曰忠”。

清廷对僧格林沁之恩遇，由此亦可见一斑。

这年的闰五月，僧格林沁灵柩运抵良乡，钦派御前大臣景寿奠醊。抵京后，钦派醇亲王带领侍卫前往奠醊。上复奉两宫太后懿旨亲临赐奠。长孙那尔苏得旨“所袭贝勒加恩作为世袭罔替”，次孙温都苏得旨“赏给辅国公”。

六月，皇上又谕旨：“清朝属办理军务，凡功勋卓著之臣，均于告成后图像紫光阁，以彰懋绩。现在南北路军务旦未结束，而如僧格林沁勋功绩昭然，本应在绘象之例，今仍中道战殁未获目睹成功，追念弥深，眷注僧格林沁，著先行绘像紫光阁绘成。”

僧格林沁灵柩安葬在本旗南部公主陵，现法库县城西北灵山。清廷为他立了青石蟠龙碑，用满汉两种文字镌刻碑文。

朝廷又在北京地安门东大街，专为僧格林沁修建显忠祠（注：现宽街小学院内）。

同治七年（1868）又在昌图城榆城子建僧王庙，谓“忠王祠”。又下令，凡僧王督师五省的地方都建立忠王祠，让当地官民四季进香而僧格林沁战殁的吴家店则被更名为落王庄。

封赏越多，越能看出僧格林沁在晚清政局中的地位以及被倚重的程度。

本书关键词释义

为便于读者更好地理解本书，特对一些与本书关系重大的名词进行解释。

1.宗室封爵

宗室封爵，出身是主要条件，此外才干、爱憎、年龄是三个附带条件，配合是否得宜，决定封爵的高低。

成年的皇子一旦封爵，即须“分府”。

分府先须“赐第”，或旧府改用，或则新建。王府除了“世袭罔替”者外，一旦降封，必须缴回，由宗人府咨商工部另拨适当官屋，以供迁住；原来的王府，即指拨为新封的亲王府、郡王府。其规制皆有一定，不得逾越。

除了府第以外，分府时总要置办家具、陈设，需要一大笔款子，因此在分府时，须特赐一笔“钱程”。在康熙时，定例是二十三万两银子。

2.封爵方式

封爵方式主要有两种，一种因军功受封叫功封；一种以皇帝直系子孙受封叫恩封。清初，功封者多世袭，恩封者则一般每一代降封一等袭爵。亲王降至镇国公，郡王降至镇国公，贝勒降至不入八分镇国公，贝子降至不入八分辅国公，镇国公降至镇国将军，辅国公降至辅国将军，以后均世袭罔替，不再递降。

3.爵位等级

爵位分十二等：一、亲王；二、郡王；三、贝勒；四、贝子；五、镇国公；六、辅国公；七、不入八分镇国公；八、不入八分辅国公；九、镇国将军；十、辅国将军；十一、奉国将军；十二、奉恩将军。其中镇国将军、辅国将军、奉国将军又各分一、二、三等。

4.不入八分

自和硕亲王以下、辅国公以上，共六个等级的贵族统称“入八分公”；与之相对应的，有不入八分镇国公、不入八分辅国公、一至三等镇国将军、一至三等辅国将军、一至三等奉国将军、奉恩将军等六级爵位，则统称“不入八分公”。

5.世袭罔替

世袭罔替即世代不降袭，共十二家，其中八家以军功封爵，包括礼亲王（一度改封巽亲王、康亲王）代善、郑亲王（一度改封简亲王）济尔哈朗、睿亲王多尔衮、豫亲王（一度改封信郡王）多铎、肃亲王豪格（一度改封显亲王）、克勤郡王（一度改封衍禧郡王、平郡王）岳讬、承泽亲王（后改封庄亲王）硕塞、顺承郡王勒克德浑。

这八个王，因佐命殊功，子孙享受“世袭罔替”的待遇，俗称“八大铁帽子王”。“铁帽子”，喻其爵位承袭保险可靠。

这八个王不都是皇子，其中礼亲王、豫亲王、庄亲王、肃亲王、承泽亲王是皇子，郑亲王是清太祖努尔哈赤的侄子，克勤郡王和顺承郡王是礼亲王代善的儿孙。

清代中叶以后，因恩封为世袭罔替亲王爵的有四家，即怡亲王胤祥、恭亲王奕訢、醇亲王奕譞和庆亲王奕劻。

事实上，僧格林沁也是“铁帽子王”，但其系蒙古贵族晋封亲王并获世袭罔替的最高待遇，而未列入“十二家铁帽子王”。

6.八固山额真

皇太极登上汗位后，设八大臣管理国务，称八固山额真，在旗内总管一切事务，国家有事，与诸贝勒“偕坐共议”，狩猎出师，各领本旗兵行，还负有稽查责任。固山额真的设立，削弱了诸贝勒的权力，加强了汗权。

7.宗人府

宗人府是管理皇家宗室事务的机构，掌管皇帝九族的宗族名册，撰写帝王族谱，记录宗室子女嫡庶、名字、封号、世袭爵位、生死时间、婚嫁、谥号安葬之事。凡是宗室陈述请求，皆由宗人府替他们向皇帝报告。也是引进贤才能人，记录罪责过失之机构。

8. 军机处

军机处是清代官署名。亦称军机房、总理处，清朝中后期的中枢权力机关。雍正七年（1729），用兵西北，以内阁在太和门外，恐泄露机密，始于隆宗门内设置军机房，选内阁中谨密者入值缮写，以为处理紧急军务之用，辅佐皇帝处理政务。雍正十年（1732），改称办理军机处，简称军机处。设军机大臣、军机章京等，均为兼职。

军机处职能原为承名拟旨，参与军务，后逐渐演变为全国政令的策源地和行政中心，其地位远远高于作为国家行政中枢的内阁。宣统三年（1911）四月“责任内阁”成立后军机处被撤销。

9.理藩院

理藩院是清朝统治蒙古、回部及西藏等少数民族的最高权力机构，也负责处理对俄罗斯的外交事务。

最初，理藩院只管理漠南蒙古诸部事务以及对俄事务。康熙年间，职掌范围扩及喀尔喀蒙古和新疆北部以及西藏地区。乾隆朝中叶以后，开始管理新疆南部等地区。

10.督抚制度

督抚即总督、巡抚。清朝督抚分为地方、专务两种。

总督，官名，清代的最高地方官员，别称制员、制台、制府，辖一省或两三省军民要政。为正二品官，如尚书衔者为一品。凡文职道府以下，武职副将以下都由其奏请升调免黜，并有对外交涉之权，定制八总督即直隶总督、两江总督、闽浙总督、湖广总督、陕甘总督、四川总督、两广总督、云贵总督。

直隶总督一人，辖河北省及内蒙古一部分地区，驻保定，清末轮驻保定、天津，以驻天津时多。

两江总督一人，辖江苏、安徽、江西三省，驻江宁（今南京）。

闽浙总督一人，辖福建、浙江、台湾三省，驻福州。

湖广总督一人，辖湖北、湖南两省，驻武昌，又称两湖总督。

陕甘总督一人，辖陕西、甘肃、新疆三省，驻兰州。

四川总督一人，驻成都。

两广总督一人，辖广东、广西及南海诸岛，驻广州。

云贵总督一人，辖云南、贵州两省，驻昆明。

专务总督有漕运、河道等名目。漕运总督是沿明制而设，开漕淮安府，管山东等八省漕政。河道总督，初设一人，综理黄河、淮河、永定河的堤防疏浚工程。后设三人，江南称南河，由漕运总督兼领；直隶称北河，由直隶总督兼领；山东、河南称东河，设专任，称河东河道总督。

巡抚职权与总督略同，地位低于总督。清制，除四川、直隶不设巡抚外，每省一员。巡抚是实际上的省级最高长官，无总督的身份，更是独当一面。

总督和巡抚虽为地方军政首长，但所有较为重大的政务，都必须奏报皇帝，等候批示。

11.上书房

皇子读书的地方，叫作上书房。

清宫有严格规定，皇子年满六岁，送入上书房读书，由学问品行兼优的大臣施教，所有的皇子都按照统一的教育模式进行培养，并成为后相沿袭的制度。

上书房每天上课时间很早，五更刚过，皇子们就要打着灯笼到上书房，到下午黄昏时分下课。中午，侍卫送来饭食，皇子和老师分桌而食。

老师大都是皇帝钦点的汉籍大臣，以讲授儒家经典为主，并根据不同的年龄教学。刚入上书房读书的皇子，先跟老师识字和诵读，老师写出一则句子，皇子跟着念，反复诵读，牢记于心。随着年龄渐长，理解力增强，再进读书史，由老师纠举错谬，讲授书史意旨。

十二岁，安排满文和蒙古文教师，教授满文和蒙古文，十四岁再学习弓矢骑射和技勇。

直到皇子十六或十八岁，结婚之后需分府而居，学习方才停止。

由于皇子受教育情况事关国祚盛衰兴废，皇帝对此非常重视，所以上书房的老师多由重臣兼任，教学纪律很严格，皇子不听话，有可能会被罚站甚至罚跪。

12.总理各国事务衙门

总理各国事务衙门简称总理衙门、总署、译署，系清政府为办洋务及外交事务而特设的中央机构，1861年1月20日由咸丰帝批准成立，存续四十年。

光绪二十七年（1901），据清政府与列强签订的《辛丑条约》第十二款规定，总理衙门改为外务部，仍位列六部之首。

13.包衣人

清代八旗组织内部的一种封建人身领属制度，满语全称“booi aha”（“读包衣阿哈”），本意为“家里的仆人”，指清代满洲贵族家中豢养的仆人，或朝廷封赐隶属于满洲贵族宗室管理的属民。

内务府包衣是指专门为皇室成员服务的人群。

14.亲王妻妾

亲王的妻子分三个等级，分别是嫡福晋、侧福晋、庶福晋。

嫡福晋为王爷的正妻，仅有一位；侧福晋为王爷的侧室。

嫡福晋与侧福晋都由礼部册封，有朝廷定制的冠服。

庶福晋，相当于婢妾，地位较低，不受册封，也无冠服。

15.公主与格格

“格格”原为满语的音译，小姐之意，是对清朝贵胄之家女儿的称谓，即妇人之爵名。

努尔哈赤后金初，大汗、贝勒的女儿均称“格格”，无定制。

皇太极继位后，于崇德元年（1636），仿效明制，皇帝女儿始称“公主”，并规定皇后（中宫）所生之女称“固伦公主”，妃子所生之女及皇后的养女，称“和硕公主”。“格格”专指王公贵胄之女。

顺治十七年（1660）始把格格分为五等：

一、亲王之女，称为“和硕格格”，汉名为“郡主”；

二、世子及郡王之女，称为“多罗格格”，汉名为“县主”；

三、多罗贝勒之女，亦称“多罗格格”，汉名为“郡君”；

四、贝子之女，称为“固山格格”，汉名“县君”；

五、镇国公、辅国公之女，称“格格”，汉名“乡君”；

此外，公以下之女，俱称“宗女”。

16.清宫侍卫

清宫的侍卫共划分为四个等级：头等侍卫，二等侍卫，三等侍卫和蓝翎侍卫。从官职的品秩看，头等侍卫相当于正三品武官，其后依次为正四品、正五品、正六品。按清朝军事编制，头等侍卫大概相当于八旗军中的参领，二等侍卫相当于佐领，三等侍卫相当于护军。

最末一等为什么叫蓝翎侍卫？在清代，官帽后的花翎是身份的象征。花翎使用孔雀的羽毛制成，颜色碧绿，在阳光下色彩流动，状如湖水。孔雀多生活于南方，被辽东的满族人视为珍禽，常常用来赏赐功勋卓著的王公大臣，其中三眼花翎最为尊贵，连亲王贝勒也以佩戴三眼花翎为荣。清初对哪些官员戴什么样的花翎有严格的规定，越级佩戴会受到严厉的惩罚。四等侍卫因为品秩太低，没有资格戴花翎，只能佩戴用鹖鸟羽毛制成的蓝翎，因此又称为蓝翎侍卫。

17.太监等级

清宫廷内设有管理太监的机构称“敬事房”。敬事房最高长官称督领侍，正四品，以下设大总管、副总管、带班首领、御前太监、殿上太监、一般太监和下层打扫处小太监。

至清末期，太监等级更复杂。在宫殿监中，就有总管、首领、掌案、回事和小太监之分；在各处所中又有首领、大师父、师父、带班、陈人、徒弟等。

18.配享太庙

太庙是中国古代皇帝的宗庙。最早，太庙只是供奉皇帝先祖的地方。后来帝后和功臣的神位也可以被供奉在太庙。

配享太庙的，必须是近亲，或有功于江山社稷的皇亲，或有功于社稷的大臣和子民。

清朝太庙分配享殿为东西两殿，东供奉宗室、外藩诸望王，西供奉有功大臣。

19.王府规制

有清一代，王府的规格有严格限制，以亲王府为例。

《大清会典》卷五十八“工部”载：亲王府制，正门五间、启门三、缭以崇垣、基高三尺。正殿七间，基高四尺五寸，翼楼各九间。前墀扩以石阑，台基高七尺二寸。后殿五间，基高二尺。后寝七间，基高二尺五寸。后楼七间，基高尺有八寸。共屋五重。正殿设座，基高一尺五寸。广度十一尺，后列屏三，高八尺，绘金云龙。凡正门殿寝的均覆绿琉璃瓦，脊安吻兽，门柱丹垩，饰以五彩金云龙纹，禁雕刻龙首，压脊七种，门钉纵九横七。楼房旁庑，均用筒瓦。其府、仓禀、厨厩及典司执事之屋，分列左右，皆板瓦，黑油门柱。

本书参考资料

〔1〕昭梿．啸亭杂录 续录．上海：上海古籍出版社，2012.

〔2〕赵尔巽等．清史稿．北京：中华书局，1977.

〔3〕孟森．清史讲义．北京：中华书局，2010.

〔4〕高阳．清朝的皇帝．桂林：广西师范大学出版社，2008.

〔5〕龙翔，泉明．最后的皇族：大清十二家“铁帽子王”逸事．北京：北京大学出版社，2011.

〔6〕窦忠如．北京清王府．天津：百花文艺出版社，2007.

〔7〕爱新觉罗·溥仪．我的前半生．北京：东方出版社，2007.

〔8〕周远廉，赵世瑜．皇父摄政王多尔衮全传．长春：吉林文史出版社，1986.

〔9〕董守义．恭亲王奕䜣．北京：人民文学出版社，2010.

〔10〕京梅．如烟如梦恭王府．北京：人民文学出版社，2002.

〔11〕孟森．清初三大疑案考实．桂林：广西师范大学出版社，2010.

〔12〕周汝昌．曹雪芹传．天津：百花文艺出版社，2003.

〔13〕阎崇年．正说清朝十二帝：图文本．北京：中华书局，2004.

〔14〕刘小萌．正说清朝十二王：图文本．北京：中华书局，2006.

〔15〕阎崇年.大故宫.武汉：长江文艺出版社，2012.

〔16〕小横香室主人.清朝野史大观.上海：上海文艺出版社，1990.

〔17〕爱新觉罗·啟运.清朝皇族后裔的故事.末代怡亲王和他的长子长孙.北京：新华出版社，2009.

〔18〕崇彝.道咸以来朝野杂记.北京：北京古籍出版社，1982.

〔19〕纪连海.历史上的多尔衮.北京：中国民主法制出版社，2006.

〔20〕纪连海.历史上的和珅.北京：中国民主法制出版社，2006.

〔21〕冯其利.寻访京城清王府.北京：文化艺术出版社，2006.

〔22〕朱维铮.重读近代史.上海：中西书局，2010.

〔23〕信修明.老太监的回忆.北京：北京燕山出版社，1992.

〔24〕毛立平.清代嫁妆研究.北京：中国人民大学出版社，2007.

〔25〕陈皓.和珅传.呼和浩特：远方出版社，2002.

〔26〕徐鑫.顺治帝陵历史之谜（图文珍藏版）.沈阳：辽宁人民出版社，2012.

〔27〕曹可凡.悲欢自酬.上海：上海书店出版社，2011.

〔28〕[英]濮兰德，白克好司.清室外记.陈冷汰，陈诒先，译.珠海：珠海出版社，1995.

〔29〕孙文光，王世芸.龚自珍研究资料集.合肥：黄山书社，1984.

〔30〕王皓沅.清宫秘史.哈尔滨：黑龙江人民出版社，1996.